高等职业教育法律类专业新形态系列教材

监狱执法文书

主　编◎胡　聪

撰稿人◎(以撰写章节先后为序)

陈学军　胡　聪　钟建平

王桔成　汪前臣　王管良

夏立新　陈媛媛

中国政法大学出版社

2023·北京

图书在版编目（ＣＩＰ）数据

监狱执法文书/胡聪主编. —北京：中国政法大学出版社,2023.12
ISBN 978-7-5764-1291-8

Ⅰ.①监…　Ⅱ.①胡…　Ⅲ.①监狱－法律文书－写作－中国　Ⅳ.①D916.13

中国版本图书馆CIP数据核字(2024)第018729号

出　版　者　中国政法大学出版社

地　　　址　北京市海淀区西土城路25号

邮　　　箱　fadapress@163.com

网　　　址　http://www.cuplpress.com (网络实名：中国政法大学出版社)

电　　　话　010－58908435(第一编辑部) 58908334(邮购部)

承　　　印　北京中科印刷有限公司

开　　　本　787mm×1092mm　1/16

印　　　张　16.75

字　　　数　338 千字

版　　　次　2023 年 12 月第 1 版

印　　　次　2023 年 12 月第 1 次印刷

印　　　数　1~4000 册

定　　　价　66.00 元

作者简介

胡　聪　1972年生，统计学硕士研究生，法学副教授，浙江警官职业学院刑事司法系专任教师。曾出版专著《监狱行刑的经济分析》和发表《如何考核监狱的绩效》《如何测算监狱行刑效率》《罪犯权利与行刑权界》《关于发展私营监狱的思考》《我国监狱层次布局存在的问题及对策》等多篇论文。

陈学军　1986年生，学科教学（地理）硕士研究生，现任浙江警官职业学院刑事司法系副大队长、学工二支部书记、讲师，曾获个人嘉奖一次。

钟建平　1978年生，在职本科，浙江省乔司监狱一级警长。曾获两次三等功、全国司法行政系统特赦实施工作中作出突出贡献个人。

王桔成　1968年生，浙江省第四监狱二级高级警长，曾任教育改造科副科长、狱政管理支队支队长、监区教导员、狱内侦查支队支队长、监狱企业副总经理，系浙江警官职业学院专家工作室成员。曾被评为厅级先进工作者、政法系统优秀共产党员，荣立三等功两次。参与编写《依法治监实务手册》，近年来为来自全国各地的民警授课，反响热烈，深受好评。

汪前臣　1985年生，管理学硕士研究生，曾任浙江省乔司监狱四分监狱副主任科员、副监区长，现为浙江警官职业学院刑事司法系讲师。曾发表《罪犯与警察：监狱亚文化研究范式演进的两种进路——文化主体视角下中国监狱亚文化研究范式回顾与反思》《亚文化视角下罪犯监狱烙印生成机制与纾解之径》《以监狱警察为核心研究对象的文献分析》等多篇论文。

王管良　1982年生，法学在职硕士研究生。历任浙江省乔司监狱二分监狱三监区副监区长、监狱医院副院长、警官培训中心副主任、狱内侦查支队副支队长、五分监狱三监区教导员。曾获浙江省监狱管理局个别教育能手、局级优秀民警教师、个人三等功一次、省属监狱系统先进个人、司法部监狱工作先进个人。

夏立新　1981年生，在职本科，曾任浙江省第四监狱副分监区长、分监区长、政治指导员、狱政管理支队副支队长，在罪犯教育改造、监狱安全管理等领域有较为丰富的工作经验，曾获全省监狱系统先进个人，全省司法行政系统教育矫治工作先进个人、执法实务比赛一等奖等荣誉，被省委610聘为省级教育转化帮教能手。现任浙江警官职业学院刑事司法系大队长。

陈媛媛 1994年生，法学硕士研究生，现为浙江警官职业学院刑事司法系讲师。论文《实质化审理背景下减刑、假释案件证据制度的构建》在第十二届监狱学论坛获一等奖。

编写说明

《监狱执法文书》是一本新编教材，适用但不限于"监狱文书制作"这一刑事执行专业核心课程。可以用"两种能力""一个坚持"及"两项要求"概括性地介绍该教材。

"两种能力"是指该教材旨在培养和提升学生的文书设计能力和文书制作能力。这两种能力相辅相成，不可偏废。在监狱实际工作中，一名不清楚如何规范设计文书的民警，是不可能做到规范制作文书的；反之亦然。而要同时提升这两种能力，关键在于"一个坚持"。

"一个坚持"是指应始终坚持做到"依法"二字。这里的"法"，不仅是指狭义的法律，更重要的是指规范性文件，因为在监狱实际工作中，具体指导业务开展的往往是规范性文件。对于监狱绝大多数业务而言，业务的灵魂正是规范性文件。只有把握住了这个灵魂，才能像庖丁熟悉牛的筋骨一样，在办理业务时，做到"以无厚入有间，恢恢乎其于游刃必有余地矣"。执法文书是办理业务的载体，也是学习和熟悉"法"的最佳工具。对于每一份监狱执法文书，设计时每一个栏目的设置，制作时每一个文字的填写，无不应是"依法"而思、"依法"而行。也可以这么说，设计和制作文书的过程，即是熟悉和努力把握业务灵魂的过程。而这也正是在很多业务已经实现数字化办理、甚至系统自动生成文书的今天，依然要高度重视本教材编写和应用的原因。

"两项要求"是指对于监狱执法文书，无论是设计，还是制作，都应力求"规范"和"效率"。而努力达到这"两项要求"的过程，恰也正是践行"一个坚持"的过程，也是"两种能力"真正得以提升的过程。

本次新编的教材，结合课程性质和监狱工作实际，从内容到形式进行了一些探索和创新，主要体现在以下几个方面：

1. 增加了"文书设计"的内容，在同类教材中尚属首次。为什么要增加？理由有五：一是文书设计很重要，对于一份具体要设计的文书，一万个人会设计出一万种不同的格式，但其中只有一种格式相对最规范、最讲效率，而这也正是我们应该探寻的；二是文书格式投入实际使用后，若里面的栏目对于文书主旨或者审批没有任何意义，那就会造成资源的浪费，而若一些对于文书主旨有意义或者会影响审批结果的栏目没有设置在格式中，那就容易产生疑问或者歧义，严重的，甚至会导致错误审批；三是可以进一步促进学生的独立思考，而独立思考是成为行业"工匠"乃至大师的必要条件，培养学生的独立思考能力，也和党的二十大报告中对于实施科教兴国战略、强化现代化建设人才支撑提出的"落实立德树人根本任务"和"加快建设高质量教育体系"等要求是一致的；四是能否规范制作执法文书关键在于是否熟悉"法"，而能否规范、高效地设计文书，关键同样在于是否熟悉"法"，在教材中增加"文书设计"的内容，可以进一步提高学生对"法"的重视程度，促使学生积极地去学"法"、用"法"，反过来，又会促进学生更加规范、高效地制作文书；五是现在的学生，毕业后将在岗位上逐步成长，随着时间的推移，他们将逐步成为监狱执法文书格式变革的有力推动者，而文书格式的规范化，又是整个监狱系统执法工作规范化的重要组成部分，教材的编写应与此相适应。

2. 教材编写采用活页式，若"法"有所变化，那么涉及的文书也必须有相应的变化，采用活页式，可以将过时的内容从教材中及时抽离，而代之以新的内容。

3. 对每一类文书都设置了具体的情境，由情境引出需要制作的相关文书，每一份文书都通过设置相应的"制作要点"，对文书的一般难点和重点加以处理，若有特别需要注意或者容易出错的事项，还通过设置相应的"注意事项"加以处理。可使学生有较强的代入感，即使毕业后走上工作岗位，在有制作文书的实际任务时，也可以通过与教材的比对，来规范地进行文书制作。

教材共有七章，第一章为监狱执法文书概述，重点在监狱执法文书的基本制作要求；第二章为一些监狱执法文书常用栏目的制作，重点在"签署意见""法律（政策）条文的引用"及"刑期起止/起刑日/死刑缓期执行期间"这三个容易出错的栏目；其余五章则是在浙江省监狱系统目前使用的所有执法文书中择重选取，并按内容和性质分为刑务处理类文书、狱政管理类文书、狱内侦查类文书、教育改造类文书及生活卫生类文书，各成一章，重点在刑务处理类中的暂予监外执行类文书、减刑类文书、假释类文书及狱政管理类中的考核类文书、奖惩类文书，而这也正与监狱实际工作中使用率和出错率都比较高的文书是一致的。

本教材由胡聪主持编写，是一项分工明确的合作成果。主编负责教材策划、大纲拟定以及各章的修改和全书的统稿。具体编写的分工情况如下：陈学军撰写第一、二章；胡聪撰写第三章中的第一、二、三、五节；钟建平撰写第三章中的第四节；王桔成撰写第四章；汪前臣撰写第五章中的第一、二节；王管良撰写第五章中的第三节；夏立新撰写第六章；陈媛媛撰写第七章。

教材新编，难免在理论分析、行文处理等方面存在错误或者疏漏，敬请业内外朋友不吝指教，以便修订。

最后，对曾予大力支持的浙江省乔司监狱狱内侦查支队杨玲、生活卫生科张涛、狱政管理支队童毅程和浙江省十里丰监狱一监区钟童超、狱政管理支队郑建成等同志表示衷心的感谢！

编　者

2023 年 6 月

目　录

第一章　监狱执法文书概述 ……………………………………………………… 1

第二章　监狱执法文书常用栏目制作 …………………………………………… 6

第三章　刑务处理类文书 ………………………………………………………… 16
　　第一节　收监类文书 ………………………………………………………… 16
　　第二节　罪犯材料处理类文书 ……………………………………………… 36
　　第三节　暂予监外执行类文书 ……………………………………………… 43
　　第四节　减刑假释类文书 …………………………………………………… 63
　　第五节　释放类文书 ………………………………………………………… 98

第四章　狱政管理类文书 ………………………………………………………… 115
　　第一节　考核类文书 ………………………………………………………… 115
　　第二节　奖惩类文书 ………………………………………………………… 137
　　第三节　使用警械类文书 …………………………………………………… 152
　　第四节　高度戒备管理类文书 ……………………………………………… 161
　　第五节　事务犯管理类文书 ………………………………………………… 169
　　第六节　罪犯探亲类文书 …………………………………………………… 175
　　第七节　分级处遇管理类文书 ……………………………………………… 185
　　第八节　罪犯死亡处置类文书 ……………………………………………… 189
　　第九节　脱逃处置类文书 …………………………………………………… 191

第五章　狱内侦查类文书 ………………………………………………………… 194
　　第一节　耳目类文书 ………………………………………………………… 194

第二节　狱内发案类文书 ………………………………………………… 204

第三节　顽（危）犯确立类文书 ………………………………………… 227

第六章　教育改造类文书 …………………………………………………… 234

第一节　年度"双评"类文书 …………………………………………… 234

第二节　顽（危）犯转化类文书 ………………………………………… 244

第七章　生活卫生类文书 …………………………………………………… 249

第一章　监狱执法文书概述

监狱执法文书是我国监狱在刑罚执行活动中依法制作和使用的具有法律效力或法律意义的司法公文。

一、监狱执法文书的内涵

监狱执法文书有四层内涵：

（一）制作的主体是监狱系统内的单位或部门，由监狱人民警察具体制作

监狱是国家的刑罚执行机构。《中华人民共和国刑事诉讼法》第二百六十四条第二款明确规定了"对被判处死刑缓期二年执行、无期徒刑、有期徒刑的罪犯，由公安机关依法将该罪犯送交监狱执行刑罚"，因此，在对罪犯执行刑罚过程中所使用的公务文书只能由监狱系统内的单位或部门制作。然而，监狱又是一个抽象的主体，实际上是由监狱人民警察代表监狱制作的。从这个意义上说，监狱人民警察制作执法文书不是一种个人行为，而是代表监狱在依法行使职权，应当严格依照有关法律（政策）的规定制作执法文书，以确保法律（政策）的正确实施。

（二）内容限于监狱刑罚执行活动的有关事项

监狱刑罚执行活动主要包括刑务处理、狱政管理、狱内侦查、教育改造、生活卫生等内容，从而监狱执法文书的内容也就限于上述执法活动的有关事项。监狱人民警察制作的与上述执法活动无直接关系的文书，例如《党委会会议纪要》《民警技能大赛通知》等，是监狱文书，但不是监狱执法文书。

（三）具有法律效力，或者对监狱的刑罚执行活动起到辅助和补充作用

监狱对罪犯执行刑罚是由法律的强制力来保证实施的，因此，大部分监狱执法文书都具有一定的法律效力，也就是说，这些执法文书一旦制作完毕，就具有了法律效力。例如《释放证明书》《罪犯奖励审批表》《建立耳目审批表》等就属于这一类文书。

还有少数监狱执法文书，主要是记载执法活动过程或者基本信息，对刑罚执行活动起到辅助和补充作用。例如《罪犯收监登记表》《重要罪犯登记表》等就属于这一类文书。

（四）具有特定的文书格式

所有的文书都具有特定的格式，监狱执法文书也不例外。监狱执法文书的格式设计应遵循效率原则和规范性原则，如果没有遵循效率原则，就会造成资源的浪费；如果没有遵循规范性原则，那么不仅与监狱行刑的法治化进程相背离，严重的，还会导致错误的审批。

二、监狱执法文书的地位和作用

（一）地位

我国的司法公文体系由公安机关、检察机关、人民法院制作的法律文书以及刑罚执行机构制作的法律文书组成，相辅相成，缺一不可。由此可见，监狱执法文书在国家司法公文体系中具有不可或缺的特殊的重要地位。

（二）作用

1. 是监狱刑罚执行活动的重要载体。监狱的刑罚执行活动需要一定载体才能付诸实施，监狱执法文书就是最重要的载体。例如，在收押罪犯过程中，对罪犯进行人身及所携带的物品检查中发现的非生活必需品，需要由监狱代为保管时，必须制作《罪犯物品保管收据》，如果离开了《罪犯物品保管收据》这一载体，该项执法活动将陷入无序和混乱的状态。

2. 对具体的刑罚执行活动具有记录和凭证的作用。监狱执法文书的记录作用主要体现在两个方面：一是执法文书制作的质量从侧面反映了监狱人民警察的执法管理水平，也是上级单位检查监狱执法活动的重要依据；二是执法文书可以反映罪犯改造质量动态变化的轨迹，是检验罪犯改造质量的重要依据。作为实际记录监狱刑罚执行活动过程的执法文书，具有保存价值。

监狱执法文书还可以起到凭证的作用。例如，罪犯被批准离监探亲时，监狱出具的《罪犯离监探亲证明书》，是罪犯在离监探亲期间用以证明身份的凭证。

3. 是监狱与其他单位工作联系的纽带。对于监狱而言，有些刑罚执行活动是不可能独自完成的，需要和其他单位协调一致、共同完成。例如，在办理罪犯减刑案件过程中，就是以《提请减刑建议书》来作为监狱和法院之间的业务纽带。再如，狱内案件在侦查阶段结束后，就是以《监狱起诉意见书》来作为监狱和检察院之间的业务纽带。

三、监狱执法文书的分类

监狱执法文书可以按照不同标准进行分类。

（一）按文书的内容分类

按文书的内容分类是指按照涉及的监狱刑罚执行活动的具体内容进行分类，可以分为以下几类：

1. 刑务处理类文书。刑务处理类文书是反映监狱对罪犯收监、暂予监外执行、减刑、假释、释放以及对罪犯检举、控告和申诉进行处理等内容的执法文书。

2. 狱政管理类文书。狱政管理类文书是反映监狱对罪犯日常考核、奖惩、高度戒备、使用警械、分级处遇、设立（撤销）事务犯岗位、离监探亲、死亡以及脱逃等进行管理的执法文书。

3. 狱内侦查类文书。狱内侦查类文书是反映监狱预防和打击狱内罪犯违规、侦查狱内犯罪等活动的执法文书。

4. 教育改造类文书。教育改造类文书是监狱对罪犯进行教育改造工作中依法制作的文书，主要包括反映年度评审与评比等活动的执法文书。

5. 生活卫生类文书。生活卫生类文书是反映监狱对罪犯的生活卫生进行管理的文书，主要包括反映离监就医（住院治疗）等活动的执法文书。

（二）按文书的形式分类

按文书的形式分类是指按照文书的不同样式进行分类，可以分为以下几类：

1. 表格式文书。表格式文书是指将文书的内容要素设计成表格，制作时只需按表格内容进行填写。例如《罪犯禁闭审批表》《罪犯减刑审核表》等。

2. 填写式文书。填写式文书是指主体内容与格式事先已经确定，对个别化的内容以空白预留，在制作时按要求填写相关客观内容的执法文书。例如《释放证明书》《罪犯入监通知书》等。

3. 拟制式文书。拟制式文书是指部分内容需要通过组织具体的文字来阐述甚至论证观点的执法文书。例如《监狱起诉意见书》《对罪犯刑事判决提请处理意见书》《暂予监外执行不计入执行刑期建议书》等。

4. 笔录式文书。笔录式文书是指监狱在案件侦查过程中，对有关人员进行询问或者讯问，并按照一定的程序、要求和格式制作的执法文书。例如《询问笔录》《讯问笔录》等。

四、监狱执法文书的结构

监狱执法文书的一般结构为：首部、正文、尾部。

（一）首部

交代相关情况，主要内容有：文书的标题、制作单位、文号、罪犯编号等。

（二）正文

表达文书主旨的核心部分，主要内容有：事实依据、法律（政策）依据、处理意见等。

（三）尾部

明确相关事项，主要内容有：文书的致送单位、发文单位、成文日期、印章、附项等。

五、监狱执法文书的基本制作要求

（一）主旨正确、鲜明

主旨是指文书所要表达的行文目的和意图。主旨在文书中处于核心地位，起到统领文书的作用。

主旨正确，是指行文目的和意图必须有明确的法律（政策）依据。例如，依照《浙江省监狱人民警察使用警械规定》第四条规定了"监狱人民警察使用警械主要用于预防和制止罪犯危险行为的发生，不得作为惩罚罪犯的手段"，因此，主旨不能为"惩罚罪犯"，也不应该存在《使用警械惩罚罪犯审批表》这样一份文书。

主旨鲜明，是指行文的目的和意图应当明确、清晰。主旨通常反映在文书的标题中，一份文书只有一个主旨。例如《罪犯出监鉴定表》的主旨就是"出监鉴定"，再如《建立耳目审批表》的主旨就是"建立耳目"。

监狱执法文书主旨的形成，一是基于某一具体已发生的法律事实，二是法律（政策）对该事实的处理规定。例如，"某罪犯被收监执行刑罚"在事实上已经发生，同时，《中华人民共和国监狱法》第二十条规定："罪犯收监后，监狱应当通知罪犯家属。通知书应当自收监之日起五日内发出"，因此，《罪犯入监通知书》就被设计出来并投入使用，相关的主旨也随之形成。

（二）材料真实、典型、烘托主旨

文书的材料是指用来表达文书主旨的全部文字。

制作文书时使用的材料应符合以下要求：真实，是指文书表达的内容应当尊重客观事实；典型，是指文书的材料应当经过筛选，具有针对性、典型性；烘托主旨，是指文书的材料应当围绕主旨、反映主旨。

（三）语言应准确、简洁、庄重得体且尽量使用法言法语

1. 语言准确，是指执法文书的用词要恰如其分，符合事实的原貌，不扩大、不缩小，分寸有度，对事物性质、程度的用词一定要做到字斟句酌。例如，究竟是"看了一眼"，还是"瞪了一眼"，应认真推敲，尊重客观事实。

2. 语言简洁，是指执法文书在表达意思完整、不致产生歧义的前提下，要做到言简意赅，切忌文学化的渲染和用词夸张。例如，"虽然挨了罪犯张三一拳，但是李四始终牢记监规纪律，好像石头一样，动也不动""血气上涌时，他忘记了法律，忘记了监规，更忘记了作为监舍小组长的责任"。再如，"看到罪犯张三如此不配合他的工作，李四彻底崩溃了，其他的罪犯也群情激奋，'惩罚张三'的口号响彻劳动现场"。

3. 监狱执法文书的语言应质朴、庄重得体，体现执法活动的严肃性。例如《罪犯入监通知书》中，在罪犯家属姓名之后，不可以画蛇添足地加上"先生"或者"女士"等礼貌用语。

4. 监狱执法文书制作过程中，应使用法律词汇、专业词语、惯用句式。例如，不可以使用"犯罪人""犯罪行为人""劳改犯""光头"等称呼，专业的法律词汇就是"罪犯"。

（四）表达方式恰当，事实要素完整

监狱执法文书最基本的表达方式是叙述，将事实客观、平实、不加修饰地记载在文书中。事实要素完整，是指将行为发生的时间、地点、当事人，行为的起因、过程、结果等

基本情况交代清楚。事实要素完整是事实清楚的重要保证，事实清楚是执法文书的基本要求。

例如，某民警制作《单项处罚审批表》，对处罚依据中的事实依据表述如下：上周日自由活动期间，张三与李四下象棋，因一方悔棋，两人发生争吵，进而发生相互拉扯。张三感到吃亏，顿时恼羞成怒，操起一个物品朝李四砸去，李四避让不及被击中，身体造成一定的伤害，正在远处现场执勤的主管民警王五闻讯赶来，及时制止了其行凶行为。

表述中不够规范的地方有：

1. 没有具体的时间、地点。

2. 张三和李四的身份没有交代。

3. 究竟是哪一方悔棋没有说明。

4. "相互拉扯"究竟是谁先动的手，如果是张三悔棋，又是张三先动的手，还操起物品砸李四，那么制作的可能不是《单项处罚审批表》，而是《罪犯禁闭审批表》。

5. "感到吃亏，顿时恼羞成怒"没有体现文书语言的质朴、简洁。

6. 一个"物品"，究竟是什么物品？又是什么材质？这些问题都没有说明，不同的物品与材质，反映了张三的主观恶性程度，也体现了情节的严重程度，会影响审批的结果。

7. "朝李四砸去"，究竟是朝李四的什么部位砸去？同样反映了张三的主观恶性程度，也体现了情节的严重程度。

8. "身体造成一定的伤害"，究竟是身体的什么部位？具体的伤害程度如何？这将决定制作的文书是《单项处罚审批表》还是《狱内案件立案表》。

9. "正在远处现场执勤的主管民警王五闻讯赶来"，这样的表述太过啰唆，应剔除掉与文书主旨没有关联的部分。

10. "行凶行为"只适用于涉嫌故意杀人或者故意伤害。

综前所述，将事实依据表述如下：

2023年1月8日（星期日）上午9时许，三号监舍楼二层集体活动区域，罪犯张三与罪犯李四下棋，因李四悔棋，张三不依，两人发生争吵，李四先动手推了张三，张三感到吃亏，操起身边的一张塑料凳子朝李四的头部砸去，李四避让不及前额被击中，造成5厘米大小的肿块，后被现场执勤民警及时制止。

第二章　监狱执法文书常用栏目制作

有一些栏目经常性地会出现在监狱执法文书的格式中，这些常用栏目都有各自的制作要求。

一、姓名

在对姓名栏目进行填写时，应注意以下几点：

（一）注意形似字之间的区别

无论是手工填写，还是电脑输入，都应注意形似字之间的区别。例如，"余"和"佘"、"亓"和"元"、"仝"和"全"等。

（二）不能用读音相同的字随意取代

不能因姓名中的字笔画繁多，就随意地用读音相同的字取代。例如，不能用"卜"取代"薄"、不能用"涓"取代"蠲"、不能用"义"取代"懿"等。

（三）填写或者输入规范字

依照《国务院关于公布〈通用规范汉字表〉的通知》（国发〔2013〕23号）的相关规定，监狱在制作执法文书时，都应注意填写或者输入规范字，既不能随意简化，也不能用繁体字。

（四）按《判决书》确认的姓名填写

在制作文书过程中，应按《判决书》确认的姓名填写。另外，如果《判决书》中的姓名为其自报名，那么该罪犯有可能是"三假"罪犯（假姓名、假身份、假地址），在收监后要对其进行调查，核实其真实的姓名、身份和居住地址，在调查未果前应将其作为重点罪犯予以严格管理。

（五）对于少数民族或外国籍罪犯，应有加注

对于少数民族或外国籍罪犯，应正确填写其中文译名，同时，还应加注其本民族或本国文字的姓名。

二、别名

别名是指姓名之外的常用名、曾用名、笔名、网名、乳名、绰号等。

有些罪犯的姓名可能少有人知，但其别名，在一定的地域、网络空间、特定人群等，却是广为人知，因此，罪犯的别名应当记载，有助于掌握罪犯的基本情况。

别名的信息不受《判决书》限定，新掌握的别名信息可以充实罪犯个人档案。

三、年龄

执法文书中对年龄的表达通常有三种形式："出生日期""出生年月""年龄"，根据对应的要求正确填写。

具有法律意义的年龄为"周岁"，按照公历的年、月、日计算，以过了生日的次日为满周岁，以阿拉伯数字填写。

依照《公安部关于启用新的常住人口登记表和居民户口簿有关事项的通知》（公通字〔1995〕91号）的相关规定，本人只记得农历日期的，须换算成公历后填写。如果出生日期不详，应由本人或其亲属确定一个日期。弃婴，如果出生日期不详，可由收养人或收养机构确定一个出生日期。

在制作文书过程中，以《判决书》认定的出生日期为准。

四、文化程度

文化程度有博士、硕士、本科、大专、高中（中专）、初中、小学、文盲等层次，以国家教育部门承认的最高学历为准。

取得非国家计划内全日制教育学历的，应在相应的学历前加"在职"二字，以区别国家计划内全日制教育的学历。例如"在职本科""在职硕士研究生"等。

五、籍贯

籍贯指本人祖籍所在地，不指现居住地，也不表示出生地。依照《公安部关于启用新的常住人口登记表和居民户口簿有关事项的通知》（公通字〔1995〕91号）的相关规定，公民的籍贯填写本人祖父的居住地，例如浙江省淳安县、浙江省绍兴市等。弃婴，如果籍贯不详，应将收养人籍贯或收养机构所在地作为其籍贯。外国人经批准加入中华人民共和国国籍的，填写其入籍前所在国家的名称。另外，祖父去世的，填写祖父去世时的户口所在地；祖父未落常住户口的，填写祖父应落常住户口的地方；公民登记籍贯后，祖父又迁移户口的，该公民的籍贯不再随之更改。

六、婚姻状况

婚姻状况按未婚、已婚、离异、丧偶四种情形确认。"同居""分居""二婚"等都非规范的填写。

有些罪犯未领结婚证，但却有事实上的婚姻，例如，对于在农村已办过喜宴的罪犯，可以填写"已婚"。

刑罚执行期间罪犯的婚姻状况若发生变化，应在婚姻状况栏目填写实际的状况。

七、居住地址及户籍所在地

居住地址指罪犯被捕前的居住地址，填写须具体，不致无法理解或者产生歧义，如"江西省南昌市东湖区红谷凯旋小区二期×幢×单元×××室"；再如"浙江省遂昌县新路湾镇社杨村"。

罪犯在捕前有多个居住地的,只填写居住时间在6个月以上的经常居住地址,但是其他的居住地址,应载入罪犯个人档案。

户籍所在地指户口所在地,填写到镇(乡)或者街道一级。

八、健康状况

应填写"健康"或者"患有××疾病",有具体疾病的应写明疾病名称及程度。

刑罚执行期间罪犯的健康状况若发生变化,应在健康状况栏目填写实际的状况。

九、本人简历

从上小学或7岁时开始填写,到填表时为止,时间段以年月计,前后保持连贯,学生阶段的暑假期间除外。

只有完整反映地域、单位、职业(身份)的变动情况,才能对罪犯的人生轨迹一目了然,从而有助于对罪犯的监管与帮教。否则,就违背了设置"本人简历"栏目的初衷。例如:

表2.1

7~12岁	小学
13~16岁	初中
17~20岁	外出打工
21岁至今	被捕服刑

表2.1中的简历已经起不到应有的作用。应按照制作要求,规范地填写"本人简历",见表2.2:

表2.2

起时	止时	所在单位	职务(身份)
1998年9月	2004年6月	杭州市桐庐县××小学	学生
2004年9月	2007年6月	杭州市桐庐县××中学	学生
2007年6月	2008年10月	待业	/
2008年10月	2009年6月	云南省昭通市鲁甸县××公司	临时工
2009年6月	2014年12月	杭州市××公司	员工
2014年12月	2015年9月	杭州市看守所	犯罪嫌疑人、罪犯
2015年9月	至今	浙江省××监狱	罪犯

十、罪名

填写时应以《判决书》确定的罪名、排序规范填写。

（一）不简称或者合并罪名

既不能简称罪名，例如，将"职务侵占罪"简称为"侵占罪"，再如，将"破坏交通设施罪"简称为"破坏罪"；也不能合并罪名，例如，不能将"强奸罪"与"故意杀人罪"合并为"强奸杀人罪"，再如，不能将"贪污罪"与"受贿罪"合并为"贪污受贿罪"。

（二）不使用不规范的罪名

所有的罪名，在《中华人民共和国刑法》中均有明确的表述，不得有一个字的差错。例如，不应将"盗窃罪"填写为"偷窃罪"，再如，不应将"危险驾驶罪"填写为"醉酒驾驶罪"。

（三）不将罪名中的"罪"字省略

所有的罪名，在《中华人民共和国刑法》中均有明确的表述，不得有一个字的错漏，因此，在填写"罪名"时，不得将罪名中的"罪"字省略。例如，不应将"盗窃罪"填写为"盗窃"，再如，不应将"受贿罪"填写为"受贿"。

（四）有数个罪名的，按照判决书排列的顺序填写，不随意排序

对于罪犯有数个罪名的情形，在填写"罪名"时，不得随意琢磨几个罪名的严重程度，从而自主排序，应该严格按照《判决书》中罪名排列的顺序填写。

十一、刑种

监狱内服刑罪犯涉及的刑种有：死刑缓期二年执行、无期徒刑、有期徒刑。

被判处死刑缓期二年执行、无期徒刑的罪犯，基于不同的法定案由，原判刑种可以通过减刑发生变动。

监狱执法文书中的"刑种"栏目，在制作时，均应填写原判刑种。类似的还有"罪名""刑期""刑期起止"等栏目，均应填写原判情况。而刑种、刑期、刑期起止等因减（加）刑发生变动的情况，均可在"刑罚变动情况"栏目中得以体现。

十二、刑期

只有有期徒刑有确定的刑期，死刑缓期二年执行、无期徒刑没有"刑期"。

刑期以年月为单位，数字用中文简写。例如，"十年六个月"，不应用阿拉伯数字填写为"10 年 6 个月"，更不能简写为"10 年半"。

十三、刑期起止/起刑日/死刑缓期执行期间

1. "刑期起止"对应的是有期徒刑，按人民法院《执行通知书》中确定的刑期起止日期填写。《中华人民共和国刑法》第四十七条规定："有期徒刑的刑期，从判决执行之日起计算；判决执行以前先行羁押的，羁押一日折抵刑期一日。"

依照《最高人民法院关于适用〈中华人民共和国刑事诉讼法〉的解释》　（法释

〔2021〕1 号）第二百零二条第二款之规定，以年计算的刑期，自本年本月某日至次年同月同日的前一日为一年；次年同月同日不存在的，自本年本月某日至次年同月最后一日的前一日为一年。以月计算的刑期，自本月某日至下月同日的前一日为一个月；刑期起算日为本月最后一日的，至下月最后一日的前一日为一个月；下月同日不存在的，自本月某日至下月最后一日的前一日为一个月；半个月一律按十五日计算。如一名罪犯被判处有期徒刑五年，若他是在 2019 年 7 月 19 日被刑事拘留，则刑期起止一般为"自 2019 年 7 月 19 日起至 2024 年 7 月 18 日止"；再如一名罪犯被判处有期徒刑五年六个月，若他是在 2019 年 8 月 30 日被刑事拘留，则刑期起止一般为"自 2019 年 8 月 30 日起至 2025 年 2 月 27 日止"。

2. "起刑日"对应的是无期徒刑。具体填写判决确定（生效）之日，也即身份由"犯罪嫌疑人"转变为"罪犯"的日期。《最高人民法院关于办理减刑、假释案件具体应用法律的规定》（法释〔2016〕23 号）第二十三条第二款规定："被判处无期徒刑的罪犯假释时，刑法中关于实际执行刑期不得少于十三年的时间，应当从判决生效之日起计算。判决生效以前先行羁押的时间不予折抵"。可见，无期徒刑的"实际执行刑期"正是从"起刑日"开始计算的。

3. "死刑缓期执行期间"对应的是死刑缓期二年执行。《中华人民共和国刑法》第五十一条规定了"死刑缓期执行的期间，从判决确定之日起计算"。无论罪犯是否上诉，死刑缓期二年执行都须经过复核程序，《中华人民共和国刑事诉讼法》第二百五十九条第二款第（三）项规定"最高人民法院核准的死刑的判决和高级人民法院核准的死刑缓期二年执行的判决"是发生法律效力的判决。因此，死刑缓期二年执行的判决确定之日为复核《刑事裁定书》上注明生效的"宣告"或者"送达"之日。

十四、实际执行刑期

计算实际执行刑期时，截止日容易确定，而起始日则分为以下三种情形：

1. 原判有期徒刑的罪犯，实际执行刑期的起始日和刑期的起始日是一致的。

2. 原判无期徒刑的罪犯，实际执行刑期的起始日为判决确定之日，也即判决生效之日，和无期徒刑的"起刑日"是一致的。

3. 原判死刑缓期二年执行的罪犯，实际执行刑期的起始日为二年缓期的期满之日。

十五、主要犯罪事实

反映罪犯的主要犯罪事实，应对《判决书》载明的犯罪事实进行归纳、提炼，达到基本犯罪事实清楚，表述简明扼要、主要信息完整的要求。

通常可以用"犯罪时间（期间）、犯罪手段、犯罪危害（非法获利）"的模式去套用。

例如，《判决书》所载某罪犯主要犯罪事实如下：

梁××和妻子共同经营位于杭州市西湖区××镇×××苑×幢×××室的××酒业，2019 年 9 月起，为牟取利益，明知他人销售的卷烟、白酒系假冒、伪劣产品，梁××仍以低价向他人进行采购，并伙同妻子在二人共同经营的烟酒店内以同类真品的市场价格向顾客公开销售，非法获利××万元。

进行归纳、提炼后，可对"主要犯罪事实"一栏填写如下：

自 2019 年 9 月至 2020 年×月，梁××低价采购假烟、假酒，并伙同妻子以真品的市场价格进行销售，非法获利××万元。

十六、文号

文号是文书的身份号，位于文书标题的右下端。填写式、拟制式两类文书一般都标有文号，表格式文书和笔录式文书都没有文号，但是表格式文书一般常用编号（注意不是罪犯编号）来标注文书，有助于进行档案管理。

监狱执法文书的文号自成体例，一般由年份、发文机关代字、主旨代字、文种代字、文书序号 5 部分组成。

例如，(2021)浙六监减建字第 26 号，是浙江省第六监狱 2021 年制作的第 26 份《提请减刑建议书》的文号。

再如，(2021)浙乔监不收通字第 1 号，是浙江省乔司监狱 2021 年制作的第 1 份《罪犯不予收监通知书》的文号。

文书在一式多联的情况下，文号竖立标注在相邻两联的中缝处，遇有阿拉伯数字采用汉字大写，浙江省第×监狱中的数字除外，仍用中文简写。

十七、法律（政策）条文的引用

在引用法律（政策）条文时，应注意：

（一）引用的法律（政策）名称须用全称

为体现执法文书的规范性和严肃性，引用的法律（政策）名称须用全称。

例如，《中华人民共和国刑事诉讼法》不能简写为《刑事诉讼法》或者《刑诉法》；再如，《狱内刑事案件立案标准》不能简写为《立案标准》。

（二）对所引用的法律（政策）条文要注明具体的条（款、项、目），并使用规范的序号

1. 条、款、项、目应具体而准确，并使用规范的序号。例如，在制作《罪犯不予收监通知书》时，引用的法律条文是《中华人民共和国刑事诉讼法》第二百六十四条第一款，填写应具体而准确，不能只填写"第二百六十四条"，更不能错填成"第二百六十四条第二款"或者"第二百六十三条第一款"。

2. 法律（政策）条文规定的具体内容不应照搬于执法文书中。例如，在制作《使用制服性警械报告表》时，在"使用依据"一栏中，对于引用的法律（政策）条文，只需填写"《浙江省监狱人民警察使用警械规定》第五条第（四）项之规定"，而不应将第五条第（四）项规定的具体内容即"罪犯超越警戒线和规定区域，脱离监管擅自行动的"一字不少地照搬于执法文书中。

（三）同时引用多部法律及规范性文件的，应规范先后顺序

《最高人民法院关于裁判文书引用法律、法规等规范性法律文件的规定》第二条规定："并列引用多个规范性法律文件的，引用顺序如下：法律及法律解释、行政法规、地方性法规、自治条例或者单行条例、司法解释。同时引用两部以上法律的，应当先引用基本法律，后引用其他法律。引用包括实体法和程序法的，先引用实体法，后引用程序法。"在具体引用法律（政策）条文时，应依照此规定注意先后顺序的规范性。

十八、发文单位署名、成文日期及印章

（一）发文单位署名应用全称

公文尾部应当署发文单位的规范名称，不得使用简称。例如，"浙江省第六监狱"不得简称为"六监"。

（二）公文的成文日期应具体而准确

公文的成文日期一般有三种情况：

1. 以文书实际制作的时间为成文日期。例如，《罪犯不予收监通知书》的成文日期就是实际制作文书的当日。

2. 以领导批准或集体合议的时间为成文日期。例如，办理案由为"确有悔改表现"且无须提级审核的有期徒刑罪犯减刑案件时，《提请减刑建议书》的成文日期就是《罪犯减刑审核表》中监狱长办公会议审议意见的签署日期。

3. 以法律（政策）规定生效的日期为成文日期。例如，《释放证明书》的成文日期既不是实际制作文书的时间，也不是监狱领导批准用章的时间，而是依照相关法律规定刑满释放的时间。

另外，依照中华人民共和国国家标准《党政机关公文格式》（GB/T 9704-2012）的相关规定，对于成文日期，应用阿拉伯数字将年、月、日标全，年份应标全称，月、日不标虚位。例如，应填写"2021年1月9日"，既不是"21年1月9日"，也不是"2021年01月09日"。

4. 公章要端正、居中、偏上下压发文单位署名和成文日期。一式多联的文书，在相邻两联的中缝处应加盖"骑缝章"。

十九、签署意见

签署意见时，应注意以下几点：

（一）意见的内容必须合法

签署的意见内容本身必须合法，否则就是执法犯法了。例如，依照《中华人民共和国监狱法》第五十八条第二款之规定，依照前款规定对罪犯实行禁闭的期限为七天至十五天。因此，制作《罪犯禁闭审批表》时，各审批层级签署的意见内容中，禁闭的期限少于七天或者超出十五天都不合法。

（二）态度明确

绝大多数的审批意见，在签署时应表达明确的态度。态度明确有两层含义：

1. 只能是"同意"或者"不同意"，不可以模棱两可、语意含糊。例如，有些监狱制作的文书中，"拟同意"比较常见，理由是"本层级没有决定权，没有资格表态同意"，这是把问题上交、不负责任的体现。

2. 应明确同意或者不同意的具体内容，而不是简单地签署"同意"或者"不同意"几个字。

例如，制作《罪犯禁闭审批表》时，狱政管理部门的意见可以表述为"经审核，同意报监狱领导审批"，要注意的是，这里是"同意报监狱领导审批"，而非"同意给予禁闭"，一方面，既然认为本审批层级没有决定权，没有资格对"给予禁闭"表态同意，那么此处所同意的不是"给予禁闭"，而是"报监狱领导审批"；另一方面，意见也通过"同意"二字表达了明确的态度，表明已通过了本审批层级的审核，将接受下一个层级的审批，否则卷宗退回，也无需监狱领导审批，这样一来，就既讲究了规范性，又遵循了效率原则。

要注意的是，极少数的审批意见，在签署时可以不用表达明确的态度，对应的审批层级往往是只须对某一项法定条件是否符合进行审核或审查的部门。例如，在《暂予监外执行审批表》制作过程中，依照司法部《监狱暂予监外执行程序规定》第二十一条第二款之规定，监狱管理局生活卫生部门只需"对病情诊断、妊娠检查或者生活不能自理情况的鉴别是否符合暂予监外执行条件"进行审查，因此，签署的意见内容可以表述为"经审查，病情符合暂予监外执行执行条件"，无须表达"同意"或者"不同意"。而监狱管理局刑罚执行部门则不然，须对所有的法定条件以及程序是否合规，乃至材料是否有效、齐全等把关，因此，在签署意见时须表达明确的态度。

（三）在能够达到同样效果的情况下，意见的内容越简单越好

为了遵循效率原则，在能够达到同样效果的情况下，意见的内容越简单越好。何谓"能够达到同样效果"？即"既表述了已履行法律（政策）所规定的职责或者程序，又表达了明确的态度，也不会让人产生误解、争议或者歧义"。在能够达到同样效果的情况下，意见的内容越简单越好。

例如，司法部《监狱暂予监外执行程序规定》第十四条第一款规定："监狱刑罚执行部门收到监区对罪犯提请暂予监外执行的材料后，应当就下列事项进行审查：（一）提交的材料是否齐全、完备、规范；（二）罪犯是否符合法定暂予监外执行的条件；（三）提请暂予监外执行的程序是否符合规定。"而在实际工作中，监狱刑罚执行部门在《暂予监外执行审批表》中签署的意见内容，常见的有以下三种：

1. "建议暂予监外执行"。依照司法部《监狱暂予监外执行程序规定》第十二条之规定，暂予监外执行的建议应由监区提出，一方面，监狱刑罚执行部门没有必要再次提出建议；另一方面，该意见内容既没有体现已履行法律（政策）所规定的"审查"职责，又没有表达应有的明确态度。

2. "同意暂予监外执行"。该意见内容没有体现是否履行了法律（政策）所规定的

"审查"职责，还容易引起"是否有资格同意暂予监外执行"的争议。

3. "经审查，拟同意暂予监外执行"。该意见内容虽然体现了已履行法律（政策）所规定的"审查"职责，但是没有表达明确的态度。

这三种常见的意见内容都不够规范，那么监狱刑罚执行部门的意见究竟该如何签署？《监狱暂予监外执行程序规定》第十四条第二款规定："经审查，对材料不齐全或者不符合提请条件的，应当通知监区补充有关材料或者退回；对相关材料有疑义的，应当进行核查。对材料齐全、符合提请条件的，应当出具审查意见，由科室负责人在《暂予监外执行审批表》上签署意见，连同监区报送的材料一并提交监狱暂予监外执行评审委员会评审。"在结合第十四条第一款规定的基础上，意见内容可表述为：

"经审查，材料齐全、完备、规范，符合法定暂予监外执行的条件，提请暂予监外执行的程序符合规定，同意提交监狱暂予监外执行评审委员会评审"。

这样一来，意见内容规范倒是规范，但是太过啰唆，完全可以进一步简化为"经审查，同意提交监狱暂予监外执行评审委员会评审"，这样既达到了同样的效果，又遵循了效率原则。因为"同意提交监狱暂予监外执行评审委员会"就隐含了审查的结果，无须在文书中签署意见时赘述具体的审查意见，如果想看具体的审查意见，需要去翻阅卷宗。

（四）应注意签署意见的完整性

完整的签署意见不仅包括意见内容，还应包括相关人员的签名、加盖相关公章以及注明年、月、日，缺一不可。

二十、数字及计量单位

数字的表现形式有以下三种：

（一）中文大写

中文大写适用于以下两种情形：

1. 《罪犯物品保管收据》里的物品数量。

2. 中缝里的数字，除了单位名称里的数字外，一律采用中文大写。

（二）中文简写

中文简写适用于以下三种情形：

1. 单位名称里的数字，如浙江省第六监狱。

2. 期限，如给予张三禁闭十天，再如有期徒刑十年六个月。

3. 级别、程度或者物品（事件）的数量，如二级轻伤，再如两次单项处罚。

（三）阿拉伯数字

阿拉伯数字适用于以下三种情形：

1. 年、月、日中的数字，但是须注意"年""月""日"三个字必须是中文，不得用"."代替.

2. 财产性判项，如追缴违法所得7663.26元.

3. 长度、重量、质量、面积、体积、容积等。

制作监狱执法文书过程中需要使用计量单位的，应依照国务院 1984 年颁布实施的《中华人民共和国法定计量单位》执行。

二十一、其他填写要求

手工填写执法文书时，一律使用钢笔，用碳素墨水，或蓝黑墨水，或黑色中性笔，不得使用圆珠笔、铅笔，或其他非蓝黑的彩色笔书写。

字体工整、规范，文书页面整洁，不允许有涂改。

属于选择项的栏目，应作出明确的选定。

文书栏目没有对应内容可以填写的，应填写短斜线"／"，不留空白。

第三章　刑务处理类文书

第一节　收监类文书

[**情境一**] 2021 年 3 月 22 日，浙江省第×监狱收押两家看守所送交的 3 名罪犯。在检查法律文书环节，发现罪犯戴×的法律文书记载有误，不予收监，而另外两名罪犯则顺利收监。

1. 罪犯戴×，男，1983 年 11 月 16 日生，犯盗窃罪，被杭州市西湖区人民法院以（2021）浙 0106 刑初××号《判决书》判处有期徒刑九年。《执行通知书》上"主刑"一栏填写的是"有期徒刑六年"，与《判决书》不一致。

2. 罪犯程×力，男，1966 年 6 月 11 日生，捕前系浙江省××厅厅长，犯受贿罪，被绍兴市中级人民法院判处无期徒刑，剥夺政治权利终身，并处没收个人全部财产。

3. 罪犯朴×建，韩国籍，男，1994 年 4 月 22 日生，身份证号 780422-1×××××，护照号 M35×××××，捕前系韩国××株式会社杭州事务所市场部课长代理，犯交通肇事罪，被杭州市西湖区人民法院以（2021）浙 0106 刑初××号《判决书》判处有期徒刑六年。看守所移交该犯的非生活必需品有：邮政生肖猴票（1980 年版）一张，九成新；百达翡丽手表（5711/1A-010）一块，六成新；三星手机（Galaxy S20）一部，九成新；毛呢夹克外套（Valentino 175/M）一件，八成新。

一、《罪犯不予收监通知书》

（一）概念

《罪犯不予收监通知书》是监狱在收押新收监罪犯时，对交付执行机关送交的法律文书进行审验，发现送交的法律文书存在不予收监法定情形的，依法作出不予收监决定时制作的执法文书。

（二）法律（政策）依据

《中华人民共和国刑事诉讼法》第二百六十四条第一款规定："罪犯被交付执行刑罚的时候，应当由交付执行的人民法院在判决生效后十日以内将有关的法律文书送达公安机关、监狱或者其他执行机关。"

《中华人民共和国监狱法》第十六条规定："罪犯被交付执行刑罚时，交付执行的人民法院应当将人民检察院的起诉书副本、人民法院的判决书、执行通知书、结案登记表同时送达监狱。监狱没有收到上述文件的，不得收监；上述文件不齐全或者记载有误的，作出生效判决的人民法院应当及时补充齐全或者作出更正；对其中可能导致错误收监的，不予收监。"

检查法律文书是监狱收押新收监罪犯的必经程序，缺少法律规定的任何一个法律文书都不得收监；遇有法律文书内容不齐全或者记载有误的，视具体情况分别处理：

1. 法律文书出现的瑕疵不构成实质错误，不会导致错误收监的，可以先收监，有瑕疵的法律文书通知人民法院事后补充更正。

2. 法律文书出现的瑕疵构成实质错误，可能导致错误收监的，不予收监。

（三）制作要点

1. 不予收监的理由必须是《中华人民共和国监狱法》第十六条中规定的情形，制作时必须具体、准确，尤其是"三书一表"应核对无误。

2. 《罪犯不予收监通知书》有三联，第一联由监狱留存，为存根联；第二联交付看守所，为副本联；第三联送达作出生效判决的人民法院，为正本联。三联虽详略有别，但内容应该一致。

（四）文书（正本联）的实际制作

罪犯不予收监通知书

（2021）浙×监不收通字第 1 号

杭州市西湖区 人民法院：

你院判决罪犯 戴× ，性别 男 ，出生日期 1983 年 11 月 16 日，罪名 盗窃罪 ，刑期 有期徒刑九 年。经检查，由于 《执行通知书》上"主刑"一栏 填写的是"有期徒刑六年"，与《判决书》上"判处有期徒刑九年"不一致 。

根据《中华人民共和国监狱法》第 十六 条和《中华人民共和国刑事诉讼法》第 二百六十四 条之规定，决定不予收监。

特此通知。

浙江省第× 监狱（公章）

2021 年 3 月 22 日

（注意：在实际制作时，相邻两联之间的中缝不要忘了填写。）

（五）格式（正本联）设计的不足之处

文书的格式是 2002 年 7 月由司法部监狱管理局统一制定和印发的版本（以下简称为部局版），存在的不足之处有：

1. 只有"刑期"栏目，没有"刑种"栏目，若是被判处无期徒刑或者死刑缓期二年执行的罪犯，民警在具体制作时，只能借用"刑期"栏目，既不合适，也不规范。

2. 格式中的"性别""出生日期""罪名"及"刑期"等栏目，在文书中能够起到的唯一作用就是提高罪犯的辨识度，可以用罪犯对应的判决书文号取代这些栏目，不仅效果更好，还可以使文书变得更加简洁。

3. 第一段最后用了"由于"一词，但又没有了下文，在语气上戛然而止，不够通顺，因此，应将"由于"删去。

4. "根据"不是法律用语，应改为"依照"。

5. 具体引用的法律条款应是《中华人民共和国刑事诉讼法》第二百六十四条第一款，但格式中并没有预留款的位置。

6. 格式中同时引用了《中华人民共和国监狱法》和《中华人民共和国刑事诉讼法》，但是先后顺序不够规范，应改为《中华人民共和国刑事诉讼法》在前，《中华人民共和国监狱法》在后。

（六）对格式（正本联）进行修改并制作新的文书

罪犯不予收监通知书

（2021）浙×监不收通字第 1 号

　　<u>　杭州市西湖区　</u>人民法院：

　　我狱（所）在收押以<u>　（2021）浙 0106 刑初××　</u>号《判决书》判处的罪犯<u>　戴×　</u>时，经检查，发现据以执行的法律文书存在以下问题：<u>　《执行通知书》上"主刑"一栏</u><u>填写的是"有期徒刑六年"，与《判决书》上"判处有期徒刑九年"不一致　</u>。

　　依照《中华人民共和国刑事诉讼法》第<u>　二百六十四条　</u>第<u>　一　</u>款 和《中华人民共和国监狱法》第<u>　十六　</u>条之规定，决定不予收监。

　　特此通知。

<u>　浙江省第×　</u>监狱（公章）

2021 年 3 月 22 日

二、《罪犯入监通知书》

（一）概念

《罪犯入监通知书》是监狱收押新收监罪犯后，依照法律规定在法定期限内将收押时间、关押场所等事项通知罪犯家属时制作的执法文书。

（二）法律（政策）依据

《中华人民共和国监狱法》第二十条规定："罪犯收监后，监狱应当通知罪犯家属。通知书应当自收监之日起五日内发出。"

（三）制作要点

1. 送达对象为罪犯家属，这里的"罪犯家属"应当是罪犯的直系亲属或监护人，无直系亲属的，可以是关系较为密切的其他亲属。

2. 《罪犯入监通知书》有三联，第一联由监狱留存，为存根联；第二联由罪犯家属签收后寄回监狱，为回执联；第三联送达罪犯家属，为正本联。三联虽详略有别，但内容应该一致。

（四）文书（正本联）的实际制作

收监后 5 日内必须将文书制作完毕并寄出，不因节假日顺延。民警在听取罪犯程×力本人意见后，决定将收押时间、关押场所、通信地址等事项通知其配偶蔡×芬。

罪犯入监通知书

（2021）浙×监入通字第 20 号

　　蔡×芬　：

　　程×力　因犯　受贿罪　，经人民法院判处　无期徒刑，剥夺政治权利终身，并处没收个人全部财产　，于　2021　年　3　月　22　日送　浙江省第×监狱　服刑。

地　　　址：杭州市下沙街道××坝路 600 号

乘车路线：　3104、艮山门东至盐仓专线

信箱代号：　同前述地址

邮政编号：　3100××

咨询电话：　0571—8693××××

特此通知。

浙江省第×　监狱（公章）

2021 年 3 月 22 日

（五）格式（正本联）设计的不足之处

文书的格式是部局版，存在的不足之处有：

1. 文书不应该叫《罪犯入监通知书》，理由有三：①《中华人民共和国监狱法》第二十条明文规定："罪犯收监后，监狱应当通知罪犯家属……"，相较"入监"而言，"收监"是一个规范的法律用语；②"入"带有一定的主动性，而将罪犯"收监"带有强制性，不是罪犯想入就入，不想入就不入；③送交的法律文书经检查有可能导致错误收监的，须制作文书《罪犯不予收监通知书》，那么，经检查无误后收监的，怎么能被称作《罪犯入监通知书》呢？

2. "送"不是一个法律用语。

3.《罪犯入监通知书》的行文目的，主要就是通知罪犯家属可以进行亲情会见（通信、通讯）了，此举也有利于监狱对罪犯的监管与改造。但是从家属的角度看这份文书，需要了解的信息很多，如会见人条件、会见程序、会见时间、会见地点、会见注意事项等，这些信息通过这份文书都无法获悉。虽然有一个"咨询电话"，但一方面，家属需要了解的信息较为庞杂且大多又具有普遍性，另一方面，有为数不少的家属不会讲普通话，与接线民警交流比较吃力，那何不遵循"效率原则"，将庞杂且具有普遍性的信息整理成文，作为附件，与《罪犯入监通知书》一起寄给家属呢？而"咨询电话"可以作为家属获知信息的补缺选项，也在附件中加以标注。

4.《罪犯入监通知书》是一份执法文书，应彰显"依法"二字，但是在文书里却没有引用相应的法律依据，使得文书缺乏一定的规范性和严肃性。

（六）对格式（正本联）进行修改并制作新的文书

罪犯收监通知书

（2021）浙×监收通字第 20 号

　蔡×芬　：

　程×力　因犯　受贿罪　，经人民法院判处　无期徒刑，剥夺政治权利终身，并处没收个人全部财产　，于　2021　年　3　月　22　日由　浙江省第×监狱　收监执行刑罚。

依照《中华人民共和国监狱法》第　二十　条之规定，特此通知。

附：《罪犯会见（通信、通讯）须知》

浙江省第×　监狱（公章）

2021 年 3 月 22 日

三、《罪犯入监登记表》

（一）概念

《罪犯入监登记表》是监狱收押新收监罪犯后，通过查阅收押法律文书、与罪犯进行个别谈话等方式，记载新收押罪犯个体基本情况的执法文书。

（二）法律（政策）依据

《监狱教育改造工作规定》（中华人民共和国司法部令第 79 号）第十二条规定："监狱（监区）应当了解和掌握新收罪犯的基本情况、认罪态度和思想动态，进行个体分析和心理测验，对其危险程度、恶性程度、改造难度进行评估，提出关押和改造的建议。"

（三）制作要点

1. "特长"一栏填写罪犯在生产劳动或文娱体育等方面具备的一技之长。

2. "口音"一栏填写日常交流时所用口音。

3. "家庭住址"一栏填写捕前家庭居住地址，无论该住址是租赁还是其本人所有。

4. "判决书号"一栏填写的是生效的《判决书》的文号。

5. "曾受何种处罚"一栏没有具体说明是行政处罚还是刑事处罚，因此两类处罚都应填写。

6. 对于"家庭成员"，法律（政策）并没有作出明确的规定，一般指的是直系亲属，即父母、子女和配偶。

7. "主要社会关系"指的是家庭成员以外关系较密切或本人受其影响较大的亲友。

（四）文书的实际制作

民警通过查阅收押法律文书、与罪犯程×力进行个别谈话等方式，掌握了制作文书必需的材料：

罪犯程×力，无别名，男，汉族，1966 年 6 月 11 日生，本科文化程度，捕前系浙江省××厅厅长，原政治面貌为中共党员，特长为摄影、绘画，身份证号码为 33010619660611×××，口音为杭州口音及普通话，捕前居住地址为浙江省杭州市西湖区求是新村×幢×单元×××室，因涉嫌受贿罪，2020 年 6 月 14 日被逮捕，逮捕机关为浙江省公安厅，2021 年 3 月 10 日被绍兴市中级人民法院以（2021）浙 06 刑初××号《判决书》判处无期徒刑，剥夺政治权利终身，并处没收个人全部财产。在上诉期内，程×力没有上诉，2021 年 3 月 21 日判决生效。

个人简历：1973 年 9 月至 1978 年 6 月在杭州市××小学读书；1978 年 9 月至 1981 年 6 月在杭州市××中学读书；1981 年 9 月至 1984 年 6 月在杭州市××中学读书；1984 年 9 月至 1988 年 6 月在中国××大学财政金融专业读书；1988 年 7 月进入浙江省××厅工作，历任科员、科长、副处长、处长、副厅长、厅长。

主要犯罪事实：自 2013 年 6 月至 2019 年 9 月任浙江省××厅厅长期间，利用职务上的便利，伙同该厅计财处处长梁×强，三次为有关企业及单位解决借款，分别为人民币 1.1 亿多元、3600 万元、1.9 亿多元，造成国家经济损失总计 1.5 亿元。程×力收受"好处费"

累计人民币 350 万元。

家庭成员及主要社会关系：妻子蔡×芬，1971 年 5 月生，群众，××银行杭州市分行客户经理，住杭州市西湖区求是新村×幢×单元×××室，手机 13958×××××；女儿程×洁，1995 年 6 月生，群众，杭州××贸易公司员工，住杭州市西湖区求是新村×幢×单元×××室，手机 13858×××××；弟弟程×锋，1968 年 6 月生，群众，杭州××服装厂厂长，住杭州市上城区景芳二区×幢×单元×××室，手机 13958×××××；岳母蒋×迪，1950 年 4 月生，群众，江苏省南通市××小学教师，江苏省南通市崇川区易家桥新村×幢×单元×××室，联系电话（0513）6463×××。

同案犯情况：梁×强，男，1980 年 3 月 15 日生，捕前系浙江省××厅计财处处长，犯受贿罪，被判处有期徒刑十一年，家住杭州市下城区朝晖三区×幢×单元×××室。

制作《罪犯入监登记表》如下：

罪犯入监登记表

单位：浙江省第×监狱　　　　编号：33×××××××　　　　入监日期：2021 年 3 月 22 日

姓名	程×力	别名	/	性别	男	一寸免冠照片
民族	汉族	出生日期	1966 年 6 月 11 日	文化程度	本科	
捕前职业	机关干部	原政治面貌	中共党员	特长	摄影绘画	
身份证号	33010619660611×××		口音	杭州口音及普通话		
籍贯（国籍）	浙江省杭州市		原户籍所在地	杭州市西湖区××街道		
家庭住址	浙江省杭州市西湖区求是新村×幢×单元×××室				婚姻状况	已婚
拘留日期	/	逮捕机关	浙江省公安厅	逮捕日期	2020 年 6 月 14 日	
判决书号	(2021) 浙 06 刑初××号	判决机关	绍兴市中级人民法院	判决日期	2021 年 3 月 10 日	
罪名	受贿罪			刑种	无期徒刑	
刑期	/	刑期起止	自 2021 年 3 月 21 日起至 / 年 / 月 / 日止	附加刑	剥夺政治权利终身，没收个人全部财产	

曾受何种处罚	/				

<table>
<tr><td rowspan="8">本人简历</td><td>起时</td><td>止时</td><td colspan="2">所在单位</td><td colspan="2">职务（职业）</td></tr>
<tr><td>1973 年 9 月</td><td>1978 年 6 月</td><td colspan="2">杭州市××小学</td><td colspan="2">学生</td></tr>
<tr><td>1978 年 9 月</td><td>1981 年 6 月</td><td colspan="2">杭州市××中学</td><td colspan="2">学生</td></tr>
<tr><td>1981 年 9 月</td><td>1984 年 6 月</td><td colspan="2">杭州市××中学</td><td colspan="2">学生</td></tr>
<tr><td>1984 年 9 月</td><td>1988 年 6 月</td><td colspan="2">中国××大学财政金融专业</td><td colspan="2">学生</td></tr>
<tr><td>1988 年 7 月</td><td>2020 年 6 月</td><td colspan="2">浙江省××厅</td><td colspan="2">科员、科长、副处长、处长、副厅长、厅长</td></tr>
<tr><td>2020 年 6 月</td><td>2021 年 3 月</td><td colspan="2">浙江省看守所</td><td colspan="2">犯罪嫌疑人、罪犯</td></tr>
<tr><td>2021 年 3 月</td><td>至今</td><td colspan="2">浙江省第×监狱</td><td colspan="2">罪犯</td></tr>
</table>

主要犯罪事实	自 2013 年 6 月至 2019 年 9 月任浙江省××厅厅长期间，利用职务上的便利，伙同该厅计财处处长梁×强，三次为有关企业及单位解决借款，分别为人民币 1.1 亿多元、3600 万元、1.9 亿多元，造成国家经济损失总计 1.5 亿元。程×力收受"好处费"累计人民币 350 万元。

<table>
<tr><td rowspan="6">家庭成员及主要社会关系</td><td>关系</td><td>姓名</td><td>出生年月</td><td>政治面貌</td><td>工作单位职务（职业）</td><td>住址</td><td>电话</td></tr>
<tr><td>妻子</td><td>蔡×芬</td><td>1971 年 5 月</td><td>群众</td><td>××银行杭州市分行客户经理</td><td>杭州市西湖区求是新村×幢×单元×××室</td><td>13958×××××</td></tr>
<tr><td>女儿</td><td>程×洁</td><td>1995 年 6 月</td><td>群众</td><td>杭州××贸易公司员工</td><td>杭州市西湖区求是新村×幢×单元×××室</td><td>13858×××××</td></tr>
<tr><td>弟弟</td><td>程×锋</td><td>1968 年 6 月</td><td>群众</td><td>杭州××服装厂厂长</td><td>杭州市上城区景芳二区×幢×单元×××室</td><td>13958×××××</td></tr>
<tr><td>岳母</td><td>蒋×迪</td><td>1950 年 4 月</td><td>群众</td><td>江苏省南通市××小学教师</td><td>江苏省南通市崇川区易家桥新村×幢×单元×××室</td><td>(0513)6463××</td></tr>
<tr><td>/</td><td>/</td><td>/</td><td>/</td><td>/</td><td>/</td><td>/</td></tr>
</table>

	姓名	性别	出生日期	捕前职业	罪名	刑期	家庭住址
同案犯	梁×强	男	1980年3月15日	机关干部	受贿罪	十一年	杭州市拱墅区朝晖三区×幢×单元×××室
	/	/	/	/	/	/	/

（五）格式设计的不足之处

文书的格式是部局版，存在的不足之处有：

1. 与《罪犯入监通知书》应改为《罪犯收监通知书》的理由类似，《罪犯入监登记表》应改为《罪犯收监登记表》。格式中的"入监日期"也应改为"收监日期"。

2. 一般文书的表头部分设有"罪犯编号"栏目，用意很明确，是为了确定特定的罪犯，不致发生狱内同姓同名罪犯相互混淆的现象。此外，"罪犯编号"还能对该文书的归档提供便利。但在《罪犯入监登记表》上，表头部分的"罪犯编号"变为"编号"，依据栏目的作用，制作过程中该"编号"内容仍要求填写"罪犯编号"。制作要求相同但栏目名称不一致，给实际使用带来混乱。另外，"编号"通常指同类文书当年的顺序号，在审批类文书中"编号"栏目具有实际意义：从"编号"可以定位某一特定的文书和对象；从末位"编号"可以直接得出同类事项的审批数。因此，"编号"与"罪犯编号"在规范的监狱执法文书中都应该有其各自位置，两者不能相互取代。

3. "捕前职业"栏目起到的作用可以被"本人简历"覆盖，应予删去。

4. "家庭住址"不够规范，有可能独自居住，应改为"捕前居住地址"。

5. 罪犯、犯罪嫌疑人等都不是一种职务或者职业，因此"职务（职业）"应改为"职务（身份）"。

6. "刑期起止"一栏对应的只是有期徒刑，无期徒刑或死缓没有刑期和刑期起止，应将栏目改为"刑期起止/起刑日/死刑缓期执行期间"，这样一来，"刑期起止"对应的是有期徒刑，"起刑日"对应的是无期徒刑，"死刑缓期执行期间"对应的是死刑缓期二年执行。

7. 同案犯情况中，只有"刑期"栏目，没有"刑种"栏目，若是被判处无期徒刑或死刑缓期二年执行的罪犯，又得借用"刑期"栏目。

8. 同案犯情况中，"家庭住址"栏目实用性不强，应改为"现羁押场所"。

（六）对格式进行修改并制作新的文书

罪犯收监登记表

单位：浙江省第×监狱　　　　罪犯编号：33×××××××　　　　收监日期：2021 年 3 月 22 日

姓名	程×力	别名	/	性别	男	一寸免冠照片
民族	汉族	出生日期	1966 年 6 月 11 日	文化程度	本科	
原政治面貌	中共党员		特长	摄影、绘画		
身份证号	33010619660611××××		口音	杭州口音及普通话		
籍贯（国籍）	浙江省杭州市		原户籍所在地	杭州市西湖区灵隐街道		
捕前居住地址	浙江省杭州市西湖区求是新村×幢×单元×××室			婚姻状况	已婚	
拘留日期	/	逮捕机关	浙江省公安厅	逮捕日期	2020 年 6 月 14 日	
判决书号	(2021) 浙 06 刑初××号	判决机关	绍兴市中级人民法院	判决日期	2021 年 3 月 10 日	
罪名	受贿罪			刑种	无期徒刑	
刑期	/	刑期起止/起刑日/死刑缓期执行期间	2021 年 3 月 21 日	附加刑	剥夺政治权利终身，没收个人全部财产	
曾受何种处罚	/					

本人简历	起时	止时	所在单位	职务（职业）
	1973 年 9 月	1978 年 6 月	杭州市××小学	学生
	1978 年 9 月	1981 年 6 月	杭州市××中学	学生
	1981 年 9 月	1984 年 6 月	杭州市××中学	学生
	1984 年 9 月	1988 年 6 月	中国××大学财政金融专业	学生
	1988 年 7 月	2020 年 6 月	浙江省××厅	科员、科长、副处长、处长、副厅长、厅长
	2020 年 6 月	2021 年 3 月	浙江省看守所	犯罪嫌疑人、罪犯
	2021 年 3 月	至今	浙江省第×监狱	罪犯

主要犯罪事实	自 2013 年 6 月至 2019 年 9 月任浙江省××厅厅长期间，利用职务上的便利，伙同该厅计财处处长梁×强，三次为有关企业及单位解决借款，分别为人民币 1.1 亿多元、3600 万元、1.9 亿多元，造成国家经济损失总计 1.5 亿元。程×力收受"好处费"累计人民币 350 万元。

家庭成员及主要社会关系	关系	姓名	出生年月	政治面貌	工作单位职务（职业）	住址	电话
	妻子	蔡×芬	1971 年 5 月	群众	××银行杭州市分行客户经理	杭州市西湖区求是新村×幢×单元×××室	13958××××××
	女儿	程×洁	1995 年 6 月	群众	杭州××贸易公司员工	杭州市西湖区求是新村×幢×单元×××室	13858××××××
	弟弟	程×锋	1968 年 6 月	群众	杭州××服装厂厂长	杭州市上城区景芳二区×幢×单元×××室	13958××××××
	岳母	蒋×迪	1950 年 4 月	群众	江苏省南通市××小学教师	江苏省南通市崇川区易家桥新村×幢×单元×××室	(0513)6463××
	/	/	/	/	/	/	/

同案犯	姓名	性别	出生日期	捕前职业	罪名	刑种	刑期	现羁押场所
	梁×强	男	1980 年 3 月 15 日	机关干部	受贿罪	有期徒刑	十一年	浙江省第×监狱
	/	/	/	/	/	/	/	/

四、《重要罪犯登记表》

（一）概念

《重要罪犯登记表》是监狱收押新收监罪犯后，对其中符合司法部监狱管理局规定的具有特定身份或者特定犯罪类型的重要罪犯，依照规定将其基本情况另行登记、上报省级监狱管理局时制作的执法文书。

（二）使用范围

为了及时、准确地掌握监狱在押重要罪犯的监管改造情况，加强对重要罪犯的管理，司法部要求各监狱建立收押重要罪犯报告制度，并明确规定各监狱收押重要罪犯后，应在3日内将罪犯的基本情况按《重要罪犯登记表》的要求填写后（附人民法院《判决书》复印件），报省（自治区、直辖市）监狱管理局；各地监狱管理局接到报告后应及时上报司法部监狱管理局。重要罪犯被加刑或减刑、假释、保外就医及刑满释放的情况应随时报告。

司法部监狱管理局曾将八种类型的罪犯规定为重要罪犯，分别为：①原副厅、正局级（现职）以上党政领导干部；②原全国人大代表、政协委员，省、自治区、直辖市人大代表、政协委员；③原省级以上民主党派的负责人；④省、部级以上党政领导干部的直系亲属；⑤科技、艺术、体育、卫生、宗教界等有重要影响的知名人士；⑥根据领导批示，中央及各省、自治区、直辖市政法部门直接承办案件中的罪犯；⑦鼓吹民族分裂主义、参与骚乱的罪犯，利用宗教犯罪的骨干和头面人物；⑧中央级报刊曾予报道，在国内外有重大影响的案件中的罪犯。

（三）制作要点

1. 重要罪犯有八类，有各自的标准。

2. "罪犯编号"是监狱新收押罪犯的统一编号，对重要罪犯不再另行编号。

3. "住址"一栏填写捕前居住地址。

4. "身体状况"要根据收押过程中监狱医院对罪犯所做身体检查的结果进行填写，应填写"健康"或者"患有××疾病"，有具体疾病的应写明疾病名称及程度。

5. "备注"为选填栏目，填写的应是需要特别加以说明的事项。

6. "填表人"是指具体制作文书的民警。

7. "审核人"是填表人所在部门的负责人。

（四）文书的实际制作

罪犯程×力捕前系浙江省××厅厅长，属于厅级党政领导干部，收监后3日内，监狱为其制作《重要罪犯登记表》。

重要罪犯登记表

单位：浙江省第×监狱　　　　　　　　　　　　　　　　　　罪犯编号：33×××××××

姓名	程×力		性别	男	民族	汉族	出生日期	1966 年 6 月 11 日
籍贯	浙江省杭州市			住址	浙江省杭州市西湖区求是新村×幢×单元×××室			
原工作单位		浙江省××厅		职务	厅长			
罪名	受贿罪		刑期	无期徒刑	刑期起止	自 2021 年 3 月 21 日起 至 / 年 / 月 / 日止		

判决机关	绍兴市中级人民法院	关押单位	浙江省第×监狱	收押时间	2021 年 3 月 22 日
身体状况	患有高血压，176/95 mmHg。				
犯罪事实	自 2013 年 6 月至 2019 年 9 月任浙江省××厅厅长期间，利用职务上的便利，伙同该厅计财处处长梁×强，三次为有关企业及单位解决借款，分别为人民币 1.1 亿多元、3600 万元、1.9 亿多元，造成国家经济损失总计 1.5 亿元。程×力收受"好处费"累计人民币 350 万元。				
备注	/				

填表人：张×× 　　　　审核人：陈×× 　　　　填表日期：2021 年 3 月 23 日

（五）格式设计的不足之处

文书的格式是部局版，存在的不足之处有：

1. 缺少"重要罪犯类别"栏目，无法根据文书之中的其余栏目辨别所有重要罪犯所属的类别。

2. 文书首部有"单位"，文书正文又有"关押单位"，多此一举。

3. 考虑到可能存在外国籍的重要罪犯，"籍贯"一栏可以改为"籍贯（国籍）"。

4. "住址"应改为"捕前居住地址"。

5. "职务"一栏应改为"原职务"。

6. 只有"刑期"，没有"刑种"，另外，"刑期起止"应改为"刑期起止/起刑日/死刑缓期执行期间"。

7. 没有设置"附加刑"栏目，判决的信息不够全面。

8. 为保持系列文书中栏目名称的一致性，"身体状况"应改为"健康状况"。

（六）对格式进行修改并制作新的文书

重要罪犯登记表

单位：浙江省第×监狱　　　　　　　　　　　　　　　　罪犯编号：33×××××××

姓名	程×力	性别	男	民族	汉族	出生日期	1966 年 6 月 11 日
籍贯（国籍）	浙江省杭州市	捕前居住地址		浙江省杭州市西湖区求是新村×幢×单元×××室			
原工作单位	浙江省××厅	原职务		厅长	重要罪犯类别		第一类
罪名	受贿罪	判决机关	绍兴市中级人民法院	刑种	无期徒刑	刑期	/
附加刑	剥夺政治权利终身、没收个人全部财产						
刑期起止/起刑日/死刑缓期执行期间	2021 年 3 月 21 日		收押时间		2021 年 3 月 22 日		
健康状况	患有高血压，176/95 mmHg。						
犯罪事实	自 2013 年 6 月至 2019 年 9 月任浙江省××厅厅长期间，利用职务上的便利，伙同该厅计财处处长梁×强，三次为有关企业及单位解决借款，分别为人民币 1.1 亿多元、3600 万元、1.9 亿多元，造成国家经济损失总计 1.5 亿元。程×力收受"好处费"累计人民币 350 万元。						
备注	/						

填表人：张××　　　　　审核人：陈××　　　　　填表日期：2021 年 3 月 23 日

五、《外籍犯或港澳台犯登记表》

（一）概念

《外籍犯或港澳台犯登记表》是监狱收押外国籍罪犯和我国香港、澳门、台湾地区罪犯时制作的执法文书。

（二）法律（政策）依据

《中华人民共和国刑法》第六条第一款规定："凡在中华人民共和国领域内犯罪的，除法律有特别规定的以外，都适用本法。"

《监狱教育改造工作规定》（中华人民共和国司法部令第79号）第十二条规定："监狱（监区）应当了解和掌握新收罪犯的基本情况、认罪态度和思想动态，进行个体分析和心理测验，对其危险程度、恶性程度、改造难度进行评估，提出关押和改造的建议。"

（三）制作要点

1. "姓名（中文）"一栏可按《判决书》中的姓名填写。

2. "姓名（原文）"应与护照姓名相同，可手写。

3. "健康状况"一栏按收监时对身体的医检结论填写，有具体疾病的应写明疾病名称及程度。

4. 具体制作文书的民警需在"填表人"一栏中签名，负责审核的民警在审核无误后也需在"审核人"一栏中签名。

（四）文书的实际制作

民警通过查阅收押法律文书、与罪犯进行个别谈话等方式，掌握了制作文书必需的材料，并制作文书如下：

外籍犯或港澳台犯登记表

填报单位：浙江省第×监狱　　　　　　　　　　　　　　　　罪犯编号：33×××××××

姓名（中文）	朴×建		姓名（原文）	박×건	
性别	男	出生日期	1994年4月22日	文化程度	本科
国籍	韩国	捕前住址	浙江省杭州市西湖区春天花园×幢×单元×××室		
身份证号	780422-1×××××		护照号	M35×××××	
护照有效期	2013年6月16日至2023年6月15日				
原工作单位	韩国××株式会社杭州事务所		职务	市场部课长代理	

审判机关	杭州市西湖区人民法院		判决字号	(2021)浙0106刑初××号
判决时间	2021年3月10日		罪　名	交通肇事罪
刑种	有期徒刑		附加刑	/
刑期	六年		刑期起止	自2020年5月15日起 至2026年5月14日止
关押地点	浙江省杭州市下沙 ××坝路×××号		入监日期	2021年3月22日

家庭主要成员	姓名	关系	现住址	电话
	林×英	母亲	韩国首尔西大门区南加佐洞358－1×××号	010-017×-××××
	/	/	/	/

主要犯罪事实	2020年5月14日23时,朴×建与朋友聚会后,酒后驾驶摩托车,在杭州市文一路和古翠路交叉口将同方向行走的一名路人撞飞,当场致人重伤。肇事后,驾驶摩托车逃逸。次日在租住处被抓获。
健康状况	健　康

填表人:章××　　　审核人:陈××　　　　　填报日期:2021年3月23日

(五)格式设计的不足之处

文书的格式是部局版,存在的不足之处有:

1. "身份证号"一栏没有考虑到有些国家的公民没有身份证号。

2. "职务"应改为"原职务"。

3. "刑期起止"应改为"刑期起止/起刑日/死刑缓期执行期间"。

4. "关押地点"一栏的设置纯属多余。

5. "入监日期"应改为"收监日期"。

（六）对格式进行修改并制作新的文书

外籍犯或港澳台犯登记表

填报单位：浙江省第×监狱 　　　　　　　　　　　　　罪犯编号：33×××××××

姓名 （中文）	朴×建			姓名 （原文）	박×건		
性别	男	出生日期	1994 年 4 月 22 日	文化程度	本科		
国籍	韩国	捕前居住地址	浙江省杭州市西湖区春天花园×幢×单元×××室				
身份证号、驾驶证号或 社会安全号	780422-1××××××			护照号	M35××××××		
护照有效期	2013 年 6 月 16 日至 2023 年 6 月 15 日						
原工作 单　位	韩国××株式会社杭州事务所			原职务	市场部课长代理		
审判 机关	杭州市西湖区人民法院			判决字号	（2021）浙 0106 刑初××号		
判决时间	2021 年 3 月 10 日			罪　名	交通肇事罪		
刑种	有期徒刑			附加刑	/		
刑期	六年	刑期起止/起刑日 /死刑缓期执行期间		自 2020 年 5 月 15 日起 至 2026 年 5 月 14 日止			
收监日期				2021 年 3 月 22 日			

	姓名	关系	现住址	电话
家庭主要成员	林×英	母亲	韩国首尔西大门区南加佐洞358－1××× 号	010-017×-××××
	/	/	/	/
主要犯罪事实			2020 年 5 月 14 日 23 时，朴×建与朋友聚会后，酒后驾驶摩托车，在文一路和古翠路交叉口将同方向行走的一名路人撞飞，当场致人重伤。肇事后，驾驶摩托车逃逸。次日在租住处被抓获。	
健康状况			健康	

填表人：章××　　　　审核人：陈××　　　　　　填报日期：2021 年 3 月 23 日

六、《罪犯物品保管收据》

（一）概念

《罪犯物品保管收据》是监狱收押罪犯过程中，对公安机关移交或者经人身、物品检查，属于罪犯个人合法所有的非生活必需品，需要由监狱代为保管时出具的书面保管凭据。

（二）法律（政策）依据

《中华人民共和国监狱法》第十八条第一款规定：“罪犯收监，应当严格检查其人身和所携带的物品。非生活必需品，由监狱代为保管或者征得罪犯同意退回其家属，违禁品予以没收。”

对罪犯的非生活必需品实行统一保管，彰显了监狱对罪犯个人合法财产的保护，也是对罪犯日常生活实行有序管理的需要，同时还是有效控制违禁品流入监狱的重要措施，对确保监管安全具有十分重要的意义。

（三）注意事项

依照浙江省监狱管理局《关于建立健全违禁品、违规品和危险品清查管控工作长效机制的指导意见》的相关规定，违禁品包括：

1. 枪支、弹药、雷管、炸药等物品。

2. 手机、对讲机及相关附属配件和其他具有移动通讯功能的电子设备。

3. 各种货币现钞、金融卡和有价证券。

4. 鸦片、海洛因、冰毒、吗啡、大麻、可卡因以及国家规定管制的其他能够使人形成瘾癖的麻醉药品和精神药品。

5. 管制刀具和刃器具。

6. 军警制服、便服、假发。

7. 反动、淫秽、危害国家安全宣传制品。

须注意的是，第 2 类、第 3 类违禁品及第 6 类违禁品中的便服和假发若是在清监过程中发现，应予以没收；若是在收监过程中发现，应由监狱代为保管或者征得罪犯的同意退回其家属。另外，在收监过程中发现的假币、伪造机关公文、非法传销类物品、赌博用具等违法物品，也应予以没收。

（四）制作要点

1. "编号"一栏填写的是罪犯编号。

2. "年月日"按文书的实际制作时间填写。

3. "规格型号"与"计量单位"应填写准确。

4. "新旧程度"一栏填写物品的新旧程度或者已使用年限，应填写准确，以免带来不必要的纠纷。

5. 将《罪犯物品保管收据》上的物品与实物核对无误后，由保管人与罪犯分别在规定的栏目里签名。

6. 《罪犯物品保管收据》有三联，第一联由狱政管理科（支队）留存，为存根联；第二联由（分）监区留存，为副本联；第三联由罪犯本人保存，为正本联。三联虽详略有别，但内容应该一致。

7. 文书中不可以留下空白栏目，无内容可填写时须填写"/"。

（五）文书（正本联）的实际制作

对于非生活必需品，罪犯朴×建不同意监狱退回其家属，因此由监狱代为保管，并制作《罪犯物品保管收据》。

罪犯物品保管收据

编号：33××××××××   2021 年 3 月 22 日

品名	规格型号	计量单位	数量	新旧程度
百达翡丽手表	5711/1A-010	块	壹	六成新

三星手机	Galaxy S20	部	壹	九成新
邮政生肖猴票	1980年版	张	壹	九成新
Valentino 毛呢夹克外套	175 / M	件	壹	八成新
／	／	／	／	／
保管人签名	方×	罪犯签名	朴×建	

（六）格式设计的不足之处

文书的格式是部局版，存在的不足之处有：

1. 仅有"保管人签名"是不够的，保管人不是以个人名义为罪犯代保管物品，而是代表监狱，甚至有可能在罪犯刑满时，当初签名的保管人都已不在监狱系统，因此，应增加"单位"一栏，并盖有公章，以体现执法文书的规范性和严肃性。

2. "编号"一栏按要求填写的是罪犯编号，因此应改为"罪犯编号"。

3. 增加一栏用于引用法律条文，以彰显"依法"办事和体现执法文书的规范性和严肃性。

4. 保管物品不仅要核实"新旧程度"，更要核实"损毁程度"，以避免不必要的纠纷，还应对物品损毁处拍照作为文书附件留存。

5. 可以将"品名"拆分为"物品名称"和"品牌"两栏，使得栏目设置的条理更加清楚。

（七）对格式进行修改并制作新的文书

罪犯物品保管收据

单位：浙江省第×监狱（公章）　　　　罪犯编号：33×××××××　　　　2021年3月22日

依照《中华人民共和国监狱法》第十八条第一款之规定，对下列在收监检查中发现的非生活必需品，由监狱代为保管。						
物品名称	品牌	规格型号	计量单位	数量	新旧程度	损毁程度
手表	百达翡丽	5711/1A-010	块	壹	六成新	无损毁
手机	三星	Galaxy S20	部	壹	九成新	无损毁

邮政生肖 邮票	/	1980 年版	张	壹	九成新	无损毁, 邮戳未盖
毛呢夹克外套	Valentino	175 / M	件	壹	八成新	衣领、两袖袖口处起球
/	/	/	/	/	/	/
保管人 签　名	方×	罪犯 签名	朴×建			

第二节　罪犯材料处理类文书

[情境二] 2021 年 2 月 22 日，浙江省第×监狱三监区一分监区接连收到 2 名罪犯提交的材料：一份是罪犯王×龙向公安机关举报社会人员违法犯罪的检举材料；一份是罪犯楼×亚向原判法院提交的对判决书量刑不服的申诉材料。民警对这些材料审查后作出以下处理：对罪犯王×龙的检举材料转递公安机关查证；对于罪犯楼×亚的申诉材料，查阅《判决书》后，发现法院对罪犯楼×亚的判决可能有错误，需要提请原判法院处理，申诉材料也一并转递。

1. 检举材料。检举人：王×龙，男，1979 年 7 月 3 日出生，浙江省宁波市人，高中学历，犯抢劫罪，2020 年 3 月 20 日被宁波市海曙区人民法院判处有期徒刑十五年。

被检举人：李×刚，男，约 40 岁，浙江省宁波市海曙区人，因涉嫌故意伤害罪，2019 年 8 月与检举人一起被羁押于宁波市××看守所一监区 11 号监舍。

检举内容：李×刚有可能涉嫌故意杀人的命案。

2019 年 8 月 5 日我与李×刚同天被关到 11 号监舍，因两人年龄差不多，又都是宁波人，关系比较好无话不说。大约在 2019 年 10 月初星期六的一个傍晚约 7 点左右（具体时间记不清，记得那晚的月亮特别亮），其他人在看电视，我们两人在囚室聊天。李×刚说自己现在落得这个境况都是毁在一个女人身上。这个女人是李×刚 2018 年 7 月在一酒吧结识的一个陪酒女，叫莉莉（化名），年龄 20 岁左右，湖北人，后来两人发展到情人关系。此后，李×刚每月给她 5000 元零花钱，有半年时间。2019 年春节后，莉莉慢慢地冷落李×刚，最后连李×刚的手机号码也给拉黑了，后来知道莉莉另有新欢。李×刚说一个男人最不能容忍的是玩弄自己感情的人，对这种女人必须要她付出代价。可能觉得自己有点说多了，李×刚马上就转移了话题。他说他原来开一家装修公司，蛮赚钱的，有一个温暖的家，就是趟了这滩祸水，变得比较暴躁，这次进笼子就是因为一点小事用刀子捅伤了对方。李×刚说的话现在让我想到 2019 年 3 月宁波市海曙区发生的一起命案，当时警方发过一个认尸通报，受害人就是一个年轻女人。

经监狱的教育，我认识到每个公民对知道的犯罪线索都有举报的义务，服刑人员举报他人的犯罪行为也是一种立功表现，查证属实可以得到政府的减刑，我愿意戴罪立功。

对以上线索的真实性我愿意承担法律责任。

此致
宁波市公安局海曙区分局

检举人：王×龙（捺指印）

2021 年 2 月 21 日

（本检举材料共一卷 2 页）

2.（2021）浙 0105 刑初××号《判决书》载明的主要情况：楼×亚，男，犯故意伤害罪，被杭州市拱墅区人民法院判处有期徒刑十三年。法院查明被告人楼×亚与被害人王×因琐事发生争执，楼×亚用随身携带的水果刀向被害人的腹部捅去，造成被害人王×脾脏破裂，致被害人重伤，经抢救脱离生命危险，未造成严重残疾。

一、《罪犯材料转递函》

（一）概念

《罪犯材料转递函》是对于罪犯提交的申诉、控告、检举、自首等材料，监狱认为需要转送有关司法机关处理时，用于交接材料的执法文书。

（二）法律（政策）依据

《中华人民共和国监狱法》第二十二条规定："对罪犯提出的控告、检举材料，监狱应当及时处理或者转送公安机关或者人民检察院处理，公安机关或者人民检察院应当将处理结果通知监狱。"

《中华人民共和国监狱法》第二十三条规定："罪犯的申诉、控告、检举材料，监狱应当及时转递，不得扣压。"

（三）制作要点

1. 《罪犯材料转递函》有三联，第一联由监狱留存，为存根联；第二联为回执联；第三联为正本联。三联虽详略有别，但内容应该一致。

2. 标题中应准确填写罪犯的姓名和被转递材料的类型。

3. 存根联中的"材料摘要"要求概括出被转递材料的核心内容。

4. 存根联中的"回复时间"是补填栏目，按照监狱收到回执的实际时间填写。

5. 申诉材料的转递对象为有关人民法院或者人民检察院；控告材料的转递对象为有关人民检察院或者被控告人所在监狱的上级单位；检举、自首材料的转递对象为有关公安机关或者人民检察院。

（四）文书的实际制作（回执联与中缝略）

制作存根联与正本联如下：

罪犯 <u>王×龙检举</u> 材料转递函

（存根）

（2021）浙×监材转函字第 31 号

罪犯姓名：<u>王×龙</u>

材料类型：<u>检举</u>

材料卷数、页数：<u>一卷 2 页</u>

材料摘要：<u>检举李×刚涉嫌故意杀人，李×刚 2019 年 8 月曾与王×龙一起被羁押于宁波市××看守所，聊天时自己透露落得这个境况都是毁在一个女人身上，且性格变得易怒和暴躁，而这个女人曾是李×刚的情人，后变心，2019 年 3 月宁波市海曙区曾发生一起命案，当时警方发过一个认尸通报，受害人就是一名年轻女性。</u>

转递单位：<u>宁波市公安局海曙区分局</u>

填发时间：<u>2021 年 2 月 22 日</u>

承办人：<u>刘××</u>

回复时间：<u>待收到回复后补填</u>

罪犯 <u>王×龙检举</u> 材料转递函

（2021）浙×监材转函字第 31 号

<u>宁波市公安局海曙区分局</u>：

现将 <u>我狱罪犯王×龙检举李×刚涉嫌 2019 年 3 月发生在宁波市海曙区一起故意杀人案的材料，共一卷 2 页</u> 寄去，请查收。

浙江省第× 监狱（公章）

2021 年 2 月 22 日

（五）格式设计的不足之处

文书的格式是部局版，存在的不足之处有：

1．"寄去"既不是法律用语，又没有同文书标题保持一致，应改为"转递"。

2．《罪犯材料转递函》是一份正式的执法文书，但在格式中却没有引用相应的法律依据，缺少规范性和严肃性。

3. 罪犯材料被顺利地转递到有关单位不是最终目的，罪犯材料反映的事项得到依法处理才能真正体现"依法治国"的理念，因此，格式中还应提醒有关单位及时处理并反馈。

（六）对格式（正本联）进行修改并制作新的文书

罪犯　王×龙检举　材料转递函

（2021）浙×监材转函字第 31 号

　　宁波市公安局海曙区分局　：

　　依照《中华人民共和国监狱法》第二十三条之规定，现转递　我狱罪犯王×龙检举李×刚涉嫌 2019 年 3 月发生在宁波市海曙区一起故意杀人案的材料，共一卷 2 页　，请查收。

　　依照《中华人民共和国监狱法》第二十二条之规定，请将处理结果及时通知我狱（所）。

浙江省第×　监狱（公章）

2021 年 2 月 22 日

二、《对罪犯刑事判决提请处理意见书》

（一）概念

《对罪犯刑事判决提请处理意见书》是监狱在刑罚执行过程中，认为罪犯的刑事判决可能有错误，提请人民检察院或者原判人民法院处理的执法文书。

（二）法律（政策）依据

《中华人民共和国刑事诉讼法》第二百七十五条规定："监狱和其他执行机关在刑罚执行中，如果认为判决有错误或者罪犯提出申诉，应当转请人民检察院或者原判人民法院处理。"

《中华人民共和国监狱法》第二十四条规定："监狱在执行刑罚过程中，根据罪犯的申诉，认为判决可能有错误的，应当提请人民检察院或者人民法院处理，人民检察院或者人民法院应当自收到监狱提请处理意见书之日起六个月内将处理结果通知监狱。"

（三）意义

监狱对罪犯刑事判决提请处理，是我国刑事法律监督体系中设置的纠正错判的又一道防线，对及时纠正错判、保护罪犯合法权利、维护法律的公平正义有积极意义。

（四）可能出现的判决错误

1. 适用罪名或量刑错误。

2. 据以定罪的证据不确凿、不充分，或证据之间存在矛盾。

3. 刑期计算错误。

（五）注意事项

该文书的启动必须十分慎重。

1. 罪犯提起申诉，不必然启动监狱对刑事判决提请处理的程序。只有当监狱认为对罪犯的判决在适用法律上确有错误时，才启动该文书。

2. 只是量刑畸重不宜作为提请处理的理由。

3. 首选原判人民法院作为受理机关，只有当法院不便受理或者不愿处理的情况下，才将人民检察院作为受理机关。

（六）制作要点

1.《对罪犯刑事判决提请处理意见书》有两联，第一联由监狱留存，为存根联；第二联致送有关机关，为正本联。两联虽详略有别，但内容应该一致。

2. 存根联中的"提请理由"要求概括出监狱认为判决有误的理由，包含法律依据和《判决书》上认定的事实。

3. 存根联中的"回复时间"与"回复结果"都是补填栏目，分别按照监狱收到回复的实际时间与具体内容填写。

4. 正本联中，在表述具体理由时，应做到事实清楚、条理清晰、法律依据充分。

（七）文书的实际制作（中缝略）

制作存根联与正本联如下：

对罪犯刑事判决提请处理意见书

（存根）

（2021）浙×监刑提处意字第 1 号

姓名： 楼×亚

罪名： 故意伤害罪

刑期： 有期徒刑十三年

提请理由： 原判决认定楼×亚实施了故意伤害致人重伤的犯罪行为，被害人经抢救脱离生命危险，未造成严重残疾，判处楼×亚有期徒刑十三年。而依照《中华人民共和国刑法》第二百三十四条第二款之规定，故意伤害他人身体，致人重伤的，处三年以上十年以下有期徒刑；致人死亡或者以特别残忍手段致人重伤造成严重残疾的，处十年以上有期徒刑、无期徒刑或者死刑。原判决量刑错误。

递送单位： 杭州市拱墅区人民法院

时　　间：　2021 年 2 月 23 日

承 办 人：　童×

回复时间：　待收到回复后补填

回复结果：　待收到回复后补填

对罪犯刑事判决提请处理意见书

（2021）浙×监刑提处意字第 1 号

杭州市拱墅区人民法院：

罪犯　楼×亚　，　男　，犯　故意伤害　罪，经　杭州市拱墅区人民法院以（2021）浙 0105 刑初×× 号　刑事判决书判处　有期徒刑十三年　。在刑罚执行中，我狱（所）发现对罪犯　楼×亚　的判决可能有错误。具体理由是：　原判决认定楼×亚实施了故意伤害致人重伤的犯罪行为，被害人经抢救脱离生命危险，未造成严重残疾，判处楼×亚有期徒刑十三年。而依照《中华人民共和国刑法》第二百三十四条第二款之规定，故意伤害他人身体，致人重伤的，处三年以上十年以下有期徒刑；致人死亡或者以特别残忍手段致人重伤造成严重残疾的，处十年以上有期徒刑、无期徒刑或者死刑。综上所述，我们认为原判决量刑错误，对罪犯楼×亚的量刑应当低于十年。

为此，根据《中华人民共和国刑事诉讼法》第　二百七十五　条、《中华人民共和国监狱法》第　二十四条　的规定，提请你院对　楼×亚　的判决予以处理，并将处理结果函告我监（所）。

浙江省第×　监狱（公章）

2021 年 2 月 23 日

（八）格式设计的不足之处

文书的格式是部局版，存在的不足之处有：

1. 存根联中的栏目，只有"刑期"，没有"刑种"。

2. 正本联中，前有"我狱（所）"，后有"我监（所）"，前后不一致。

3. "根据"不是法律用语，应改为"依照"。

4. 根据《中华人民共和国监狱法》第二十四条的规定，人民检察院或者人民法院应当自收到监狱提请处理意见书之日起六个月内将处理结果通知监狱。因此，在正本联中，应明确人民检察院或者人民法院将处理结果通知监狱的期限。

（九）对格式进行修改并制作新的文书

对罪犯刑事判决提请处理意见书

（存根）

（2021）浙×监刑提处意字第 1 号

姓　　名：　楼×亚

罪　　名：　故意伤害罪

刑　　种：　有期徒刑

刑　　期：　十三年

提请理由：　原判决认定楼×亚实施了故意伤害致人重伤的犯罪行为，被害人经抢救脱离生命危险，未造成严重残疾，判处楼×亚有期徒刑十三年。而依照《中华人民共和国刑法》第二百三十四条第二款之规定，故意伤害他人身体，致人重伤的，处三年以上十年以下有期徒刑；致人死亡或者以特别残忍手段致人重伤造成严重残疾的，处十年以上有期徒刑、无期徒刑或者死刑。原判决量刑错误。

递送单位：　杭州市拱墅区人民法院

时　　间：　2021 年 2 月 23 日

承 办 人：　童×

回复时间：　待收到回复后补填

回复结果：　待收到回复后补填

对罪犯刑事判决提请处理意见书

（2021）浙×监刑提处意字第 1 号

杭州市拱墅区人民法院：

罪犯　楼×亚　，　男　，犯　故意伤害　罪，经　杭州市拱墅区　人民法院以　（2021）浙 0105 刑初×× 号　刑事判决书判处　有期徒刑十三年　。在刑罚执行中，我狱（所）发现对罪犯　楼×亚　的判决可能有错误。具体理由是：　原判决认定楼×亚实施了故意伤害致人重伤的犯罪行为，被害人经抢救脱离生命危险，未造成严重残疾，判处楼×亚有期徒刑十三年。而依照《中华人民共和国刑法》第二百三十四条第二款之规定，故意伤害他人身体，致人重伤的，处三年以上十年以下有期徒刑；致人死亡或者以特别残忍手段致人重伤造成严重残疾的，处十年以上有期徒刑、无期徒刑或者死刑。综上所述，我们认为原判决量刑错误，对罪犯楼×亚的量刑应当低于十年。

依照《中华人民共和国刑事诉讼法》第　二百七十五　条、《中华人民共和国监狱法》第　二十四条　之规定，提请你院对　楼×亚　的判决予以处理，并将处理结果于

　　<u>2021 年 8 月</u>　底之前函告我狱（所）。

<u>浙江省第×　监狱</u>（公章）

2021 年 2 月 23 日

第三节　暂予监外执行类文书

　　[情境三] 2021 年 2 月 23 日，位于丽水地区的浙江省第×监狱五监区三分监区罪犯罗×宇经诊断患有胃恶性肿瘤，监狱拟对其办理暂予监外执行。同日，罪犯陈×泉因在暂予监外执行期间未经社区矫正机构批准擅自外出，被抓获后重新收监，监狱应向法院提请将其擅自外出的期间不计入执行刑期。

　　1. 罪犯罗×宇，男，汉族，1962 年 8 月 20 日出生，户籍所在地为浙江省丽水市莲都区紫金街道，家庭地址为浙江省丽水市莲都区南锦花苑×幢×单元×××室，无前科。犯交通肇事罪，2019 年 11 月 15 日被丽水市莲都区人民法院判处有期徒刑十年，刑期自 2019 年 5 月 15 日起至 2029 年 5 月 14 日止，2019 年 11 月 27 日由浙江省第×监狱收监执行刑罚。2021 年 2 月 19 日委托浙江省监狱中心医院进行病情诊断，《浙江省监狱中心医院（2021）第 128 号病情诊断书》显示，该犯患有胃恶性肿瘤，病情符合《保外就医严重疾病范围》第十四条之规定。

　　《判决书》所载犯罪事实：2019 年 5 月 12 日 23 时许，罗×宇驾驶轿车在浙江省丽水市区超速行驶，车速达到 80km/h，行驶到继光街与大众路交叉口时，撞上同向行驶的一辆摩托车。摩托车驾驶员李××，男，56 岁，当场倒地，头颅严重损伤。事故发生后，罗×宇非但没有履行停车、救护伤者、报警的义务，反而加大油门迅速逃离现场。被害人李××因未得到及时救治，终因失血过多死亡。3 天后已逃到外地的罗×宇被抓获归案。法院认定罗×宇的行为属于交通肇事逃逸致人死亡。

　　改造表现：能认罪悔罪，遵守监规，积极参加"三课"学习，成绩优良，积极参加劳动，劳动态度端正，近三年获监狱级改造积极分子 1 次，分级处遇现为 A 级。

　　2021 年 2 月 23 日经监区民警集体研究，建议提请暂予监外执行；同日，监区长办公会议审核同意；2 月 25 日监狱刑罚执行部门审查通过。经委托浙江省丽水市莲都区司法局调查评估，当地同意接收罪犯罗×宇进行社区矫正。并在司法局的协调下，其妻子李×兰与监狱签订了《暂予监外执行保证书》。李×兰，53 岁，浙江省丽水市××律师事务所律师。

　　2021 年 3 月 1 日监狱暂予监外执行评审委员召开会议进行评审，并将同意提请的评审结果公示三个工作日，无异议；3 月 5 日将相关材料送人民检察院征求意见；3 月 9 日监狱长办公会议审议通过，上报浙江省监狱管理局审批；3 月 9 日局狱政管理处审查通过；3 月 10 日局刑罚执行处审查通过；3 月 11 日局暂予监外执行评审委员召开会议进行评审；3

月 12 日省监狱管理局同意该犯暂予监外执行。监狱于 2021 年 3 月 15 日为该犯办理了出监。

2. 罪犯陈×泉，男，汉族，1973 年 9 月 11 日出生，户籍所在地为浙江省青田县鹤城街道，家庭地址为浙江省青田县校场路××号，无前科。犯盗窃罪，2019 年 7 月 10 日被青田县人民法院以（2019）浙 1121 刑初××号《判决书》判处有期徒刑六年，并处罚金 2 万元，刑期自 2019 年 1 月 4 日起至 2025 年 1 月 3 日止。因该犯患有干酪性肺炎，病情符合《保外就医严重疾病范围》第×条第×款第（×）项之规定，2020 年 6 月 29 日经浙江省监狱管理局批准暂予监外执行，批准期限自 2020 年 7 月 6 日起至 2021 年 7 月 5 日止。保证人为罪犯妻子李×梅，住址为浙江省青田县校场路××号，工作单位及职务为青田县××汽车修配有限公司会计。

罪犯陈×泉在暂予监外执行期间有脱逃行为，从青田县社区矫正机构出具的《收监执行建议书》获悉：2020 年 10 月 10 日该犯未经批准，擅自跟随他人到东北从事药材生意，此后一直杳无音讯。2021 年 2 月 18 日，社区矫正机构从其一位随同人员的家属中得知陈×泉的下落，通知青田县公安机关予以追捕，2 月 21 日该犯在黑龙江省佳木斯市向阳区一出租房内被公安人员抓获，2 月 23 日浙江省第×监狱将其收监。

暂予监外执行工作涉及的文书很多，各地也不相同，以浙江省为例，大致可以分为以下几类：①申报类，包括《暂予监外执行病情诊断（妊娠检查/生活不能自理鉴别）申报表》《暂予监外执行审批表》；②与其他单位、机构、人员衔接类，包括《病情诊断委托书》《妊娠检查委托书》《罪犯病情诊断书》《病危告知书》《罪犯妊娠检查书》《罪犯生活不能自理鉴别书》《拟暂予监外执行罪犯调查评估委托函》《调查评估意见书》《暂予监外执行提请检察意见书》；③有关保证人类，包括《有无违法和犯罪记录证明》《保证人资格审查表》《暂予监外执行保证书》；④提请与决定类，包括《提请暂予监外执行建议书》《暂予监外执行决定书》；⑤证明与后续类，包括《暂予监外执行证明书》《法定不批准出境人员通报备案通知书》《暂予监外执行告知书》；⑥暂予监外执行收监类，包括《保外就医罪犯收监执行审批表》《收监执行建议书》《暂予监外执行收监决定书》《暂予监外执行期间不计入刑期审批表》《暂予监外执行不计入执行刑期建议书》。

前述的文书中：①有些文书不是由监狱制作的，包括《罪犯病情诊断书》《病危告知书》《罪犯妊娠检查书》《调查评估意见书》《暂予监外执行提请检察意见书》《有无违法和犯罪记录证明》《法定不批准出境人员通报备案通知书》《收监执行建议书》等；②有些文书是由监狱的上级单位制作的，包括《暂予监外执行决定书》《暂予监外执行收监决定书》等；③有的文书是由监狱下设的专业性机构制作的，如《罪犯生活不能自理鉴别书》；④有些文书在制作上没有什么难点，包括《暂予监外执行病情诊断申报表》《暂予监外执行妊娠检查申报表》《暂予监外执行生活不能自理鉴别申报表》《病情诊断委托书》《妊娠检查委托书》《拟暂予监外执行罪犯调查评估委托函》《保证人资格审查表》《暂予监外执行保证书》《暂予监外执行告知书》等；⑤有的文书作用与意义近似于无，如《提请暂予监外执行建议书》，这些文书都不再赘述。

本节重点分析的是以下文书：

一、《暂予监外执行审批表》

（一）概念

《暂予监外执行审批表》是监狱对符合条件的罪犯在适用暂予监外执行时，经监狱各级合议，报请省级监狱管理局批准的审批文书。

（二）法律（政策）依据

《中华人民共和国刑事诉讼法》第二百六十五条第一款规定："对被判处有期徒刑或者拘役的罪犯，有下列情形之一的，可以暂予监外执行：（一）有严重疾病需要保外就医的；（二）怀孕或者正在哺乳自己婴儿的妇女；（三）生活不能自理，适用暂予监外执行不致危害社会的。"

《中华人民共和国监狱法》第二十五条规定："对于被判处无期徒刑、有期徒刑在监内服刑的罪犯，符合刑事诉讼法规定的监外执行条件的，可以暂予监外执行。"

《中华人民共和国监狱法》第二十六条第一款规定："暂予监外执行，由监狱提出书面意见，报省、自治区、直辖市监狱管理机关批准。批准机关应当将批准的暂予监外执行决定通知公安机关和原判人民法院，并抄送人民检察院。"

（三）注意事项

浙江省监狱办理罪犯暂予监外执行案件，必须熟悉国家五部门联合发布的《暂予监外执行规定》（司法通〔2014〕112号）、司法部《监狱暂予监外执行程序规定》（司发通〔2016〕78号）及国家六部门联合发布的《关于进一步规范暂予监外执行工作的意见》（司发通〔2023〕24号）这三份规范性文件，必须严格依照这三份规范性文件的相关规定制作文书。

《监狱暂予监外执行程序规定》主要规定了监狱办理暂予监外执行案件的法定程序，而《暂予监外执行规定》则是在以下几个方面设置了暂予监外执行的法定条件：

1. 适用情形。

（1）患有严重疾病，需要保外就医的。

（2）怀孕或者正在哺乳自己婴儿的妇女。

（3）生活不能自理的。

2. 刑种。

（1）被判处有期徒刑、拘役或者已经减为有期徒刑的罪犯可以适用。

（2）怀孕或者正在哺乳自己婴儿的妇女被判处无期徒刑的，可以适用。

3. 不得暂予监外执行的四种情形。

（1）需要保外就医或者属于生活不能自理，但适用暂予监外执行可能有社会危险性。

（2）自伤自残的。

（3）不配合治疗的。

（4）对职务犯罪、破坏金融管理秩序和金融诈骗犯罪、组织（领导、参加、包庇、纵容）黑社会性质组织犯罪的罪犯适用保外就医应当从严审批，患有高血压、糖尿病、心脏病等严重疾病，但经诊断短期内没有生命危险的不得暂予监外执行。

4. 执行刑期。

（1）对需要保外就医或者属于生活不能自理的累犯以及故意杀人、强奸、抢劫、绑架、放火、爆炸、投放危险物质或者有组织的暴力性犯罪的罪犯，原被判处死刑缓期二年执行或者无期徒刑的，应当在减为有期徒刑后执行有期徒刑七年以上方可适用暂予监外执行；原被判处十年以上有期徒刑的，应当执行原判刑期三分之一以上方可适用暂予监外执行。要注意的是，短期内有生命危险的罪犯，不受上述执行刑期的限制。

（2）对一般罪犯、原被判处十年以下有期徒刑的累犯以及故意杀人、强奸、抢劫、绑架、放火、爆炸、投放危险物质或者有组织的暴力性犯罪的罪犯，不受执行刑期的限制。

（3）怀孕或者正在哺乳自己婴儿的女犯，可以不受实际执行刑期的限制。

5. 从严的两种情形。

（1）对职务犯罪、破坏金融管理秩序和金融诈骗犯罪、组织（领导、参加、包庇、纵容）黑社会性质组织犯罪的罪犯适用保外就医时，应当从严审批。

（2）对在暂予监外执行期间因违法违规被收监执行或者因重新犯罪被判刑的罪犯，需要再次适用暂予监外执行的，应当从严审批。

6. 从宽的适用情形。对未成年罪犯、65 周岁以上的罪犯、残疾人罪犯，只有适用执行刑期的规定时方可在执行刑期方面适度从宽。须注意的是，不是一看到罪犯在 65 周岁以上，就确定为从宽情形。

7. 审前调查评估。监狱对拟提请暂予监外执行的罪犯，应当核实其居住地。需要调查其对所居住社区影响的，可以委托居住地县级司法行政机关进行调查。

8. 其他。罪犯需要保外就医的，应当由罪犯本人或者其亲属、监护人提出保证人，保证人出监狱、看守所审查确定。

保证人应当同时具备下列条件：

（1）具有完全民事行为能力，愿意承担保证人义务。

（2）人身自由未受到限制。

（3）有固定的住处和收入。

（4）能够与被保证人共同居住或者居住在同一市、县。

（四）制作要点

1. "主要犯罪事实"可以直接从《罪犯收监登记表》中摘录，填写内容要求简明扼要，可以用"犯罪时间（期间）、犯罪手段、犯罪危害"的模式去表述。

2. "改造表现"应如实填写罪犯在刑罚执行期间是否确有悔改表现的情形及奖惩情况。

3. 各级审批意见的签署。签署意见不仅要规范，还要遵循效率原则。其实，不需要绞尽脑汁，只需严格依照《监狱暂予监外执行程序规定》中的相关规定，依法签署即可。

（1）"监区意见"。《监狱暂予监外执行程序规定》第十二条规定："对符合办理暂予监外执行条件的罪犯，监区人民警察应当集体研究，提出提请暂予监外执行建议，经监区长办公会议审核同意后，报送监狱刑罚执行部门审查。"因此，监区意见可表述为："经监区人民警察集体研究，建议提请暂予监外执行；经监区长办公会议审核，同意报监狱刑罚执行部门审查"。

（2）"监狱刑罚执行科意见"。监狱刑罚执行科意见在第二章已经分析过，可表述为"经审查，同意提交监狱暂予监外执行评审委员会评审"。

（3）"监狱意见"。《监狱暂予监外执行程序规定》第十九条第一款规定："监狱长办公会议决定提请暂予监外执行的，由监狱长在《暂予监外执行审批表》上签署意见……"，因此监狱意见可表述为"经监狱长办公会议审议，同意提请暂予监外执行"。

（4）"局生活卫生处意见"。浙江省监狱管理局没有下设生活卫生处，相关业务的办理须经过狱政管理处。至于意见，在第二章已经分析过，可表述为"经审查，病情符合暂予监外执行执行条件"。

（5）"局刑罚执行处意见"。依照《监狱暂予监外执行程序规定》第二十一条的相关规定，监狱管理局刑罚执行处意见可表述为"经审查，同意报请局长召集评审委员会进行评审"。

（6）"局评审委员会意见／分管局长意见"。《监狱暂予监外执行程序规定》第二十二条第一款规定："监狱管理局局长认为案件重大或者有其他特殊情况的，可以召开局长办公会议审议决定。"因此，对于一般的案件，不需要召开局长办公会议。

对于一般的案件，只要局评委会评审通过，局长作为评审委员会召集人和监狱管理局的负责人，分别签署相应的意见。其中，局评委会意见可表述为"经评审，同意报局长决定"。

对于重大或者有其他特殊情况的案件，局评审委员会意见可表述为"经评审，同意报局长办公会议审议"。

还有一种更加特殊的情况，《监狱暂予监外执行程序规定》第二十三条规定："对于病情严重需要立即保外就医的，省、自治区、直辖市监狱管理局收到监狱报送的提请暂予监外执行材料后，应当由刑罚执行部门、生活卫生部门审查，报经分管副局长审核后报局长决定，并在罪犯保外就医后三日内召开暂予监外执行评审委员会予以确认"。对于此类案件，不再是局评委会签署意见，而是分管局长签署意见，意见内容表述为"经审核，同意报局长决定。"

（7）"局长办公会意见／局长意见"。局长办公会意见对应的是重大或者有其他特殊情况的案件，可表述为"经局长办公会议审议，同意暂予监外执行"。

局长意见对应的是一般案件和病情严重需要立即保外就医的案件，可表述为"同意暂予监外执行"。

要注意的是，各审批层级若是变更上一个审批层级意见的，需要说明变更理由和结果。

另外还须注意，各意见由相关负责人签名，同时注明日期，有公章的加盖单位（部门）公章。

（五）文书的实际制作

采用的文书格式由浙江省监狱管理局设计（以下简称为省局版），制作如下：

暂予监外执行审批表

姓名	罗×宇	性别	男	民族	汉族
出生年月日	1962 年 8 月 20 日	户籍地	浙江省丽水市莲都区紫金街道		
罪名	交通肇事罪		原判法院	丽水市莲都区人民法院	
原判刑期	有期徒刑十年		附加刑	/	
刑期变动情况	/				
现刑期起止	自 2019 年 5 月 15 日起至 2029 年 5 月 14 日止				
出监后居住地	浙江省丽水市莲都区南锦花苑×幢×单元×××室				
主要犯罪事实	2019 年 5 月 12 日 23 时许，罗×宇驾驶轿车超速行驶，撞上同向行驶的一辆摩托车，致被害人头颅严重损伤。事故发生后，罗×宇迅速逃离现场，造成被害人因失血过多死亡。				
改造表现	能认罪悔罪；遵守监规；积极参加"三课"学习，成绩优良；积极参加劳动，劳动态度端正；近三年获监狱级改造积极分子 1 次；分级处遇现为 A 级。				
病情诊断	经浙江省监狱中心医院诊断，该犯患有胃恶性肿瘤，符合《保外就医严重疾病范围》第十四条之规定。				

保证人 情况	姓名	李×兰	居住地	浙江省丽水市莲都区南锦花苑 ×幢×单元×××室		
	工作单位	浙江省丽水市 ××律师事务所	与罪犯关系	妻子	联系电话	1890585××××

综合评估意见	经评估，该犯符合暂予监外执行法定条件。
监区 意见	经监区人民警察集体研究，建议提请暂予监外执行； 经监区长办公会议审核，同意报监狱刑罚执行部门审查。 签章：杨×× 2021 年 2 月 23 日
监狱刑罚 执行科意见	经审查，同意提交监狱暂予监外执行评审委员会评审。 签章：李×× 2021 年 2 月 25 日
监狱意见	经监狱长办公会议审议，同意提请暂予监外执行。 签章：王×× 2021 年 3 月 9 日
局生活卫生 处意见	经审查，病情符合暂予监外执行执行条件。 签章：何×× 2021 年 3 月 9 日
局刑罚执行 处意见	经审查，同意报请局长召集评审委员会进行评审。 签章：周×× 2021 年 3 月 10 日

局评审委员会意见/ 分管局长意见	经评审，同意报局长决定。 签章：吕×× 2021 年 3 月 11 日
局长办公会意见/ 局长意见	同意暂予监外执行。 签章：王× 2021 年 3 月 12 日

（此表一式二份，监狱和省局各一份）

（六）格式设计的不足之处

文书格式在设计上存在的不足之处有：

1. 从格式上看不出罪犯的关押单位，也无罪犯编号。

2. "出生年月日"既不简洁，也不常用，应改为"出生日期"。

3. "户籍地"不是法律用语，应改为"户籍所在地"。

4. 因为社区矫正实行的是居住地管辖，"居住地"和"执行地"都有特定的含义，所以"出监后居住地"应改为"出监后居住地址"。另外，须注意的是，出监后居住地址中的县或者市（区）应与接受监狱委托进行审前调查评估并同意接收罪犯进行社区矫正的司法局的管辖地一致。

5. 没有"刑种"栏目。

6. "原判刑期"一栏中，"原判"两字多余，所有的"刑期""刑种""罪名""刑期起止"及"附加刑"等栏目都指的是原判。另外"附加刑"栏目对审批没有任何影响，可以删去。同时增设"刑期起止/起刑日/死刑缓期执行期间"栏目，这样一来，原判中能够影响审批的栏目就齐全了。

7. "刑期变动情况"应该改为"刑罚变动情况"，因为有的罪犯减刑，变更的不是刑期，可能是刑种，甚至还有附加剥夺政治权利期限的变更。

8. "病情诊断"一栏对应的只是严重疾病，应该改为

病情诊断/妊娠检查 /生活不能自理的鉴别

9. 无相应栏目来恰当地反映罪犯的社会危险性，因此，在文书格式上应该增设"危险

性评估结果"栏目，用来概括性地表述相关结论以便于各个层级的审批，同时，"主要犯罪事实"和"改造表现"这两个栏目可以删去。

10. 无相应栏目来反映罪犯有无从严情形或者在执行刑期上有无从宽情形，应该增设"从宽情形"及"从严情形"两栏。

11. 无相应栏目来反映社区矫正机构的审前调查评估情况。虽然委托丽水市莲都区司法局进行了审前调查评估，并且对方已出具了《调查评估意见书》，《委托函》与《调查评估意见书》也都已作为《暂予监外执行审批表》的附件材料，但是同其他法定条件一样，在文书格式上应该设置相应的栏目，以便于各个层级的审批。对于所有审批表的格式，如何做到"规范的"设计？能够让审批表一目了然地展现所有的法定条件和完整的法定审批程序是必由之路。

12. 格式中没有反映罪犯实际执行刑期的栏目，各个层级的审批人员都需要通过其他栏目来计算实际执行刑期，也没有反映法定最低执行年限的栏目，需要查阅相关的规范性文件来进行比较，违背了效率原则。同时，《暂予监外执行规定》第七条第三款规定："对患有本规定所附《保外就医严重疾病范围》的严重疾病，短期内有生命危险的罪犯，可以不受本条第一款规定关于执行刑期的限制。"因此，应该增设"是否累犯""法定最低执行刑期""实际执行刑期"及"短期内有无生命危险"这四个栏目。

13. 《监狱暂予监外执行程序规定》第四条第一款规定："监狱办理暂予监外执行，应当由监区人民警察集体研究，监区长办公会议审核，监狱刑罚执行部门审查，监狱暂予监外执行评审委员会评审，监狱长办公会议决定。"而文书格式中没有设置监狱暂予监外执行评审委员会签署意见的栏目，显得法定程序不够完整。另外，"综合评估意见"一栏由分监区（或者不设分监区的监区）填写，从实际作用来看，纯属多余，应删去。

（七）对格式进行修改并制作新的文书

暂予监外执行审批表

单位：浙江省第×监狱五监区三分监区　　　　　　　　　　　　罪犯编号：33201122××

姓名	罗×宇		性别	男	民族	汉族
出生日期	1962 年 8 月 20 日	户籍所在地	浙江省丽水市莲都区紫金街道			
罪名	交通肇事罪			判决机关	丽水市莲都区人民法院	
刑种	有期徒刑	刑期	十年	刑期起止/起刑日/死刑缓期执行期间	自 2019 年 5 月 15 日起至 2029 年 5 月 14 日止	

续表

刑罚变动情况	/
现刑期起止	自 2019 年 5 月 15 日起至 2029 年 5 月 14 日止
出监后 居住地址	浙江省丽水市莲都区南锦花苑×幢×单元×××室
病情诊断 /妊娠检查 /生活不能自理 情况的鉴别	经浙江省监狱中心医院诊断，该犯患有胃恶性肿瘤，符合《保外就医严重疾病范围》第十四条之规定。

危险性 评估结果	低度 危险	有无 自伤自残行为	无	有无不配合治疗的情形	无

保证人 情况	姓名	李×兰	居住地址	浙江省丽水市莲都区南锦花苑×幢 ×单元×××室	
	工作单位	浙江省丽水市 ××律师事务所	与罪犯 关系	妻子	联系 电话	1890585××××

从宽情形	/
从严情形	/
社区矫正审前调查 评估情况	经委托丽水市莲都区司法局调查评估，当地同意接收该犯进行社区矫正。
是否累犯	否

法定最低 执行刑期	/	实际执行刑期	/	短期内有无 生命危险	无

监区 意见	经监区人民警察集体研究，建议提请暂予监外执行； 经监区长办公会议审核，同意报送刑罚执行部门审查。 签章：杨×× 2021 年 2 月 23 日
监狱刑罚执行 部门意见	经审查，同意提交监狱暂予监外执行评审委员会评审。 签章：李×× 2021 年 2 月 25 日
监狱评审 委员会意见	经评审，同意报监狱长办公会议审议。 签章：潘×× 2021 年 3 月 1 日
监狱意见	经监狱长办公会议审议，同意提请暂予监外执行。 签章：王×× 2021 年 3 月 9 日
局生活卫生 部门意见	经审查，病情符合暂予监外执行执行条件。 签章：何×× 2021 年 3 月 9 日
局刑罚执行 部门意见	经审查，同意报请局长召集评审委员会进行评审。 签章：周×× 2021 年 3 月 10 日

局评审委员会意见/ 分管局长意见	经评审，同意报局长决定。 签章：吕×× 2021 年 3 月 11 日
局长办公会意见/ 局长意见	同意暂予监外执行。 签章：王× 2021 年 3 月 12 日

（此表一式二份，监狱和省局各一份）

二、《暂予监外执行证明书》

（一）概念及意义

《暂予监外执行证明书》是被批准暂予监外执行的罪犯出监时，监狱发给的用以证明其出狱原因及身份的执法文书。

《暂予监外执行证明书》是罪犯到居住地后向社区矫正机构报到的有效凭证，对于保障罪犯在暂予监外执行期间的合法权益和社区矫正机构对罪犯实施有效监管，都具有重要的意义。

（二）法律（政策）依据

《中华人民共和国刑事诉讼法》《中华人民共和国监狱法》《暂予监外执行规定》及司法部《监狱暂予监外执行程序规定》都没有明确提到《暂予监外执行证明书》，只有司法部、最高人民检察院、公安部印发的《罪犯保外就医执行办法》（司发〔1990〕247 号，已失效）第九条规定："对批准保外就医的罪犯，监狱、劳改队、少管所应当办理出监手续，发给《罪犯保外就医证明书》……"

（三）制作要点

2002 年 7 月司法部监狱管理局统一制定和印发的《监狱执法文书格式（试行）》中既没有《暂予监外执行证明书》，也没有《罪犯保外就医证明书》。2014 年 3 月浙江省监狱管理局依据监狱执法工作的新情况，制定和印发了《浙江省监狱机关执法文书样式》，其中没有《暂予监外执行证明书》，但是有《罪犯保外就医证明书》。该文书的制作要点有：

1. 《罪犯保外就医证明书》有三联，第一联由监狱留存，为存根联；第二联由罪犯本人保管，为正本联；第三联作为罪犯到居住地后向社区矫正机构报到的凭证，为副本联。三联虽详略有别，但内容应该一致。

2. "释放日期"填写罪犯现刑期截止日。

3. 成文日期填写省监狱管理局批准的暂予监外执行期间里的起始日，若批准意见中没有明确暂予监外执行期间，则填写罪犯实际出监之日，不能填写决定机关的批准日期或者实际制作文书的日期。

（四）文书（正本联）的实际制作

罪犯保外就医证明书

（2021）浙×监保外证字第 1 号

罪犯　罗×宇　，性别　男　，　58　岁，于　2019　年　11　月　15　日因　交通肇事　罪经　丽水市莲都区　人民法院判处　有期徒刑十年　，释放日期为　2029　年　5　月　14　日。现因患　胃恶性肿瘤　病，根据《中华人民共和国刑事诉讼法》第　二百六十五　条和《中华人民共和国监狱法》第　二十五　条的规定，由　妻子李×兰　具保，经　浙江省监狱管理局　批准，暂予保外就医。

特此证明。

浙江省第× 监狱（公章）
2021 年 3 月 15 日

（五）格式设计的不足之处

1.《罪犯保外就医证明书》对应的只是保外就医，执法实践需要有一份更加全面的《暂予监外执行证明书》。

2. "释放日期"语意不清，可以改为更明确和更具现实意义的"现刑期截止日期"。

3. 应删去"患""病"二字，既可以使文书的适用不限于保外就医，也使得行文语气更加通顺。

4. 引用法条不应用"根据"，而应是"依照"。

5. 引用的是《中华人民共和国刑事诉讼法》第二百六十五条第一款第（一）项，但是在格式中却没有预留款、项的位置。

6. "暂予保外就医"显得不伦不类，应改为"同意暂予监外执行"。

（六）设计新格式并进行制作

新的《暂予监外执行证明书》有三联，三联虽详略有别，但内容应该一致。第一联由监狱留存，为存根联；第二联由罪犯本人保管，为正本联；第三联作为罪犯到居住地后向社区矫正机构报到的凭证，为副本联。对正本联设计和制作如下：

暂予监外执行证明书

(2021) 浙×监暂外证字第 1 号

罪犯 __罗×宇__ ，性别 __男__ ， __58__ 岁，于 __2019__ 年 __11__ 月 __15__ 日因 __交通肇事__ 罪经 __丽水市莲都区__ 人民法院判处 __有期徒刑十年__ ，现刑期截止日期为 __2029__ 年 __5__ 月 __14__ 日。因 __患胃恶性肿瘤__ ，符合暂予监外执行的条件。

依照《中华人民共和国刑事诉讼法》第 __二百六十五__ 条第 __一__ 款第 __（一）__ 项、《中华人民共和国监狱法》第 __二十五__ 条之规定，由 __妻子李×兰__ 具保，经 __浙江省监狱管理局__ 批准，同意暂予监外执行。

特此证明。

__浙江省第×__ 监狱（公章）

2021 年 3 月 15 日

三、《暂予监外执行期间不计入刑期审批表》

（一）概念

《暂予监外执行期间不计入刑期审批表》是监狱查实被暂予监外执行的罪犯具有法定不计入执行刑期的情形之后，依照规定呈报作出暂予监外执行决定的批准机关，对罪犯已执行的暂予监外执行期间全部或者部分时间不计入执行刑期的审批文书。

（二）法律（政策）依据

《中华人民共和国刑事诉讼法》第二百六十八条第三款规定："不符合暂予监外执行条件的罪犯通过贿赂等非法手段被暂予监外执行的，在监外执行的期间不计入执行刑期。罪犯在暂予监外执行期间脱逃的，脱逃的期间不计入执行刑期。"

（三）制作要点

以省局版为例，有以下制作要点：

1. 从"姓名"到"暂予监外执行审批情况"等栏目可以通过查阅相关文书进行填写。

2. "不计入执行刑期事由及期限"一栏的填写分为两个部分：

（1）表述不计入执行刑期的具体理由。

（2）明确不计入执行刑期的期限。

3. 对于在暂予监外执行期间脱逃的情形，不计入执行刑期时间的计算方法为：

（1）不满 1 个月的按实际天数计，自行为发生之日始至收监前 1 日止。

（2）超过 1 个月的，先计算整年整月，计算方法与人民法院计算刑期的方法相同；再计算剩余的不满 1 个月的实际天数。

例如，某罪犯在暂予监外执行期间脱逃，脱逃行为发生在 2013 年 6 月 15 日，2014 年 12 月 25 日被监狱收监。

该犯不计入执行刑期的期间为：2013 年 6 月 15 日至 2014 年 12 月 24 日。

2013 年 6 月 15 日起至 2014 年 12 月 14 日止，该犯脱逃时间满 1 年 6 个月，2014 年 12 月 15 日起至同月 24 日止为剩余的 10 天，因此，该犯不计入执行刑期的时间共计 1 年 6 个月 10 天。

4. "监狱意见"在填写时应表达三层含义：一是罪犯不计入执行刑期的事由及期限；二是法律依据；三是建议提请不计入执行刑期。

5. "省监狱管理局意见"在填写时应表达三层含义：一是审查的结论；二是明确不计入执行刑期的期限；三是原刑期截止日期的重新确定。

要注意的是，各审批层级若是变更上一个审批层级意见的，需要说明变更理由和结果。

（四）文书的实际制作

暂予监外执行期间不计入刑期审批表

姓名	陈×泉		性别	男	民族	汉族	出生日期	1973 年 9 月 11 日
罪名	盗窃罪		刑期		六年	刑期起止	自 2019 年 1 月 4 日起 至 2025 年 1 月 3 日止	
刑期变动情况	/				刑期截止日期	2025 年 1 月 3 日		
剥夺政治权利	/				暂予监外执行居住地	浙江省青田县校场路××号		
保证人情况	姓名		李×梅		住址	浙江省青田县校场路××号		
	工作单位及职务		浙江省青田县××汽车修配有限公司，会计			与罪犯的关系	妻子	
暂予监外执行审批情况	暂予监外执行情形		患有干酪性肺炎，病情符合《保外就医严重疾病范围》第×条第×款第（×）项之规定。					
	批准时间		2020 年 6 月 29 日		批准期限	自 2020 年 7 月 6 日起 至 2021 年 7 月 5 日止		
	批准延长时间		/					

不计入执行刑期事由及期限	青田县社区矫正机构提供的证据表明，该犯在 2020 年 10 月 10 日至 2021 年 2 月 22 日，未经社区矫正机构批准，擅自外出经商，擅自外出期间共计四个月十三日。
监狱意见	该犯未经社区矫正机构批准擅自外出，脱离监管时间达四个月十三日。依照《中华人民共和国刑事诉讼法》第二百六十八条第三款之规定，建议提请从该犯执行刑期中扣除四个月十三日。 签章：王×× 2021 年 3 月 1 日
省监狱管理局意见	经审查，该犯在暂予监外执行期间擅自外出的事实清楚，同意提请将该犯擅自外出的期间（2020 年 10 月 10 日至 2021 年 2 月 22 日）共计四个月十三日，从执行刑期中扣除，原刑期截止日期按增加四个月十三日重新确定。 签章：王× 2021 年 3 月 8 日

（五）格式设计的不足之处

1.《暂予监外执行期间不计入刑期审批表》标题中的"刑期"语意不清，容易造成混淆，应改为《暂予监外执行期间不计入执行刑期审批表》。

2. 缺少"刑种"栏目。

3."刑期起止"应改为"刑期起止/起刑日/死刑缓期执行期间"。

4."刑期变动情况"不够全面，应改为"刑罚变动情况"。

5."刑期截止日期"容易产生混淆，应改为"现刑期截止日期"。

6."剥夺政治权利"不够全面，应改为"附加刑"。

7."暂予监外执行居住地"应改为"出监后居住地址"。

8."批准期限"既不规范，也不够全面，因为很多时候省局签署批准意见时没有明确具体的期限，所以应改为"暂予监外执行期间"。

（六）对格式进行修改并制作新的文书

暂予监外执行期间不计入执行刑期审批表

姓名	陈×泉	性别	男	民族	汉族	出生日期	1973 年 9 月 11 日
罪名	盗窃罪	刑种	有期徒刑	刑期	六年	刑期起止/起刑日/死刑缓期执行期间	自 2019 年 1 月 4 日起至 2025 年 1 月 3 日止
刑罚变动情况	/					现刑期截止日期	2025 年 1 月 3 日
附加刑	罚金二万元					出监后居住地址	浙江省青田县校场路××号

保证人情况	姓名	李×梅		住址	浙江省青田县校场路××号
	工作单位及职务	浙江省青田县××汽车修配有限公司，会计		与罪犯的关系	妻子

暂予监外执行审批情况	暂予监外执行情形	患有干酪性肺炎，病情符合《保外就医严重疾病范围》第×条第×款第（×）项之规定。		
	批准时间	2020 年 6 月 29 日	暂予监外执行期间	自 2020 年 7 月 6 日起至 2021 年 7 月 5 日止
	批准延长时间	/		

不计入执行刑期事由及期限	青田县社区矫正机构提供的证据表明，该犯在 2020 年 10 月 10 日至 2021 年 2 月 22 日，未经社区矫正机构批准，擅自外出经商，擅自外出期间共计四个月十三日。

监狱意见	该犯未经社区矫正机构批准擅自外出，脱离监管时间达四个月十三日。依照《中华人民共和国刑事诉讼法》第二百六十八条第三款之规定，建议提请从该犯执行刑期中扣除四个月十三日。 　　　　　　　　　　　　　　　　　　签章：王×× 　　　　　　　　　　　　　　　　　2021 年 3 月 1 日
省监狱管理局意见	经审查，该犯在暂予监外执行期间擅自外出的事实清楚，同意提请将该犯擅自外出的期间（2020 年 10 月 10 日至 2021 年 2 月 22 日）共计四个月十三日，从执行刑期中扣除，原刑期截止日期按增加四个月十三日重新确定。 　　　　　　　　　　　　　　　　　　签章：王× 　　　　　　　　　　　　　　　　　2021 年 3 月 8 日

四、《暂予监外执行期间不计入执行刑期建议书》

（一）概念

《暂予监外执行期间不计入执行刑期建议书》是被暂予监外执行的罪犯，在暂予监外执行期间具有法定不计入执行刑期的情形，监狱依法提请人民法院作出裁定，对罪犯暂予监外执行期间已执行的全部或者部分刑期不计入执行刑期的执法文书。

（二）法律（政策）依据

《中华人民共和国刑事诉讼法》第二百六十八条第三款规定："不符合暂予监外执行条件的罪犯通过贿赂等非法手段被暂予监外执行的，在监外执行的期间不计入执行刑期。罪犯在暂予监外执行期间脱逃的，脱逃的期间不计入执行刑期。"

《暂予监外执行规定》第二十六条第一款规定："被收监执行的罪犯有法律规定的不计入执行刑期情形的，社区矫正机构应当在收监执行建议书中说明情况，并附有关证明材料。批准机关进行审核后，应当及时通知监狱、看守所向所在地的中级人民法院提出不计入执行刑期的建议书。人民法院应当自收到建议书之日起一个月以内依法对罪犯的刑期重新计算作出裁定。"

（三）制作要点

以部局版为例，有以下制作要点：

1. 致送单位为监狱所在地的中级人民法院。

2. 对罪犯有法律规定的不计入执行刑期具体事实的表述必须完整客观、条理清楚、言简意赅。

3. 新的"应执行的刑期"应计算准确。

4. 成文日期为《暂予监外执行期间不计入刑期审批表》中省监狱管理局意见的签署日期。

（四）文书的实际制作

暂予监外执行期间
不计入执行刑期建议书

　　__丽水市__中级人民法院：

　　罪犯__陈×泉__，性别__男__，__1973__年__9__月__11__日出生，__汉__族，居住地__浙江省青田县校场路××号__，户籍所在地__浙江省青田县鹤城街道__，因__盗窃__罪，经人民法院于__2019__年__7__月__10__日以__(2019)浙1121刑初××__号刑事判决书判处__有期徒刑六年__附加__罚金二万元__，刑期自__2019__年__1__月__4__日起至__2025__年__1__月__3__日止。__2020__年__6__月__29__日经__浙江省__监狱管理局批准暂予监外执行。该犯暂予监外执行前在__浙江省第×__监狱服刑。

　　罪犯__陈×泉__在暂予监外执行期间__有脱逃行为，2020年10月10日该犯未经批准，擅自跟随他人到东北从事药材生意，此后一直杳无音讯。2021年2月18日，社区矫正机构从其一位随同人员的家属中得知陈×泉的下落，通知青田县公安机关予以追捕，2月21日该犯在黑龙江佳木斯市向阳区一出租房内被公安人员抓获，2月23日被浙江省第×监狱收监__。

　　根据《暂予监外执行规定》第__二十六__条第__一__款之规定，建议罪犯__陈×泉__自__2020__年__10__月__10__日起至__2021__年__2__月__22__日止，不计入刑期，共__/__年__四__月__十三__日。现罪犯__陈×泉__应执行的刑期为__2019__年__1__月__4__日至__2025__年__5__月__16__日。

　　特提请审核裁定。

__浙江省第×__监狱（公章）

2021 年 3 月 8 日

　　附：1. 罪犯__陈×泉__案卷共__2__卷__3__册__58__页

　　　　2. 不计入执行刑期证明材料共__1__卷__1__册__20__页

（五）格式设计的不足之处

1. 没有文号。

2. "居住地"应改为"出监后居住地址"。

61

3. 没有"刑罚变动情况"栏目，无法计算减刑后的刑期截止日期。

4. "根据"不是法律用语，应改为"依照"。

5. "不计入刑期，共____年____月____日"语气不够通顺，应改为"共____年____个月____日不计入执行刑期"。

（六）对格式进行修改并制作新的文书

暂予监外执行期间
不计入执行刑期建议书

（2021）浙×监不计刑建字第 1 号

____丽水市____中级人民法院：

罪犯____陈×泉____，性别____男____，____1973____年____9____月____11____日出生，____汉____族，出监后居住地址____浙江省青田县校场路××号____，户籍所在地____浙江省青田县鹤城街道____，因____盗窃____罪，经人民法院于____2019____年____7____月____10____日以____(2019)浙1121刑初××____号刑事判决书判处____有期徒刑六年____附加____罚金二万元____，刑期自____2019____年____1____月____4____日起至____2025____年____1____月____3____日止。刑罚执行期间，刑罚变动情况如下：_____/_____，减刑后刑期截止日期：_____/_____。____2020____年____6____月____29____日经____浙江省____监狱管理局批准暂予监外执行。该犯暂予监外执行前在____浙江省第×____监狱服刑。

该犯在暂予监外执行期间，有____脱逃____行为，具体事实如下：

____2020 年 10 月 10 日未经批准，擅自跟随他人到东北从事药材生意，此后一直杳无音讯。2021 年 2 月 18 日，社区矫正机构从其一位随同人员的家属中得知陈×泉的下落，通知青田县公安机关予以追捕，2 月 21 日该犯在黑龙江佳木斯市向阳区一出租房内被公安人员抓获，2 月 23 日被浙江省第×监狱收监____。

依照《暂予监外执行规定》第____二十六____条第____一____款之规定，建议罪犯____陈×泉____自____2020____年____10____月____10____日起至____2021____年____2____月____22____日止，共____/____年____四____个月____十三____日不计入执行刑期。现罪犯____陈×泉____应执行的刑期为____2019____年____1____月____4____日至____2025____年____5____月____16____日。

特提请审核裁定。

____浙江省第×____监狱（公章）
2021 年 3 月 8 日

附：1. 罪犯____陈×泉____案卷共____2____卷____3____册____58____页

    2. 不计入执行刑期证明材料共____1____卷____1____册____20____页

第四节 减刑假释类文书

[情境四] 2023 年 10 月 11 日，浙江省第×监狱启动减刑、假释案件办理，二监区一分监区经民警会议集体研究，决定为包括张×工在内的三个罪犯呈报减刑，并为罪犯付×江呈报假释，案由均为"确有悔改表现"。

1. 罪犯张×工，男，1959 年 8 月 19 日出生，籍贯为浙江省义乌市，汉族，高中文化，家庭住址为浙江省义乌市义亭镇叶×村，无业。2004 年 6 月 7 日，因犯盗窃罪被河南省汝州市人民法院判处有期徒刑三年八个月。因犯抢劫罪，于 2021 年 2 月 20 日被杭州市滨江区人民法院以 (2021) 浙 0108 刑初××号《判决书》判处有期徒刑十年六个月，剥夺政治权利一年，并处罚金人民币 10 000 元，责令退赔人民币 98 000 元。因本人不服判决，提出上诉，经杭州市中级人民法院审理后，于 2021 年 5 月 5 日以 (2021) 浙 01 刑终××号《刑事裁定书》驳回上诉，维持原判（刑期自 2019 年 11 月 9 日至 2030 年 5 月 8 日）。该犯于 2021 年 5 月 31 日被浙江省第×监狱收监执行刑罚，2021 年 8 月 14 日入监教育结束，至今未曾减刑。

本次呈报减刑的考核截止时间为 2023 年 9 月 30 日，该犯共获得 4 个表扬 424 分，罚金已履行 5000 元，退赔履行 20 050 元。获得 2022 年监狱改造积极分子奖励。履行财产性判项的能力被认定为"暂无履行能力"，有积极履行情形。

2. 罪犯陈×坤，男，1966 年 8 月 7 日出生，籍贯为浙江省杭州市，汉族，高中文化，家庭住址为浙江省杭州市富阳区西郊半岛×幢×单元×××室，无业。2007 年 1 月 23 日因非法持有毒品罪被杭州市萧山区人民法院判处有期徒刑三年。2019 年 8 月 14 日，因犯贩卖毒品罪被杭州市中级人民法院以 (2019) 浙 01 刑初×××号《判决书》判处无期徒刑，剥夺政治权利终身，并处没收个人财产 50 000 元。因本人不服判决，提出上诉，经浙江省高级人民法院审理后，于 2019 年 12 月 27 日以 (2019) 浙刑终×××号《刑事裁定书》驳回上诉，维持原判。该犯于 2020 年 1 月 3 日被浙江省第×监狱收监执行刑罚，2020 年 3 月 15 日入监教育结束。

本次呈报减刑的考核截止时间为 2023 年 9 月 30 日，该犯共获得 6 个表扬 52 分，财产性判项已履行完毕。

3. 罪犯罗×平，男，1965 年 9 月 29 日出生，籍贯为浙江省淳安县，汉族，初中文化，家庭住址为浙江省淳安县曙光新村×幢×单元×××室，无业。2021 年 6 月 15 日，因犯故意杀人罪被杭州市中级人民法院以 (2021) 浙 01 刑初×××号《判决书》判处死刑缓期二年执行，剥夺政治权利终身，并处共同赔偿 409 543 元。因本人不服判决，提出上诉，经浙江省高级人民法院审理后，于 2021 年 9 月 23 日以 (2021) 浙刑终×××号《刑事裁定书》驳回上诉，维持原判。该犯于 2021 年 10 月 21 日被浙江省第×监狱收监执行刑罚，2021 年

12月21日入监教育结束。

该犯共获得1个表扬280分，财产性判项未履行，履行能力被认定为"确有全部或者部分履行能力"。

4. 罪犯付×江，男，1984年9月10日出生，籍贯为湖南省岳阳市，汉族，中专文化，家庭住址为湖南省岳阳市岳阳楼区板桥新村×幢×单元×××室，无业。2021年7月2日，因犯破坏计算机信息系统罪被浙江省义乌市人民法院以（2021）浙0782刑初×××号《判决书》判处有期徒刑五年，并处追缴违法所得人民币34 188.88元（刑期自2020年8月31日至2025年8月30日）。该犯于2021年8月6日被浙江省第×监狱收监执行刑罚，2021年10月9日入监教育结束，至今未曾减刑。

本次呈报假释的考核截止时间为2023年9月30日，该犯共获得4个表扬13分，追缴违法所得已履行完毕。获得2022年监狱改造积极分子奖励。经监狱核实，该犯假释后实际居住地址为湖南省岳阳市岳阳楼区板桥新村×幢×单元×××室。

该犯家庭成员有父母、妻子，家庭经济来源为父母务农和妻子务工收入，年收入人民币80 000元。

一、《罪犯（有期徒刑）减刑审核表》

（一）概念

《罪犯（有期徒刑）减刑审核表》是监狱对被判处有期徒刑或者已经减为有期徒刑的罪犯，在符合法定条件适用减刑时，记载监狱各级审核过程和意见的文书。

（二）法律（政策）依据

《中华人民共和国刑法》第七十八条第一款规定："被判处管制、拘役、有期徒刑、无期徒刑的犯罪分子，在执行期间，如果认真遵守监规，接受教育改造，确有悔改表现的，或者有立功表现的，可以减刑；有下列重大立功表现之一的，应当减刑：（一）阻止他人重大犯罪活动的；（二）检举监狱内外重大犯罪活动，经查证属实的；（三）有发明创造或者重大技术革新的；（四）在日常生产、生活中舍己救人的；（五）在抗御自然灾害或者排除重大事故中，有突出表现的；（六）对国家和社会有其他重大贡献的。"

《中华人民共和国监狱法》第二十九条规定："被判处无期徒刑、有期徒刑的罪犯，在服刑期间确有悔改或者立功表现的，根据监狱考核的结果，可以减刑。有下列重大立功表现之一的，应当减刑：（一）阻止他人重大犯罪活动的；（二）检举监狱内外重大犯罪活动，经查证属实的；（三）有发明创造或者重大技术革新的；（四）在日常生产、生活中舍己救人的；（五）在抗御自然灾害或者排除重大事故中，有突出表现的；（六）对国家和社会有其他重大贡献的。"

（三）注意事项

有关减刑的规范性文件很多，其中最重要的是《最高人民法院关于办理减刑、假释案件具体应用法律的规定》（法释〔2016〕23号）、《浙江省办理减刑、假释案件实施细则

（试行）》（浙高法〔2023〕10 号）、《浙江省监狱提请减刑假释工作规程》及《最高人民法院关于办理减刑、假释案件具体应用法律的补充规定》（法释〔2019〕6 号）这四份规范性文件（以下分别简称为 2016 年《规定》《实施细则》《工作规程》和 2019 年《补充规定》），应严格依照这四份规范性文件的规定制作文书。须重点注意的事项有：

1. 适用"可以减刑"条件的案件，在办理时应当综合考虑罪犯犯罪的性质和具体情节、社会危害程度、原判刑罚及生效裁判中财产性判项的履行情况、交付执行后的一贯表现等因素。

2. 减刑以后实际执行的刑期不能少于下列期限：①判处有期徒刑的，不能少于原判刑期的二分之一；②判处无期徒刑的，不能少于十三年；③判处死刑缓期二年执行的，不能少于十五年，死刑缓期执行期间不包括在内；④被限制减刑的死刑缓期执行罪犯，缓期执行期满后依法减为无期徒刑的，不能少于二十五年，缓期执行期满后依法减为二十五年有期徒刑的，不能少于二十年。死刑缓期执行期间均不包括在内。

3. 对"三类罪犯"提请减刑的，监狱法制部门在监狱评审委员会评审前进行审查，并出具法制监督意见提交监狱评审委员会，法制部门的审查意见要在审核表上签署。

4. 关于实际提请减刑的幅度，算法是在一般减刑幅度的基础上"先减后加"。如张×工减刑案件，可依照《实施细则》相关规定按以下步骤计算：

（1）原判是有期徒刑，依照第三十二条第一款第（一）项之规定，一般减刑幅度为八个月。

（2）因为是抢劫罪，依照第三十六条第一款第（二）项之规定，应扣减两个月减刑幅度。

（3）罪犯暂无履行能力，有财产性判项仅履行少部分，有积极履行情形，依照第五十五条第二款之规定，应扣减一到两个月的减刑幅度，监狱结合本案具体情况，实际扣减一个月减刑幅度。

（4）对照第三十五条之规定，本案件没有酌情增加减刑幅度的情形。

（5）八个月减去两个月，再减去一个月，因此实际提请减刑的幅度为五个月。

要注意的是，减刑扣减幅度可以累加，但并非无限制累加，须符合《实施细则》第三十七条的规定。

5. 依照《关于进一步规范对有组织犯罪罪犯提请减刑假释案件复核工作的通知》（浙监办〔2023〕18 号）相关规定，对判处十年以上有期徒刑、无期徒刑、死刑缓期二年执行的黑社会性质组织的组织者、领导者或恶势力组织的首要分子减刑案件，应当报经省监狱管理局复核，也即必须提级审核。

6. 依照《中共中央政法委关于严格规范减刑、假释、暂予监外执行切实防止司法腐败的意见》（中政委〔2014〕5 号）的相关规定，对原县处级以上职务犯罪罪犯减刑案件，实行提级审核及年度备案审查。

7. 《工作规程》第三十三条规定："对提级审核案件，按照刑罚执行与执法监督部门审查后会签、分管副局长审定的程序办理。但以'有立功表现'或者'有重大立功表现'为由提请减刑的，应当经局评审委员会审核后，报请局长审定。"

（四）制作要点

1. 从"别名/自报名"到"原剥夺政治权利"等栏目的填写，可以直接从生效的《判决书》中摘录。

2. "刑期变动"可以从减（加）刑裁判文书中摘录，须注明历次刑罚变动的时间、幅度及附加刑（剥夺政治权利）的变更情况。

3. "前科情况"须注明历次刑罚的罪名、判决时间、刑种和刑期。

4. "主要犯罪事实"可以直接从生效的《判决书》中或者《罪犯收监登记表》中摘录，填写内容要求简明扼要，可以用"犯罪时间（期间）、犯罪手段、犯罪危害"的模式去表述。

5. "原判财产性判项"和"财产性判项履行情况"，根据票据、裁决文书、函件等证据材料进行汇总表述。

6. "从严情形"及"从宽情形"，严格依照 2016 年《规定》与《实施细则》的相关规定进行填写。

7. "改造表现"中：

（1）"计分考核总月数"，若是首次呈报减刑，从入监教育结束的次月起算，至本次办理减刑案件考核截止之月；若非首次呈报减刑，从上次呈报减刑考核截止之日的次月起算，至本次办理减刑案件考核截止之月。

（2）"最低起始时间（间隔时间）"，结合个案依照 2016 年《规定》和 2019 年《补充规定》的相关规定确定具体的时间，须注意的是：若是"三类罪犯"以外的其他罪犯，确有全部或者部分履行能力，在履行能力范围内不全部履行，对其减刑案件还应当依照《实施细则》第五十三条之规定确定最低起始时间或者最低间隔时间。

（3）"起报表扬数"，结合个案依照《实施细则》的相关规定确定具体的表扬数。

（4）"本次起始（间隔）时间"，若是首次呈报减刑，起始时间从收监之日起算，至本次办理减刑案件考核截止之日。若非首次呈报减刑，计算间隔时间，从前一次减刑的裁定文书送达之日起算，至本次提请减刑的考核截止之日。要注意的是，原判死刑缓期二年执行的，减为无期徒刑后，再减刑的间隔时间从死刑缓期执行期满之日起计算。

（5）"考核结果"，根据罪犯在监狱的服刑表现，对其进行考核所得的实际结果。

（6）"奖励情况"，填写获得改造积极分子的情况。

（7）"惩罚情况"，填写被给予警告、记过、禁闭的情况。

8. 各级签署审批意见。各级应当依照《工作规程》的相关规定签署意见。

（1）分监区意见。分监区意见必须经民警会议集体评议后作出，参加会议的民警不得少于应到会人数的五分之四，呈报减刑形成集体意见的，须由参会人员三分之二以上多数同意。

完整的分监区意见包含的内容有：经过了法定合议程序、建议减刑的幅度，可表述为："经分监区民警会议集体研究，建议减刑×个月。"

（2）分监区公示意见。分监区决定应当在分监区公示3日。公示内容应当包括罪犯的个人情况、原判罪名及刑期、历次减刑情况、提请减刑、假释的建议及依据、公示期限以及意见反馈渠道等。

公示期内分监区对收集的问题进行调查，调查结束后再决定是否提请，相关意见记录在审核表中。

公示意见可表述为："某年某月某日至某年某月某日已在分监区公示，公示期间未收到异议。"或者"某年某月某日至某年某月某日已在分监区公示，公示期间收到异议，经调查存在×××××事实，复议决定不予提请。"

（3）监区意见。监区收到分监区呈报材料后，召开监区长办公会议审核，会议主持人在审核表上签署意见。

监区意见可表述为："经监区长办公会议审核，同意报刑罚执行部门审查。"

（4）刑罚执行部门意见。刑罚执行部门收到监区呈报材料后，应当就下列事项进行审查，审查一般分为经办人审查和科室合议：①案件卷宗是否完整、齐全、规范；②罪犯确有悔改或者立功、重大立功表现的具体事实的书面证明材料是否来源合法；③罪犯是否符合法定减刑的条件；④提请减刑的建议是否适当。

因此，刑罚执行部门经办人意见可表述为："经审查，案件卷宗完整、齐全、规范；书面证明材料来源合法；符合法定减刑的条件；提请减刑的建议适当。"监狱刑罚执行部门意见可表述为："经审查，同意报监狱评审委员会评审。"

（5）监狱评审委员会意见。监狱评审委员会评审形成评审意见后，会议主持人根据评审意见在审核表上签署意见。

评审委员会意见可表述为："经评审，同意报请监狱长办公会议审议。"

（6）监狱评审委员会公示意见。监狱评审委员会应当将罪犯名单和相应的减刑意见，在监狱狱务公开栏内公示5个工作日。具体公示内容应当包括罪犯的个人情况、原判罪名及刑期、历次减刑情况、提请减刑、假释的建议及依据、公示期限以及意见反馈渠道等。

公示期限内，如有反映公示对象存在的问题，监狱评审委员会指定相关部门进行调查，根据调查结论召开监狱评审委员会进行复议。

公示意见可表述为："某年某月某日至某年某月某日已在监狱范围内公示，未收到异议。"

或者"某年某月某日至某年某月某日已在监狱范围内公示，公示期间收到异议，经调查存在××××事实，复议决定不予提请。"

（7）监狱意见。监狱提请减刑，须经监狱长办公会审议，监狱长办公会议由监狱长召集并主持，审议形成监狱意见后，由监狱长在审核表上签署意见，提请人民法院裁定。

监狱意见可表述为："经监狱长办公会议审议，同意提请减刑×个月。"

要注意的是，各审批层级若是变更上一个审批层级意见的，需要说明变更理由和结果。

9. 罪犯判有附加剥夺政治权利的，提请减刑时，可以同时提请酌减附加剥夺政治权利的期限。原判有期徒刑的，酌减后剥夺政治权利的期限不能少于一年；原判死刑缓期二年执行、无期徒刑的，减为有期徒刑后，经过一次或几次酌减后，最终剥夺政治权利的期限不能少于三年。

（五）文书的实际制作

罪犯（有期徒刑）减刑审核表

单位：浙江省第×监狱二监区一分监区　　　　　　　　　　　罪犯编号：×××××××××

姓名	张×工	别名/自报名	/		性别	男	出生日期	1959 年 8 月 19 日
籍贯	浙江省义乌市	民族	汉族	入监时间		2021 年 5 月 31 日		
家庭住址	浙江省义乌市义亭镇叶×村							
一审判决机关	杭州市滨江区人民法院	判决字号	（2021）浙 0108 刑初××号		判决时间		2021 年 2 月 20 日	
终审判决机关	杭州市中级人民法院	判决字号	（2021）浙 01 刑终××号		判决时间		2021 年 5 月 5 日	
罪名	抢劫罪			原判刑期		十年六个月		
原判刑期起止	自 2019 年 11 月 9 日起至 2030 年 5 月 8 日止			原剥夺政治权利		一年		
刑期变动	加减刑情况	/						
	现刑期止日	2030 年 5 月 8 日		剥夺政治权利期限变化		/		
原判财产性判项	罚金人民币 10 000 元、责令退赔人民币 98 000 元。							
财产性判项履行情况	罚金已履行人民币 5000 元，退赔人民币已履行 20 050 元，其中本次考核期内履行罚金人民币 5000 元，履行退赔人民币 20 050 元。有积极履行情形。							
前科情况	2004 年 6 月 7 日因盗窃罪被河南省汝州市人民法院判处有期徒刑三年八个月。							
主要犯罪事实	2019 年 4 月，该犯在杭州市滨江区采用捂嘴、拽拉等暴力手段，抢劫被害人的手机、现金，劫得财物价值人民币 98 000 元。							

从严情形	1. 因暴力性犯罪被判处十年有期徒刑以上刑罚。 2. 暂无履行能力而未全部履行财产性判项。		从宽情形	/	
改造表现	计分考核总月数	考核自 2021 年 9 月 1 日至 2023 年 9 月 30 日止，共 25 个月。			
	最低起始（间隔）时间	2 年	起报表扬数	4 个表扬	
	本次起始（间隔）时间	2021 年 5 月 31 日至 2023 年 9 月 30 日，共 2 年 4 个月。	考核结果	4 个表扬，余 424 分	
	奖励情况	2022 年监狱改造积极分子			
	惩罚情况	/			

关于罪犯 __张×工__ 减刑案评议评审处理意见如下：

部门	呈报意见	部门	呈 报 意 见
分监区意见	经分监区民警会议集体研究，建议减刑五个月。 签章：王×× 2023 年 10 月 11 日	分监区公示	2023 年 10 月 12 日至 2023 年 10 月 14 日已在分监区公示，公示期间未收到异议。
监区意见	经监区长办公会议审核，同意报刑罚执行部门审查。 签章：李×× 2023 年 10 月 15 日	刑罚执行科意见	经审查，案件卷宗完整、齐全、规范；书面证明材料来源合法；符合减刑的法定条件；提请减刑的建议适当。 经办人（签章）：张×× 2023 年 10 月 18 日 经审查，同意报监狱评审委员会评审。 部门负责人（签章）：钱×× 2023 年 10 月 18 日

部门	呈报意见	部门	呈报意见
评审委员会意见	经评审，同意报请监狱长办公会议审议。 签章：李×× 2023 年 10 月 20 日	评审委员会公示	2023 年 10 月 21 日至 2023 年 10 月 27 日已在监狱范围内公示，未收到异议。
监狱长办公会审议意见	经监狱长办公会议审议，同意提请减刑五个月。 签章：赵×× 2023 年 10 月 30 日		

（六）格式设计的不足之处

文书的格式是省局版，存在的不足之处有：

1. 从"别名/自报名"到"（终审）判决时间"等栏目对于减刑案件的呈报、审批毫无意义，应删去。要注意的是，虽然从"出生日期"栏目可以推断罪犯是否老年罪犯或者不满十八周岁，可能有从宽情形，但是，以老年罪犯为例，一方面，依照 2016 年《规定》第二十条第一款规定"老年罪犯、患严重疾病罪犯或者身体残疾罪犯减刑时，应当主要考察其认罪悔罪的实际表现"，第二款补充规定"对基本丧失劳动能力，生活难以自理的上述罪犯减刑时，减刑幅度可以适当放宽，或者减刑起始时间、间隔时间可以适当缩短，但放宽的幅度和缩短的时间不得超过本规定中相应幅度、时间的三分之一"，可知并不是所有的老年罪犯都适用从宽；另一方面，文书已设置专门的"从宽情形"栏目，没必要再设置"出生日期"栏目。

2. "入监时间"应改为"收监时间"。

3. "原判刑期""原判刑期起止""原剥夺政治权利"及"原判财产性判项"应分别改为"刑期""判刑期起止""剥夺政治权利期限"及"财产性判项"。

4. 在"刑期变动"栏目下面还设置了"剥夺政治权利期限变化"子栏目，但是剥夺政治权利期限变化不属于刑期方面的变动，因此，"刑期变动"应改为"刑罚变动"。

5. 减刑的案由有三种，各自的法定条件和法定程序是不一样的，因此，应增设"案由"栏目。

6. 依照《实施细则》第四十八条第一款之规定，罪犯履行财产性判项的能力，可以分为确有全部或者部分履行能力和暂无履行能力。并且该规范性文件还针对两种不同履行能力的罪犯，在减刑幅度、时间、表扬数等方面都设置了不同的规定，因此，应增设"履行能力"栏目。

7. "考核结果"须填写实际获得表扬数和余分，而余分对于实际办理减刑案件没有意义，应改为"实际获得表扬数"，还可以和"起报表扬数"前后对应。

8. 没有充分认识到案由为"有立功表现"或者"有重大立功表现"的减刑案件和一般有期徒刑减刑案件之间在法定条件、法定程序方面的不同。建议对于案由为"有立功表现"及"有重大立功表现"和须提级审核的有期徒刑减刑案件，分别设计各自适用的审核表，此处不再赘述。

（七）对格式进行修改并制作新的文书

罪犯（有期徒刑）减刑审核表

单位：浙江省第×监狱二监区一分监区　　　　　　　　　罪犯编号：×××××××××

姓名	张×工		收监时间	2021 年 5 月 31 日
案由	确有悔改表现			
罪名	抢劫罪		刑期	十年六个月
刑期起止	自 2019 年 11 月 9 日起至 2030 年 5 月 8 日止		剥夺政治权利期限	一年
刑罚变动	加减刑情况	/		
	现刑期止日	2030 年 5 月 8 日	剥夺政治权利期限变化	/
财产性判项	罚金人民币 10 000 元、责令退赔人民币 98 000 元。			
履行能力	暂无履行能力			
财产性判项履行情况	罚金已履行人民币 5000 元，退赔人民币已履行 20 050 元，其中本次考核期内履行罚金人民币 5000 元，履行退赔人民币 20 050 元。有积极履行情形。			
前科情况	2004 年 6 月 7 日因盗窃罪被河南省汝州市人民法院判处有期徒刑三年八个月。			
主要犯罪事实	2019 年 4 月，该犯在杭州市滨江区采用捂嘴、拽拉等暴力手段，抢劫被害人的手机、现金，劫得财物价值人民币 98 000 元。			

从严情形	1. 因暴力性犯罪被判处十年有期徒刑以上刑罚； 2. 暂无履行能力而未全部履行财产性判项。	从宽情形	/
改造表现	计分考核总月数	考核自 2021 年 9 月 1 日至 2023 年 9 月 30 日止，共 25 个月。		
	最低起始（间隔）时间	2 年	起报表扬数	4 个
	本次起始（间隔）时间	2021 年 5 月 31 日至 2023 年 9 月 30 日，共 2 年 4 个月。	实际获得表扬数	4 个
	奖励情况	2022 年监狱改造积极分子		
	惩罚情况	/		

关于罪犯__张×工__减刑案评议评审处理意见如下：

部门	呈 报 意 见	部门	呈 报 意 见
分监区意见	经分监区民警会议集体研究，建议减刑五个月。 签章：王×× 2023 年 10 月 11 日	分监区公示	2023 年 10 月 12 日至 2023 年 10 月 14 日已在分监区公示，公示期间未收到异议。
监区意见	经监区长办公会议审核，同意报刑罚执行部门审查。 签章：李×× 2023 年 10 月 15 日	刑罚执行科意见	经审查，案件卷宗完整、齐全、规范；书面证明材料来源合法；符合减刑的法定条件；提请减刑的建议适当。 经办人（签章）：张×× 2023 年 10 月 18 日
			经审查，同意报监狱评审委员会评审。 部门负责人（签章）：钱×× 2023 年 10 月 18 日

部门	呈报意见	部门	呈报意见
评审委员会意见	经评审，同意报请监狱长办公会议审议。 签章：李×× 2023 年 10 月 20 日	评审委员会公示	2023 年 10 月 21 日至 2023 年 10 月 27 日已在监狱范围内公示，未收到异议。
监狱长办公会审议意见	经监狱长办公会议审议，同意提请减刑五个月。 签章：赵×× 2023 年 10 月 30 日		

二、《罪犯（无期徒刑）减刑审核表》

（一）概念

《罪犯（无期徒刑）减刑审核表》是监狱对被判处无期徒刑或者已经减为无期徒刑的罪犯，在符合法定条件适用减刑时，记载监狱各级审核过程和意见的文书。

（二）注意事项和制作要点

除了和制作《罪犯（有期徒刑）减刑审核表》类同的一些注意事项和制作要点，还须重点注意：

1. 《工作规程》第三条第二款规定："死刑缓期执行减刑案件，无期徒刑减刑、假释案件，由监狱提出建议，经省监狱管理局审核同意后，提请省高级人民法院裁定"。

2. 无期徒刑减刑案件，减刑幅度不得违反 2016 年《规定》第八条第一款、第九条第一款和 2019 年《补充规定》第三条第二款之规定。

3. 2016 年《规定》第六条第一款规定了"有期徒刑减刑的起始时间自判决执行之日起计算"，和有期徒刑减刑案件不同，依照《实施细则》第七条第二款之规定，无期徒刑减刑案件审核表中的"本次起始时间"应当自无期徒刑判决确定之日起计算。

（三）文书的实际制作

罪犯（无期徒刑）减刑审核表

单位：浙江省第×监狱二监区一分监区　　　　　　　　　　罪犯编号：×××××××××

姓名	陈×坤	别名/自报名	/	性别	男	出生日期	1966年8月7日
籍贯	浙江省杭州市	民族	汉族	入监时间	2020年1月3日		
家庭住址	浙江省杭州市富阳区西郊半岛×幢×单元×××室						
一审判决机关	杭州市中级人民法院	判决字号	（2019）浙01刑初×××号	判决时间	2019年8月14日		
终审判决机关	浙江省高级人民法院	判决字号	（2019）浙刑终×××号	判决时间	2019年12月27日		
罪名	贩卖毒品罪						
原判刑期	无期徒刑		原剥夺政治权利		剥夺政治权利终身		
刑期变动	/						
原判财产性判项	没收个人财产50 000元。						
财产性判项履行情况	已履行完毕。						
前科情况	2007年1月23日因非法持有毒品罪被杭州市萧山区人民法院判处有期徒刑三年。						
主要犯罪事实	2018年10月15日和2018年11月15日晚，王×燮从安徽省铜陵市到杭州两次找到陈×坤，希望帮忙购买冰毒500克用于贩卖，陈×坤明知其为贩卖而购买毒品，仍联系毒贩购买了毒品。2018年11月25日，刘×辉从安徽省天长市到杭州找到陈×坤帮忙购买200克冰毒。陈×坤明知刘×辉将购买的冰毒用于贩卖的情况下，积极帮助其与毒贩联系，完成交易。						

续表

从严情形	毒品再犯		从宽情形	/
改造表现	计分考核总月数	考核自 2020 年 4 月 1 日至 2023 年 9 月 30 日止，共 42 个月。		
	最低起始（间隔）时间	3 年	起报表扬数	6 个表扬
	本次起始（间隔）时间	2020 年 1 月 3 日至 2023 年 9 月 30 日，共 3 年 8 个月。	考核结果	6 个表扬，余 52 分
	奖励情况	/		
	惩罚情况	/		

关于罪犯 __陈×坤__ 减刑一案评议评审处理意见如下：

部门	呈报意见	部门	呈报意见
分监区意见	经分监区民警会议集体研究，建议减为有期徒刑二十二年，剥夺政治权利期限改为十年。 签章：王×× 2023 年 10 月 11 日	分监区公示	2023 年 10 月 12 日至 2023 年 10 月 14 日已在分监区公示，公示期间未收到异议。
监区意见	经监区长办公会议审核，同意报刑罚执行部门审查。 签章：李×× 2023 年 10 月 15 日	刑罚执行科意见	经审查，案件卷宗完整、齐全、规范；书面证明材料来源合法；符合减刑的法定条件；提请减刑的建议适当。 经办人（签章）：张×× 2023 年 10 月 18 日
			经审查，同意报监狱评审委员会评审。 部门负责人（签章）：钱×× 2023 年 10 月 18 日

评审委员会意见	经评审,同意报请监狱长办公会议审议。 签章:李×× 2023 年 10 月 20 日	评审委员会公示	2023 年 10 月 21 日至 2023 年 10 月 27 日已在监狱范围内公示,未收到异议。
监狱长办公会审议意见	经监狱长办公会议审议,同意报局刑罚执行处审查。 签章:赵×× 2023 年 10 月 30 日	刑罚执行处意见	经审查,案件卷宗完整、齐全、规范;书面证明材料来源合法;符合减刑的法定条件;提请减刑的建议适当。 经办人(签章):施×× 2023 年 11 月 1 日 经审查,同意报局评审委员会评审。 部门负责人(签章):周×× 2023 年 11 月 2 日
局评审委员会意见	经评审,同意报局长审定。 签章:吕×× 2023 年 11 月 6 日	局长意见	同意提请减为有期徒刑二十二年,剥夺政治权利期限改为十年。 签章:王× 2023 年 11 月 7 日

(四)格式设计的不足之处

文书的格式是省局版,除了一些和《罪犯(有期徒刑)减刑审核表》类同的不足之处,主要还有以下三点不足:

1. "原判刑期"应改为"刑种"。

2. 不同的案由结合"从严情形"决定了不同的减刑幅度,因此应增设"案由"栏目。

3. 《工作规程》第三十二条第一款规定:"局评审委员会评审后,应当将评审意见报局长审定,由局长在《罪犯减刑(假释)审核表》上签署意见,加盖省监狱管理局公章;对重大案件或者有其他特殊情况的,可以建议召开局行政领导办公会议审议决定"。因此,"局长意见"应改为"局长意见/局行政领导办公会议意见"。

（五）对格式进行修改并制作新的文书

罪犯（无期徒刑）减刑审核表

单位：浙江省第×监狱二监区一分监区 罪犯编号：×××××××××

姓名	陈×坤	收监时间	2020 年 1 月 3 日
案由	确有悔改表现		
罪名	贩卖毒品罪		
刑种	无期徒刑	剥夺政治权利期限	终身
刑罚变动	/		
财产性判项	没收个人财产 50 000 元。		
履行能力	/		
财产性判项履行情况	已履行完毕。		
前科情况	2007 年 1 月 23 日因非法持有毒品罪被杭州市萧山区人民法院判处有期徒刑三年。		
主要犯罪事实	2018 年 10 月 15 日和 2018 年 11 月 15 日晚，王×燮从安徽省铜陵市到杭州两次找到陈×坤，希望帮忙购买冰毒 500 克用于贩卖，陈×坤明知其为贩卖而购买毒品，仍联系毒贩购买了毒品。2018 年 11 月 25 日，刘×辉从安徽省天长市到杭州找到陈×坤帮忙购买 200 克冰毒。陈×坤明知刘×辉将购买的冰毒用于贩卖的情况下，积极帮助其与毒贩联系，完成交易。		
从严情形	毒品再犯。	从宽情形	/

改造表现	计分考核总月数	考核自 2020 年 4 月 1 日至 2023 年 9 月 30 日止，共 42 个月。		
	最低起始（间隔）时间	3 年	起报表扬数	6 个表扬
	本次起始（间隔）时间	2020 年 1 月 3 日至 2023 年 9 月 30 日，共 3 年 8 个月。	实际获得表扬数	6 个表扬
	奖励情况	/		
	惩罚情况	/		

关于罪犯　陈×坤　减刑一案评议评审处理意见如下：

部门	呈报意见	部门	呈报意见
分监区意见	经分监区民警会议集体研究，建议减为有期徒刑二十二年，剥夺政治权利期限改为十年。 签章：王×× 2023 年 10 月 11 日	分监区公示	2023 年 10 月 12 日至 2023 年 10 月 14 日已在分监区公示，公示期间未收到异议。
监区意见	经监区长办公会议审核，同意报刑罚执行部门审查。 签章：李×× 2023 年 10 月 15 日	刑罚执行科意见	经审查，案件卷宗完整、齐全、规范；书面证明材料来源合法；符合减刑的法定条件；提请减刑的建议适当。 经办人（签章）：张×× 2023 年 10 月 18 日
			经审查，同意报监狱评审委员会评审。 部门负责人（签章）：钱×× 2023 年 10 月 18 日

评审委员会意见	经评审，同意报请监狱长办公会议审议。 签章：李×× 2023 年 10 月 20 日	评审委员会公示	2023 年 10 月 21 日至 2023 年 10 月 27 日已在监狱范围内公示，未收到异议。
监狱长办公会审议意见	经监狱长办公会议审议，同意报局刑罚执行处审查。 签章：赵×× 2023 年 10 月 30 日	刑罚执行处意见	经审查，案件卷宗完整、齐全、规范；书面证明材料来源合法；符合减刑的法定条件；提请减刑的建议适当。 经办人（签章）：施×× 2023 年 11 月 1 日
			经审查，同意报局评审委员会评审。 部门负责人（签章）：周×× 2023 年 11 月 2 日
局评审委员会意见	经评审，同意报局长审定。 签章：吕×× 2023 年 11 月 6 日	局长意见/局长办公会议意见	同意提请减为有期徒刑二十二年，剥夺政治权利期限改为十年。 签章：王× 2023 年 11 月 7 日

三、《罪犯（死缓）减刑审核表》

（一）概念

《罪犯（死缓）减刑审核表》是监狱对被判处死刑缓期二年执行的罪犯，在符合法定条件适用减刑时，记载监狱各级审核过程和意见的文书。

（二）注意事项和制作要点

除了和制作《罪犯（有期徒刑）减刑审核表》类同的一些注意事项和制作要点，还须重点注意：

1. 《工作规程》第三条第二款规定："死刑缓期执行减刑案件，无期徒刑减刑、假释案件，由监狱提出建议，经省监狱管理局审核同意后，提请省高级人民法院裁定"。

2. 《中华人民共和国刑法》第五十条第一款规定："判处死刑缓期执行的，在死刑缓期执行期间，如果没有故意犯罪，二年期满以后，减为无期徒刑；如果确有重大立功表

79

现，二年期满以后，减为二十五年有期徒刑；如果故意犯罪，情节恶劣的，报请最高人民法院核准后执行死刑；对于故意犯罪未执行死刑的，死刑缓期执行的期间重新计算，并报最高人民法院备案。"因此办理死刑缓期执行减刑案件，只需关注仅有的两个法定条件，即"死刑缓期执行期间是否期满"和"有没有故意犯罪"。

3. 死刑缓期执行减刑案件审核表中的"本次起始时间"，应当自二年缓期的起始日起算，至本次减刑启动之日止。

（三）文书的实际制作

罪犯（死缓）减刑审核表

单位：浙江省第×监狱二监区一分监区   罪犯编号：×××××××××

姓名	罗×平	别名/自报名	/	性别	男	出生日期	1965 年 9 月 29 日
籍贯	浙江省淳安县		民族	汉族	入监时间		2021 年 10 月 21 日
家庭住址	浙江省淳安县曙光新村×幢×单元×××室						
一审判决机关	杭州市中级人民法院	判决字号	（2021）浙 01 刑初×××号		判决时间		2021 年 6 月 15 日
终审判决机关	浙江省高级人民法院	判决字号	（2021）浙刑终×××号		判决时间		2021 年 9 月 23 日
罪名	故意杀人罪			原判刑期			死刑缓期二年执行
死缓考验期起止日	自 2021 年 10 月 11 日起至 2023 年 10 月 10 日止			原剥夺政治权利			剥夺政治权利终身
刑期变动	/						
原判财产性判项	共同赔偿 409 543 元。						
财产性判项履行情况	未履行。						
前科情况	/						

主要犯罪事实		2020 年 5 月 3 日上午 11 时许，罗×平纠集多人向盛×兵索要赌场非法债务，采用撞车的方式拦下其所乘轿车，在随后的斗殴中，罗×平捅刺盛×兵右大腿一刀，斗殴结束后，盛×兵因右股动静脉断裂、大量失血致多脏器功能衰竭，经抢救无效死亡。		
从严情形	故意杀人，属于暴力性犯罪罪犯		从宽情形	/
改造表现	计分考核总月数	考核自 2022 年 1 月 1 日至 2023 年 9 月 30 日止，共 21 个月。		
	最低起始（间隔）时间	2 年	起报表扬数	/
	本次起始（间隔）时间	2021 年 10 月 11 日至 2023 年 10 月 11 日，共 2 年。	考核结果	1 个表扬，余 280 分
	奖励情况	/		
	惩罚情况	/		

关于罪犯__罗×平__减刑一案评议评审处理意见如下：

部门	呈　报　意　见	部门	呈　报　意　见
分监区意见	经分监区民警会议集体研究，建议减为无期徒刑，剥夺政治权利期限不变。 签章：王×× 2023 年 10 月 11 日	分监区公示	2023 年 10 月 12 日至 2023 年 10 月 14 日已在分监区公示，公示期间未收到异议。

监区 意见	经监区长办公会议审核，同意报刑罚执行部门审查。 签章：李×× 2023 年 10 月 15 日	刑罚 执行科 意见	经审查，案件卷宗完整、齐全、规范；书面证明材料来源合法；符合减刑的法定条件；提请减刑的建议适当。 经办人（签章）：张×× 2023 年 10 月 18 日
			经审查，同意报监狱评审委员会评审。 部门负责人（签章）：钱×× 2023 年 10 月 18 日
评审委员会 意见	经评审，同意报请监狱长办公会议审议。 签章：李×× 2023 年 10 月 20 日	评审 委员 会公示	2023 年 10 月 21 日至 2023 年 10 月 27 日已在监狱范围内公示，未收到异议。
监狱长办公 会审议意见	经监狱长办公会议审议，同意报局刑罚执行处审查。 签章：赵×× 2023 年 10 月 30 日	刑罚 执行处 意见	经审查，案件卷宗完整、齐全、规范；书面证明材料来源合法；符合减刑的法定条件；提请减刑的建议适当。 经办人（签章）：施×× 2023 年 11 月 1 日
			经审查，同意报局评审委员会评审。 部门负责人（签章）：周×× 2023 年 11 月 2 日
局评审委员 会意见	经评审，同意报局长审定。 签章：吕×× 2023 年 11 月 6 日	局长 意见	同意提请减为无期徒刑，剥夺政治权利期限不变。 签章：王× 2023 年 11 月 7 日

（四）格式设计的不足之处

文书的格式是省局版，除了一些和《罪犯（有期徒刑）减刑审核表》类同的不足之处，还有以下几点不足：

1. 因为本文书只适用于原判死刑缓期二年执行且未曾减刑的罪犯，所以"原判刑期"和"刑期变动"应删去。

2. 是否有重大立功表现决定了不同的减刑幅度，因此应增设"有无重大立功表现"栏目。

3. "死缓考验期"不是一个正式的法律用语，应改为"死刑缓期执行期间"。

4. 依照《中华人民共和国刑法》第五十条第一款之规定，死刑缓期二年执行的罪犯能否减刑的一个重要法定条件是在死刑缓期执行期间没有故意犯罪，因此，应增设相应的栏目。

5. 办理死刑缓期执行减刑案件，只需关注仅有的两个法定条件是否达到，即"死刑缓期执行期间是否期满"和"在死刑缓期执行期间有没有故意犯罪"，既没有起报表扬数，也没有所谓"从严"和"从宽"，此外，也不受前科、奖惩及财产性判项履行等情况的影响。因此，"表扬数""奖励情况""处罚情况""原判财产性判项""财产性判项履行情况""前科情况""主要犯罪事实""从严情形"及"从宽情形"等栏目应删去。

（五）对格式进行修改并制作新的文书

罪犯（死缓）减刑审核表

单位：浙江省第×监狱二监区一分监区　　　　　　　　　　　罪犯编号：×××××××××

姓名	罗×平	收监时间	2021 年 10 月 21 日
有无重大立功表现	无		
罪名	故意杀人罪		
死刑缓期执行期间	自 2021 年 10 月 11 日起至 2023 年 10 月 10 日止		
剥夺政治权利期限	终身		
是否处于隔离审查期间	否		
缓期执行期间有无故意犯罪	无		
死刑缓期执行期间是否期满	是		

关于罪犯__罗×平__减刑一案评议评审处理意见如下：

部门	呈报意见	部门	呈报意见
分监区意见	经分监区民警会议集体研究，建议减为无期徒刑，剥夺政治权利期限不变。 签章：王×× 2023 年 10 月 11 日	分监区公示	2023 年 10 月 12 日至 2023 年 10 月 14 日已在分监区公示，公示期间未收到异议。
监区意见	经监区长办公会议审核，同意报刑罚执行部门审查。 签章：李×× 2023 年 10 月 15 日	刑罚执行科意见	经审查，案件卷宗完整、齐全、规范；书面证明材料来源合法；符合减刑的法定条件；提请减刑的建议适当。 经办人（签章）：张×× 2023 年 10 月 18 日
			经审查，同意报监狱评审委员会评审。 部门负责人（签章）：钱×× 2023 年 10 月 18 日
评审委员会意见	经评审，同意报请监狱长办公会议审议。 签章：李×× 2023 年 10 月 20 日	评审委员会公示	2023 年 10 月 21 日至 2023 年 10 月 27 日已在监狱范围内公示，未收到异议。

监狱长办公会审议意见	经监狱长办公会议审议，同意报局刑罚执行处审查。 签章：赵×× 2023 年 10 月 30 日	刑罚执行处意见	经审查，案件卷宗完整、齐全、规范；书面证明材料来源合法；符合减刑的法定条件；提请减刑的建议适当。 经办人（签章）：施×× 2023 年 11 月 1 日
			经审查，同意报局评审委员会评审。 部门负责人（签章）：周×× 2023 年 11 月 2 日
局评审委员会意见	经评审，同意报局长审定。 签章：吕×× 2023 年 11 月 6 日	局长意见	同意提请减为无期徒刑，剥夺政治权利期限不变。 签章：王× 2023 年 11 月 7 日

四、《提请减刑建议书》

（一）概念

《提请减刑建议书》是对于符合法定减刑条件的罪犯，监狱向人民法院提出减刑建议时制作的文书。

（二）法律（政策）依据

《中华人民共和国刑法》第七十九条规定："对于犯罪分子的减刑，由执行机关向中级以上人民法院提出减刑建议书。人民法院应当组成合议庭进行审理，对确有悔改或者立功事实的，裁定予以减刑。非经法定程序不得减刑。"

《中华人民共和国刑事诉讼法》第二百七十三条第二款规定："被判处管制、拘役、有期徒刑或者无期徒刑的罪犯，在执行期间确有悔改或者立功表现，应当依法予以减刑、假释的时候，由执行机关提出建议书，报请人民法院审核裁定，并将建议书副本抄送人民检察院。人民检察院可以向人民法院提出书面意见。"

《中华人民共和国监狱法》第三十条规定："减刑建议由监狱向人民法院提出，人民法院应当自收到减刑建议书之日起一个月内予以审核裁定；案情复杂或者情况特殊的，可以延长一个月。减刑裁定的副本应当抄送人民检察院。"

（三）制作要点

各地区《提请减刑建议书》没有统一的格式，完全取决于当地法院系统的要求。以浙江省杭州市地区为例，有以下制作要点：

1. 文书首部的罪犯基本情况、判决情况的填写，可以从《判决书》或者《罪犯收监登记表》中摘录（如有上诉、多次审判等情况须一一表述）。刑罚变动情况可以从法院裁判文书中摘录，要写明历次刑（种）期变动的时间、裁定字号、幅度，现刑期截止日期。

2. "案由"，依照现行法律规定，提请减刑的案由分为确有悔改表现、有立功表现、有重大立功表现三种。

3. 事实的填写分为以下几个部分：

（1）确有悔改表现主要围绕认罪悔罪，遵守法律法规及监规，积极参加思想、文化、职业技术教育，积极参加劳动、努力完成劳动任务等四个方面展开叙述。以立功表现或重大立功表现为案由提请减刑的，则依据具体事实，按时间、地点、人物、事件、原因、结果等要素进行表述。

（2）本考核期内的服刑情况，写明具体刑罚执行和考核情况的起止时间，写明本考核期的考核结果，若有提请减刑适用的从严从宽具体情形，也须写明。

（3）对于有财产性判项的罪犯提请减刑，写明财产性判项的履行执行情况、取证情况，对未履行完毕罪犯的履行能力须进行认定。

（4）罗列相关证据。

4. "本监狱认为"的填写，包括事实依据和法律依据两部分。事实依据是对前面所阐述的全部事实进行综述；法律依据则援引相应的法律条款。

5. 尾部包括致送单位、成文日期：

（1）对于判处死刑缓期二年执行和无期徒刑罪犯的首次减刑案件，致送监狱所在地高级人民法院裁定；对于被判处有期徒刑或者已经减为有期徒刑罪犯的减刑案件，致送监狱所在地中级人民法院裁定。

（2）成文日期为《罪犯减刑审核表》中监狱长办公会议或者省监狱管理局意见的签署日期。

（四）文书的实际制作

提请减刑建议书

（2023）浙×监减建字第×××号

罪犯＿＿张×工＿＿，＿男＿，＿1959＿年＿8＿月＿19＿日出生，汉族，＿浙江省义乌市＿人，＿高中＿文化程度，＿外来务工人员＿。现在＿浙江省第×监狱二监区一分监区＿服刑。

＿杭州市滨江区＿人民法院于＿2021年2月20日＿作出＿（2021）浙0108刑初××号＿刑事判决，以被告人＿张×工＿犯抢劫罪，判处＿有期徒刑十年六个月，剥夺政治权利一年，并处罚金人民币 10 000 元，责令退赔人民币 98 000 元 ，宣判后，被告人不服，提出上诉。 杭州市中级 人民法院于 2021 年 5 月 5 日 作出 （2021）浙 01 刑终×× 号 刑事裁定， 驳回上诉，维持原判 。刑期自 2019 年 11 月 9 日至 2030 年 5 月 8 日。于 2021 年 5 月 31 日交付执行。

罪犯 张×工 在服刑考核期间因 确有悔改 表现，具体事实如下：

该犯能认识到自己所犯罪行造成的严重危害，服从法院判决，做到认罪悔罪；能遵守法律法规及监规，接受教育改造，但于 2021 年 12 月因违反集会纪律扣监管分 5 分，经教育该犯能正确认识到存在的不足，积极改进。积极参加思想、文化、职业技术教育。积极参加劳动，努力完成劳动任务。2022 年获得监狱改造积极分子奖励。

该犯本次起始时间自 2021 年 5 月 31 日至 2023 年 9 月 30 日。本次考核期自 2019 年 9 月 1 日至 2021 年 9 月 30 日，共计 25 个月，共获得 4 个表扬 424 分。该犯适用两种从严情形：一是因暴力性犯罪被判处十年有期徒刑以上刑罚的罪犯；二是暂无履行能力而未全部履行财产性判项。

该犯财产性判项为罚金人民币 10 000 元、责令退赔人民币 980 000 元；已履行罚金人民币 5000 元、退赔人民币 20 500 元。其中本次考核期内，执行罚金人民币 5000 元、执行退赔人民币 20 500 元，有浙江省法院执行、调解款票据 1900171191、1900171186、1900171151 证明。本考核期内月均消费 132.14 元，账户余额 1048.33 元。监区于 2023 年 9 月 27 日发函至浙江省义乌市人民政府调查该犯家庭经济情况，回函表示该犯家庭经济情况差。经综合评估，认定该犯暂无履行能力，有积极履行情形。

上述事实有奖惩审批表、考核月评表、年度罪犯评审鉴定表、财产性判项履行情况、财产刑判项履行能力的证明材料，人民检察院检察建议等材料为证。

本监狱认为：罪犯张×工在刑罚执行期间，确有悔改表现，符合减刑的法定条件。依照《中华人民共和国刑法》第七十八条第一款、第七十九条，《中华人民共和国刑事诉讼法》第二百七十三条第二款，《中华人民共和国监狱法》第二十九条之规定，建议对罪犯张×工减去有期徒刑五个月。特提请审核裁定。

此致

浙江省 杭州市中级 人民法院

浙江省第×监狱（公章）

2023 年 10 月 30 日

五、《罪犯假释审核表》

（一）概念

《罪犯假释审核表》是监狱对符合法定条件的罪犯在适用假释时，记载监狱各级审核过程和意见的文书。

（二）法律（政策）依据

《中华人民共和国刑法》第八十一条第一款规定："被判处有期徒刑的犯罪分子，执行原判刑期二分之一以上，被判处无期徒刑的犯罪分子，实际执行十三年以上，如果认真遵守监规，接受教育改造，确有悔改表现，没有再犯罪的危险的，可以假释。如果有特殊情况，经最高人民法院核准，可以不受上述执行刑期的限制。"

（三）注意事项

有关假释的规范性文件很多，其中最重要的是 2016 年《规定》、《实施细则》、《工作规程》、2019 年《补充规定》及《关于依法推进假释制度适用的指导意见》（司发通〔2023〕14 号）这五份规范性文件，应严格依照这五份规范性文件的规定制作文书。须重点注意的事项有：

1. 认定"没有再犯罪的危险"，除符合《中华人民共和国刑法》第八十一条第一款规定的情形外，还应当根据犯罪的具体情节、原判刑罚情况、在刑罚执行中的一贯表现，罪犯的年龄、身体状况、性格特征，假释后的生活来源以及监管条件等因素综合考虑。

2. "三类罪犯"提请假释的案件，监狱法制部门在监狱评审委员会评审前进行审查，并出具法制监督意见提交监狱评审委员会，法制部门的审查意见要在审核表上签署。

3. 《中华人民共和国刑法》第八十一条第二款和第三款还分别规定了"对累犯以及因故意杀人、强奸、抢劫、绑架、放火、爆炸、投放危险物质或者有组织的暴力性犯罪被判处十年以上有期徒刑、无期徒刑的犯罪分子，不得假释"和"对犯罪分子决定假释时，应当考虑其假释后对所居住社区的影响"。

4. 《实施细则》第三十九条中，对第一款第（一）项至第（七）项罪犯，一般不予假释；对第（八）项至第（十七）项罪犯，考核期内二分之一以上的考核周期均被评定为"积极"等级的，可以假释。

5. 依照《工作规程》第三条第二款之规定，如果是无期徒刑减刑、假释案件，由监狱提出建议，经省监狱管理局审核同意后，提请省高级人民法院裁定。因此审核表上需要加上省监狱管理局的审核意见。

6. 依照《关于进一步规范对有组织犯罪罪犯提请减刑假释案件复核工作的通知》（浙监办〔2023〕18 号）相关规定，对黑社会性质组织的组织者、领导者或者恶势力组织的首要分子假释案件，应当报经监狱管理局复核，也即必须提级审核。

7. 依照《中共中央政法委关于严格规范减刑、假释、暂予监外执行切实防止司法腐败的意见》（中政委〔2014〕5 号）的相关规定，对原县处级以上职务犯罪罪犯假释案件，实行提级审核及年度备案审查。

8. 《实施细则》第四十一条第二款规定："本实施细则第 40 条所列罪犯中年满七十五周岁，基本丧失劳动能力或者生活难以自理的罪犯，以及患严重疾病或者残疾的老年罪犯，符合法律和 2016 年《规定》的假释条件的，适用假释时，可以不受本实施细则关于表扬个数的限制。"

9.《实施细则》第四十一条第三款规定："罪犯减刑后余刑不足二年，决定假释的，可以适当缩短间隔时间，并酌情减少应当获得的表扬数，但间隔时间不得少于剩余刑期的二分之一，且考核期内应当获得考核总月数除以 6 的表扬个数（取整数部分）；减刑后余刑不足一年，如果考核积分尚不足以给予表扬奖励，考核期内每月考核得分不低于 100 分的，也可以依法适用假释。"

10.《实施细则》第四十一条第四款规定："罪犯在刑罚执行期间未减刑，符合法定假释条件的，可以假释，但考核期内应当获得考核总月数除以 6 的表扬个数（取整数部分）。对交付执行时剩余刑期不满一年的罪犯，符合法定条件的，比照本实施细则第十六条第二款规定可以呈报减刑起始时间的三分之二以上，考核期内每月（自入监教育结束次月起）考核得分不低于 100 分的，可以依法适用假释。"

11. 一个罪犯可能会有多个居住地址，在征求罪犯意愿之后，发函给有意向居住的地址所在地司法局，委托进行调查评估，若调查评估结果为"不同意接收"，则再换一个居住地址，至调查评估的结果为"同意接收"为止，因此罪犯假释后的实际居住地址一定是与调查评估结果为"同意接收"的司法局管辖地相互对应的。

（四）制作要点

1. 反映罪犯基本信息和判决信息的栏目，在填写时可以直接从生效的《判决书》中摘录。

2."刑期变动"从减（加）刑裁判文中摘录，须注明历次刑罚变动的时间、幅度及附加刑（剥夺政治权利）的变更情况。"现刑期止日"是指经过刑罚变动后的当前刑满的日期，未经刑罚变动的，则填写生效判决确定的刑满日期。

3."前科情况"须注明历次刑罚的罪名、判决时间、刑种和刑期。

4."主要犯罪事实"可以直接从生效的《判决书》中或者《罪犯收监登记表》中摘录，填写内容要求简明扼要，可以用"犯罪时间（期间）、犯罪手段、犯罪危害"的模式去表述。

5."原判财产性判项"和"财产性判项履行情况"，根据票据、裁决文书、函件等证据材料进行汇总表述。

6."从严情形"及"从宽情形"，依照《实施细则》《关于依法推进假释制度适用的指导意见》及《关于进一步做好假释工作的会议纪要》（浙司〔2018〕72 号）的相关规定进行填写。

7."改造表现"中：

（1）"计分考核总月数"，若是未经历过减刑，从入监教育结束的次月起算，至本次办理假释案件考核截止之月；若是减过刑再呈报假释的，从上次呈报减刑考核截止之日的次月起算，至本次办理假释案件考核截止之月。

（2）"最低起始（间隔）时间"，分为以下两种情形填写：

未减过刑直接呈报假释的，填写的是最低起始时间。依照《中华人民共和国刑法》第八十一条第一款之规定，对于被判处有期徒刑的罪犯，最低起始时间为原判刑期的二分之一；

减过刑再呈报假释的，填写的是最低间隔时间。依照 2016 年《规定》第二十八条第一款之规定，罪犯减刑后又假释的，间隔时间不得少于一年；对一次减去一年以上有期徒刑后，决定假释的，间隔时间不得少于一年六个月。须注意的是，若是"三类罪犯"以外的其他罪犯，暂无履行能力，对其假释案件还应当依照《实施细则》第五十六条之规定确定最低间隔时间。

（3）"本次起始（间隔）时间"，起始时间从原判刑罚的实际起刑日起算，至本次办理假释案件考核截止之日。间隔时间从前一次减刑的裁定文书送达之日起算，至本次办理假释案件考核截止之日。

（4）"起报表扬数"，结合个案依照《实施细则》第四十一条的相关规定确定具体的表扬数。

（5）"达到法定最低执行刑期日期"，可以依照《中华人民共和国刑法》第八十一条第一款之规定确定具体的日期。

8. 各级签署审批意见。各级应当依照《工作规程》的相关规定签署意见。

（1）分监区意见。分监区意见必须经民警会议集体评议后作出，参加会议的民警不得少于应到会人数的五分之四，呈报假释形成集体意见的，须由参会人员三分之二以上多数同意。

完整的分监区意见包含的内容有：经过了法定合议程序、提出建议，可表述为：

"经分监区民警会议集体研究，建议提请假释。"

（2）分监区公示意见。与减刑案件类似，公示意见可表述为："某年某月某日至某年某月某日已在分监区公示，公示期间未收到异议。"

或者"某年某月某日至某年某月某日已在分监区公示，公示期间收到异议，经调查存在××××事实，复议决定不予提请。"

（3）监区意见。监区收到分监区呈报材料后，召开监区长办公会议审核评议，会议主持人在审核表上签署意见。

监区意见可表述为："经监区长办公会议审核，同意报刑罚执行部门审查。"

（4）刑罚执行部门意见。刑罚执行支队（科）收到监区呈报材料后，应当就下列事项进行审查，审查一般分为经办人审查和科室合议：①案件卷宗是否完整、齐全、规范；②罪犯确有悔改表现的具体事实的书面证明材料是否来源合法；③罪犯是否符合法定假释的条件；④提请假释的建议是否适当。

因此刑罚执行部门经办人意见可表述为："经审查，案件卷宗完整、齐全、规范；书面证明材料来源合法；符合法定假释的条件；提请假释的建议适当。"监狱刑罚执行部门意见可表述为："经审查，同意报监狱评审委员会评审。"

（5）监狱评审委员会意见。监狱评审委员会评审形成评审意见后，会议主持人根据评审意见在审核表上签署意见。

评审委员会意见可表述为："经评审，同意报请监狱长办公会议审议。"

（6）监狱评审委员会公示意见。与减刑案件类似，公示意见可表述为："某年某月某日至某年某月某日已在监狱范围内公示，未收到异议。"

或者"某年某月某日至某年某月某日已在监狱范围内公示，公示期间收到异议，经调查存在××××事实，复议决定不予提请。"

（7）监狱意见。监狱提请假释，须经监狱长办公会审议，监狱长办公会议由监狱长召集并主持，审议形成监狱意见后，由监狱长在审核表上签署意见。

监狱意见可表述为："经监狱长办公会议审议，同意提请假释。"

要注意的是，各审批层级若是变更上一个审批层级意见的，需要说明变更理由和结果。

（五）文书的实际制作

罪犯假释审核表

单位：浙江省第×监狱二监区一分监区　　　　　　　　　　罪犯编号：××××××××××

姓名	付×江	别名/自报名	/	性别	男	出生日期	1984 年 9 月 10 日
籍贯	湖南省岳阳市		民族	汉族	入监时间		2021 年 8 月 6 日
假释后居住地	湖南省岳阳市岳阳楼区板桥新村×幢×单元×××室						
一审判决机关	浙江省义乌市人民法院	判决字号	（2021）浙 0782 刑初×××号		判决时间		2021 年 7 月 2 日
终审判决机关	/	判决字号	/		判决时间		/
罪名	破坏计算机信息系统罪			原判刑期		五年	
原判刑期起止	自 2020 年 8 月 31 日起 至 2025 年 8 月 30 日止			原剥夺政治权利		/	
刑期变动	加减刑情况	/					
	现刑期止日	2025 年 8 月 30 日		剥夺政治权利期限变化		/	
原判财产性判项	追缴违法所得人民币 34 188.88 元						

财产性判项履行情况	追缴违法所得已履行完毕		
前科情况	/		
主要犯罪事实	2020 年 7 月，该犯破坏北京市××科技公司计算机系统，修改××靓号，将修改后的靓号卖给他人，获利人民币 34 188.88 元。		
从严情形	/	从宽情形	/

改造表现	计分考核总月数	考核自 2021 年 11 月 1 日至 2023 年 9 月 30 日止，共 23 个月。		
	最低起始（间隔）时间	2 年 6 个月	起报表扬数	3 个表扬
	本次起始（间隔）时间	2020 年 8 月 31 日至 2023 年 9 月 30 日，共 3 年 1 个月。	考核结果	4 个表扬，余 13 分
	达到法定最低执行刑期日期	2023 年 2 月 27 日		
	奖罚情况	2022 年监狱改造积极分子		

关于罪犯 ___付×江___ 假释案评议评审处理意见如下：

部门	呈报意见	部门	呈报意见
分监区意见	经分监区民警会议集体研究，建议提请假释。 签章：王×× 2023 年 10 月 11 日	分监区公示	2023 年 10 月 12 日至 2023 年 10 月 14 日已在分监区公示，公示期间未收到异议。

续表

监区意见	经监区长办公会议审核，同意报刑罚执行部门审查。 签章：李×× 2023 年 10 月 15 日	刑罚执行科意见	经审查，案件卷宗完整、齐全、规范；书面证明材料来源合法；符合假释的法定条件；提请假释的建议适当。 经办人（签章）：张×× 2023 年 10 月 18 日
			经审查，同意报监狱评审委员会评审。 部门负责人（签章）：钱×× 2023 年 10 月 18 日
评审委员会意见	经评审，同意报请监狱长办公会议审议。 签章：李×× 2023 年 10 月 20 日	评审委员会公示	2023 年 10 月 21 日至 2023 年 10 月 27 日已在监狱范围内公示，未收到异议。
监狱长办公会审议意见	经监狱长办公会议审议，同意提请假释。 签章：赵×× 2023 年 10 月 30 日		

（六）格式设计的不足之处

文书的格式是省局版，存在的不足之处有：

1. 从"别名/自报名"到"入监时间"等栏目对于假释案件的呈报、审批毫无意义，应删去。

2. 依照《中华人民共和国社区矫正法实施办法》第十二条第二款之规定，"居住地"一般是指社区矫正对象实际居住的县（市、区），因此，"假释后居住地"应改为"假释后居住地址"。

3. 从"一审判决机关"到"（终审）判决时间"等栏目对于假释案件的呈报、审批毫无意义，应删去。

4. "原判刑期""原判刑期起止""原剥夺政治权利"及"原判财产性判项"应分别改为"刑期""判刑期起止""剥夺政治权利期限"及"财产性判项"。同时应增设"刑种"栏目，可以使格式的适用性更加全面。

5. 在"刑期变动"栏目下面还设置了"剥夺政治权利期限变化"子栏目，但是剥夺政治权利期限变化不属于刑期方面的变动，因此"刑期变动"应改为"刑罚变动"。

6. 依照《中华人民共和国刑法》第八十一条第一款规定的"……确有悔改表现，没有再犯罪的危险的，可以假释……"，应增设"危险性评估结果"栏目以展现假释的所有法定条件。类似的，还应增设"社区矫正审前调查评估情况"栏目。

7. "改造表现"中，"最低起始（间隔）时间"往往分为两种情形填写，但是一方面，减过刑再呈报假释的，不仅应填写最低间隔时间，还应同时填写最低起始时间，因为这也是一项法定条件，这样一来，就容易造成混乱；另一方面，未减过刑直接呈报假释的，填写的是最低起始时间，那么又和"达到法定最低执行刑期日期"在作用上重复，并且"达到法定最低执行刑期日期"更加直观、简单。因此，应将"最低起始（间隔）时间"改为"最低间隔时间"，使其作用单一化。相应地，"本次起始（间隔）时间"应改为"本次间隔时间"。

8.《实施细则》第五十四条、第五十六条及第五十七条对于确有全部或者部分履行能力和暂无履行能力这两类罪犯，在假释的从严、适用等方面设置了不同的规定，因此应增设"履行能力"栏目。

9. "考核结果"应改为"实际获得表扬数"。

10.《实施细则》第四十一条对于减刑后余刑不足一年和交付执行时剩余刑期不满一年的罪犯，考虑到了考核积分尚不足以给予表扬奖励的情况，相应地设置了"考核期内每月考核得分不低于100分"的法定条件，因此文书格式中还应设置相应的栏目。

（七）对格式进行修改并制作新的文书

罪犯假释审核表

单位：浙江省第×监狱二监区一分监区　　　　　　　　　　　　罪犯编号：××××××××××

姓名	付×江	危险性评估结果	低度		
假释后居住地址		湖南省岳阳市岳阳楼区板桥新村×幢×单元×××室			
社区矫正审前调查评估情况		经委托湖南省岳阳市岳阳楼区司法局审前调查评估，当地同意接收该犯进行社区矫正。			
罪名	破坏计算机信息系统罪	刑种	有期徒刑	刑期	五年
刑期起止	自2020年8月31日起 至2025年8月30日止	剥夺政治权利期限		/	
刑罚变动	加减刑情况	/			
	现刑期止日	2025年8月30日	剥夺政治权利期限变化		/

财产性判项	追缴违法所得人民币 34 188.88 元	
履行能力	/	
财产性判项履行情况	追缴违法所得已履行完毕	
前科情况	/	
主要犯罪事实	2020 年 7 月，该犯破坏北京市××科技公司计算机系统，修改××靓号，将修改后的靓号卖给他人，获利人民币 34 188.88 元。	
从严情形	/	从宽情形	/
改造表现	计分考核总月数	考核自 2021 年 11 月 1 日至 2023 年 9 月 30 日止，共 23 个月。
	最低间隔时间	/	起报表扬数	3 个
	本次间隔时间	/	实际获得表扬数	4 个
	是否为减刑后余刑不足一年或者交付执行时剩余刑期不满一年的罪犯	否
	是否考核期内每月考核得分均不低于 100 分	/
	达到法定最低执行刑期日期	2023 年 2 月 27 日
	奖罚情况	2022 年监狱改造积极分子

关于罪犯　付×江　假释案评议评审处理意见如下：

部门	呈报意见	部门	呈报意见
分监区意见	经分监区民警会议集体研究，建议提请假释。 签章：王×× 2023 年 10 月 11 日	分监区公示	2023 年 10 月 12 日至 2023 年 10 月 14 日已在分监区公示，公示期间未收到异议。
监区意见	经监区长办公会议审核，同意报刑罚执行部门审查。 签章：李×× 2023 年 10 月 15 日	刑罚执行科意见	经审查，案件卷宗完整、齐全、规范；书面证明材料来源合法；符合假释的法定条件；提请假释的建议适当。 经办人（签章）：张×× 2023 年 10 月 18 日
			经审查，同意报监狱评审委员会评审。 部门负责人（签章）：钱×× 2023 年 10 月 18 日
评审委员会意见	经评审，同意报请监狱长办公会议审议。 签章：李×× 2023 年 10 月 20 日	评审委员会公示	2023 年 10 月 21 日至 2023 年 10 月 27 日已在监狱范围内公示，未收到异议。
监狱长办公会审议意见	经监狱长办公会议审议，同意提请假释。 签章：赵×× 2023 年 10 月 30 日		

六、《提请假释建议书》

（一）概念

《提请假释建议书》是对于符合法定假释条件的罪犯，监狱向人民法院提出假释建议时制作的文书。

（二）法律（政策）依据

《中华人民共和国刑事诉讼法》第二百七十三条第二款规定："被判处管制、拘役、有期徒刑或者无期徒刑的罪犯，在执行期间确有悔改或者立功表现，应当依法予以减刑、假释的时候，由执行机关提出建议书，报请人民法院审核裁定，并将建议书副本抄送人民检察院。人民检察院可以向人民法院提出书面意见。"

《中华人民共和国监狱法》第三十二条规定："被判处无期徒刑、有期徒刑的罪犯，符合法律规定的假释条件的，由监狱根据考核结果向人民法院提出假释建议，人民法院应当自收到假释建议书之日起一个月内予以审核裁定；案情复杂或者情况特殊的，可以延长一个月。假释裁定的副本应当抄送人民检察院。"

（三）制作要点

各地区《提请假释建议书》没有统一的格式，完全取决于当地法院系统的要求。以浙江省杭州市地区为例，有以下制作要点：

1. "案由"，依照现行法律规定，提请假释的案由只有确有悔改表现。

2. 须对社区矫正机构的调查评估情况进行具体表述。

3. 其他栏目或预留空白处的填写，与《提请减刑建议书》类同，不再赘述。

（四）文书的实际制作

提请假释建议书

（2023）浙×监假建字第××号

罪犯　付×江　，　男　，　1984　年　9　月　10　日出生，　汉　族，　湖南省岳阳市岳阳楼区　人，　中专　文化程度。现在　浙江省第×监狱二监区一分监区　服刑。

浙江省义乌市　人民法院于　2021　年　7　月　2　日作出　（2021）浙0782刑初×××号　刑事判决，以被告人　付×江　犯　破坏计算机信息系统罪　，判处　有期徒刑五年，并处追缴违法所得人民币34 188.88元　。于　2021　年　8　月　6　日交付执行。

罪犯　付×江　在服刑考核期间　确有悔改　表现，具体事实如下：

该犯能认识到自己所犯罪行造成的严重危害，服从法院判决，做到认罪悔罪；遵守法律法规及监规，接受教育改造，在服刑考核期间，积极参加思想、文化、职业技术教育；积极参加劳动，努力完成劳动任务。

该犯达到法定最低执行刑期日期为2023年2月27日。本次考核期自2021年11月1日至2023年9月30日，共计23个月，共获得4个表扬13分。

该犯被判处追缴违法所得人民币34 188.88元，浙江省义乌市人民法院回函表明该犯财产性判项已履行完毕。

2023年10月19日，湖南省岳阳市岳阳楼区司法局同意接收该犯进行社区矫正，该犯假释后居住地址为湖南省岳阳市岳阳楼区板桥新村×幢×单元×××室。假释后打算回老家服装厂做车工，家庭经济来源为父母务农和妻子务工收入，年收入人民币80 000元。

上述事实有奖惩审批表、考核月评表、年度罪犯评审鉴定表、浙江省义乌市人民法院回函、司法局调查评估意见、浙江省×××人民检察院提请假释检察意见等材料为证。

本监狱认为：罪犯付×江在服刑考核期间，确有悔改表现，已服原判刑期的二分之一以上，假释后没有再犯罪的危险，符合假释的法定条件。依照《中华人民共和国刑法》第八十一条第一款、第八十二条，《中华人民共和国刑事诉讼法》第二百七十三条第二款，《中华人民共和国监狱法》第三十二条之规定，建议对罪犯付×江假释。特提请审核裁定。

此致
浙江省　　杭州市中级　　人民法院

浙江省第×监狱（公章）

2023 年 10 月 30 日

第五节　释放类文书

[情境五] 2021 年 2 月，浙江省第×监狱三监区一分监区将有两名罪犯出监，监狱需要做的重点工作有：对罪犯服刑期间的改造表现作出鉴定和制作释放类证明文书。

1. 罪犯仝×起，男，1971 年 3 月 16 日出生，汉族，大专文化。户籍所在地为河南省滑县万古镇，捕前居住地址为浙江省杭州市西湖区九莲新村×幢×单元×××室，因涉嫌故意杀人罪，2000 年 5 月 20 日被刑事拘留，5 月 23 日被逮捕，2001 年 2 月 8 日被杭州市中级人民法院以（2001）杭刑初字第××号《判决书》判处无期徒刑，剥夺政治权利终身。2001 年 2 月 20 日判决生效，同月 23 日由浙江省第×监狱收监执行刑罚。服刑期间，刑罚变动情况：2004 年 3 月被减为有期徒刑二十年，剥夺政治权利期限改为十年，刑期自 2004 年 3 月 24 日起至 2024 年 3 月 23 日止，此后又于 2006 年 7 月、2009 年 9 月、2011 年 11 月、2014 年 1 月、2016 年 3 月、2019 年 10 月共减刑 6 次，累计减刑三年一个月，剥夺政治权利期限改为四年。

犯罪事实：2000 年 5 月 20 日 21 时许，仝×起在浙江省杭州市西湖区九莲新村×幢×单元×××室，因家庭矛盾与其岳父赵某发生纠纷，仝×起持菜刀朝赵某面部、颈部连砍数刀致其死亡，后拨打 110 投案自首。案发后，与被害人家属达成赔偿协议，取得了被害人家属的谅解。

家庭成员及主要社会关系：父亲仝×河，75 岁，河南省滑县万古镇梁村农民；母亲王×华，74 岁，河南省滑县万古镇梁村农民；前妻谢×云，45 岁，浙江省杭州市××家政服务公司职员；女儿仝×琴，21 岁，浙江××职业学院商务管理专业学生；妹妹仝×莲，46 岁，河南省滑县万古镇梁村农民；姑姑仝×花，65 岁，浙江省杭州市××装饰有限公司总经理；舅舅王×旗，68 岁，河南省滑县万古镇梁村农民。

个人简历：1978 年 9 月至 1983 年 6 月在河南省滑县××镇小学读书；1983 年 9 月至 1989 年 6 月在河南省滑县第×中学读书；1989 年 9 月至 1992 年 6 月在河南省××专科学校室内设计专业读书；1992 年 6 月至 2000 年 5 月在浙江省杭州市××装饰有限公司做设计师。

该犯服刑期间改造表现较好。能认罪悔罪；绝大多数时候能遵守监规，因脾气暴躁偶有违纪；能认真参加"三课"学习，并取得自考本科文凭和中级服装裁剪职业资格证书；积极参加生产劳动，出勤率为 99%，积极钻研生产技术并完成劳动任务。在 2019 及 2020 年度评比中获改造积极分子奖励，2018 年 10 月因打架被禁闭 10 天。

该犯自控力较弱，且长期脱离社会，短期内适应社会有一定的障碍，同时家庭经济困难，原任职的单位濒临破产，就业形势严峻，帮教条件较差，有一定再犯罪的危险。

2. 罪犯马×周，男，1990 年 6 月 4 日出生，户籍所在地为浙江省淳安县千岛湖镇，捕前居住地址为浙江省淳安县千岛湖镇社×村，犯受贿罪，2018 年 7 月 25 日被淳安县人民法院判处有期徒刑五年，并处罚金一万元，刑期自 2018 年 1 月 21 日起至 2023 年 1 月 20 日止。服刑期间未经历减刑，因确有悔改表现，2021 年 2 月 18 日经杭州市中级人民法院裁定予以假释，假释裁定文书于 2 月 22 日送达监狱，2 月 25 日监狱将《假释证明书》的正本和副本发给马×周，马×周被假释出监。

一、《罪犯出监鉴定表》

（一）概念

《罪犯出监鉴定表》是罪犯被刑满释放、假释、暂予监外执行时，监狱对其狱内改造表现进行全面的鉴定、评估，认为出狱人员具有某些不稳定因素的，同时提出做好安置、帮教建议的执法文书。

（二）法律（政策）依据

《监狱教育改造工作规定》第九章第五十八条规定："监狱应当根据罪犯在服刑期间的考核情况、奖惩情况、心理测验情况，对其改造效果进行综合评估……"

（三）制作要点

1. 如果罪犯在服刑期间家庭住址有变迁的，在"家庭住址"一栏填写时应当填写变迁后的实际住址。

2. "出监原因"只能选择刑满释放（或者主刑执行期满）、假释、暂予监外执行三种情形之一进行填写。

3. "有何技术特长及等级"按照罪犯实际获得的政府部门或行业协会颁发的证书进行填写。

4. "改造表现"一栏分两部分进行表述：

第一部分为评语，作出符合罪犯个体改造表现情况的评定意见，用事实和数据说明；

第二部分对改造表现作出定性评价，一般可以分为"好""较好""一般""差"四个等次。

5.“服刑期间奖罚情况”填写近三年获得的年度奖励和单项处罚情况。

6.各审批层级签署意见。值得一提的是：该文书的主旨是对罪犯在服刑期间的改造表现作出鉴定，各审批层级应围绕该主旨签署意见。但是在实际工作中，常见的是围绕出监原因进行审批，如“同意按期释放”，或者“经省监狱管理局批准，同意暂予监外执行”等，既不规范，也无必要。因为刑满释放不需要审批，假释和暂予监外执行又各自有专门的审批表，且审批的结果已经确定，否则也不会有出监鉴定。

（1）“分监区意见”。“分监区意见”是文书的重点栏目，作用是客观评价罪犯的服刑表现，为地方政府工作部门了解、安置、帮教出狱人员提供参考意见，在填写时应注意包含上述具体内容。

（2）“监区意见”。“监区意见”只需对分监区的鉴定意见作出确认。

（3）“监狱意见”。“监狱意见”代表刑罚执行机构，具有对外的评价效力。监狱意见无需另行作出，同样只需对分监区意见作出确认。

另外，“分监区意见”“监区意见”及“监狱意见”在具体签署时，都必须由相关负责人签名，有公章的加盖公章，并注明日期。

（四）文书的实际制作（封面略）

在罪犯出监前，应对其改造表现进行全面评价，并通过系列量表对罪犯的改造效果与重新犯罪的可能性进行预测。根据评价和预测的结果制作《罪犯出监鉴定表》如下：

罪犯出监鉴定表

姓名	仝×起	别名	/	性别	男	民族	汉族
出生日期		1971 年 3 月 16 日		健康状况		健康	
家庭住址		浙江省杭州市西湖区九莲新村×幢×单元×××室					
原户籍所在地		河南省滑县万古镇					
罪名	故意杀人罪	原判法院	杭州市中级人民法院	判决书号		(2001)杭刑初字第××号	

刑期	原判刑期	无期徒刑		附加刑	剥夺政治权利终身
	原判刑期起止	/		刑期变动情况	2004 年 3 月被减为有期徒刑二十年，剥夺政治权利期限改为十年，刑期自 2004 年 3 月 24 日起至 2024 年 3 月 23 日止，此后又于 2006 年 7 月、2009 年 9 月、2011 年 11 月、2014 年 1 月、2016 年 3 月、2019 年 10 月共减刑 6 次，累计减刑三年一个月，剥夺政治权利期限改为四年。现刑期截止日为 2021 年 2 月 23 日。

出监原因	主刑执行期满	文化程度	原有：大专	有何技术特长及等级	服装裁剪、中级
出监时间	2021 年 2 月 23 日		现有：自考本科		

主要犯罪事实	2000 年 5 月 20 日 21 时许，因家庭矛盾与岳父赵某发生纠纷，仝×起持菜刀朝赵某面部、颈部连砍数刀致其死亡。

家庭成员及主要社会关系	父亲：仝×河，75 岁，河南省滑县万古镇梁村农民 母亲：王×华，74 岁，河南省滑县万古镇梁村农民 前妻：谢×云，45 岁，浙江省杭州市××家政服务公司职员 女儿：仝×琴，21 岁，浙江××职业学院商务管理专业学生 妹妹：仝×莲，46 岁，河南省滑县万古镇梁村农民 姑姑：仝×花，65 岁，浙江省杭州市××装饰有限公司总经理 舅舅：王×旗，68 岁，河南省滑县万古镇梁村农民

本人简历	1978 年 9 月—1983 年 6 月　河南省滑县××镇小学　　　　学生 1983 年 9 月—1989 年 6 月　河南省滑县第×中学　　　　　学生 1989 年 9 月—1992 年 6 月　河南省××专科学校室内设计专业　学生 1992 年 6 月—2000 年 5 月　浙江省杭州市××装饰有限公司　设计师 2000 年 5 月—2001 年 2 月　浙江省杭州市看守所　　　　犯罪嫌疑人、罪犯 2001 年 2 月　至今　　　　　浙江省第×监狱　　　　　　罪犯

改造表现	能认罪悔罪；绝大多数时候能遵守监规，因脾气暴躁偶有违纪；能认真参加"三课"学习，并取得自考本科文凭和中级服装裁剪职业资格证书；积极参加生产劳动，出勤率为 99%，积极钻研生产技术并完成劳动任务。 　　改造表现评价：较好

服刑期间奖罚情况	（近三年） 获 2019 年、2020 年度监狱级改造积极分子奖励； 2018 年 10 月因打架被禁闭 10 天。
分监区意见	通过改造，该犯的思想及行为得到一定的矫治，文化程度得到提高，学习技术刻苦，掌握服装裁剪技能，劳动态度端正，改造成果比较明显。但该犯自控力较弱，且长期脱离社会，短期内适应社会有一定的障碍，同时家庭经济困难，原任职的单位濒临破产，就业形势严峻，帮教条件较差，有一定再犯罪的危险。刑满释放后，有关部门应重视对他的帮教，妥善安置就业。 林 × 2021 年 2 月 18 日
监区意见	同意分监区作出的出监鉴定。 姜×× 2021 年 2 月 18 日
监狱意见	同意分监区作出的出监鉴定。 戴×× 2021 年 2 月 19 日
备注	/

（五）格式设计的不足之处

1. "家庭住址"应改为"出监后居住地址"。

2. "刑期"大栏目里又包含"附加刑"等小栏目，这样是不规范的，应将"刑期"改为"原判刑罚"。

3. "原判刑期"中的"原判"二字多余，另外没有设置"刑种"栏目；"原判刑期起止"应改为"刑期起止/起刑日/死刑缓期执行期间"。

4. "刑期变动情况"既不规范，也不够全面，应改为"刑罚变动情况"，并单独设置成一个大栏目，与"原判刑罚"相互对应。

5. 没有设置"财产性判项履行情况"。

6. "服刑期间奖罚情况"一方面，没有与刑事奖罚区分开来；另一方面，有的罪犯服刑期间长达十多年，前后变化会很大，没有必要将十余年获得的奖罚一一罗列，只需填写近三年的即可，因此可以改为"近三年年度奖励和单项处罚情况"。

（六）对格式进行修改并制作新的文书

罪犯出监鉴定表

姓名	仝×起	别名	/	性别	男	民族	汉族
出生日期		1971 年 3 月 16 日		健康状况		健康	
出监后居住地址		浙江省杭州市西湖区九莲新村×幢×单元×××室					
原户籍所在地		河南省滑县万古镇					
罪名	故意杀人罪	原判法院	杭州市中级人民法院	判决书号		(2001)杭刑初字第××号	
原判刑罚	刑种		无期徒刑		刑期		/
	刑期起止/起刑日/死刑缓期执行期间		自 2001 年 2 月 20 日起		附加刑		剥夺政治权利终身
刑罚变动情况	2004 年 3 月被减为有期徒刑二十年，剥夺政治权利期限改为十年，刑期自 2004 年 3 月 24 日起至 2024 年 3 月 23 日止，此后又于 2006 年 7 月、2009 年 9 月、2011 年 11 月、2014 年 1 月、2016 年 3 月、2019 年 10 月共减刑 6 次，累计减刑三年一个月，剥夺政治权利期限改为四年。现刑期截止日为 2021 年 2 月 23 日。						
财产性判项履行情况			/				
出监原因	主刑执行期满	文化程度	原有：大专	有何技术特长及等级		服装裁剪、中级	
出监时间	2021 年 2 月 23 日		现有：自考本科				
主要犯罪事实	2000 年 5 月 20 日 21 时许，因家庭矛盾与岳父赵某发生纠纷，仝×起持菜刀朝赵某面部、颈部连砍数刀致其死亡。						

家庭成员及主要社会关系	父亲：仝×河，75 岁，河南省滑县万古镇梁村农民 母亲：王×华，74 岁，河南省滑县万古镇梁村农民 前妻：谢×云，45 岁，浙江省杭州市××家政服务公司职员 女儿：仝×琴，21 岁，浙江××职业学院商务管理专业学生 妹妹：仝×莲，46 岁，河南省滑县万古镇梁村农民 姑姑：仝×花，65 岁，浙江省杭州市××装饰有限公司总经理 舅舅：王×旗，68 岁，河南省滑县万古镇梁村农民
本人简历	1978 年 9 月—1983 年 6 月　　河南省滑县××镇小学　　　　　　学生 1983 年 9 月—1989 年 6 月　　河南省滑县第×中学　　　　　　　学生 1989 年 9 月—1992 年 6 月　　河南省××专科学校室内设计专业　学生 1992 年 6 月—2000 年 5 月　　浙江省杭州市××装饰有限公司　　设计师 2000 年 5 月—2001 年 2 月　　浙江省杭州市看守所　　　犯罪嫌疑人、罪犯 2001 年 2 月　 至今　　　　　浙江省第×监狱　　　　　　　　　罪犯
改造表现	能认罪悔罪；绝大多数时候能遵守监规，因脾气暴躁偶有违纪；能认真参加"三课"学习，并取得自考本科文凭和中级服装裁剪职业资格证书；积极参加生产劳动，出勤率为99%，积极钻研生产技术并完成劳动任务。 　　改造表现评价：较好
近三年年度奖励和单项处罚情况	获 2019 年、2020 年度监狱级改造积极分子奖励； 2018 年 10 月因打架被禁闭 10 天。
分监区意见	通过改造，该犯的思想及行为得到一定的矫治，文化程度得到提高，学习技术刻苦，掌握服装裁剪技能，劳动态度端正，改造成果比较明显。但该犯自控力较弱，且长期脱离社会，短期内适应社会有一定的障碍，同时家庭经济困难，原任职的单位濒临破产，就业形势严峻，帮教条件较差，有一定再犯罪的危险。刑满释放后。有关部门应重视对他的帮教，妥善安置就业。 　　　　　　　　　　　　　　　　　　　　　　　　　　　　　　　林× 　　　　　　　　　　　　　　　　　　　　　　　　　2021 年 2 月 18 日

监区意见	同意分监区作出的出监鉴定。
	姜××
	2021 年 2 月 18 日
监狱意见	同意分监区作出的出监鉴定。
	戴××
	2021 年 2 月 19 日
备注	/

二、《释放证明书》

（一）概念

《释放证明书》是罪犯原判主刑执行期满，在出狱时监狱发给被释放人证明其被依法解除监禁、恢复人身自由的执法文书。

（二）法律（政策）依据

《中华人民共和国刑事诉讼法》第二百六十四条第五款规定："判处有期徒刑、拘役的罪犯，执行期满，应当由执行机关发给释放证明书。"

《中华人民共和国监狱法》第三十五条规定："罪犯服刑期满，监狱应当按期释放并发给释放证明书。"第三十六条规定："罪犯释放后，公安机关凭释放证明书办理户籍登记。"

（三）制作要点

1. 《释放证明书》有三联，第一联由监狱留存，为存根联；第二联由被释放人本人保管，为正本联；第三联作为被释放人到公安机关办理户籍登记的凭证，为副本联。三联虽详略有别，但内容应该一致。

2. 存根联上"审核人"由主管监狱领导签字。

3. 存根联上需被释放人在指定处签名。

4. "释放理由"一般填写"主刑执行期满"，也有少数是改判无罪的，可根据实际情况填写。

5. 计算"实际执行刑期"时，须注意：

（1）原判有期徒刑的"实际执行刑期"一般从刑拘之日起开始计算。

（2）原判无期徒刑的"实际执行刑期"从判决确定之日起开始计算。

（3）原判死刑缓期二年执行的"实际执行刑期"从二年缓期的期满之日起开始计算。

6. 副本联上送达公安机关的时间应当根据实际需要填写清楚。

7. 成文日期为刑满释放当日。

（四）文书的实际制作（中缝略）

释放证明书

（存根）

（2021）浙×监释证字第 19 号

姓名 仝×起

性别 男 出生日期 1971 年 3 月 16 日生

原户籍所在地 河南省滑县万古镇

原判法院 杭州市中级人民法院

罪名 故意杀人罪 刑种 无期徒刑

原判刑期 ／ 自 ／ 年 ／ 月 ／ 日起

至 ／ 年 ／ 月 ／ 日止

附加 剥夺政治权利终身

执行期间刑种、刑期变动情况：

2004 年 3 月被减为有期徒刑二十年，刑期自 2004 年 3 月 24 日起至 2024 年 3 月 23 日止，此后又于 2006 年 7 月、2009 年 9 月、2011 年 11 月、2014 年 1 月、2016 年 3 月、2019 年 10 月共减刑 6 次，累计减刑三年一个月。

释放理由 主刑执行期满

释放后住址 河南省滑县万古镇梁村

填发人 陈××

审核人 戴××

填发日期 2021 年 2 月 23 日

本释放证明书和副本已发给我。

被释放人： 仝×起 （签名）

2021 年 2 月 23 日

释放证明书

（正本）

（2021）浙×监释证字第 19 号

　　兹有　仝×起　，　男　，　1971　年　3　月　16　日生，原户籍所在地　河南省滑县万古镇　，因　故意杀人罪　于　2001　年　2　月　8　日经人民法院判处　无期徒刑　，附加　剥夺政治权利终身　。服刑期间，减刑　7　次，减刑　三　年　一　个月，加刑　/　次，加刑　/　年　/　月，实际执行刑期　二十　年　/　个月，附加　剥夺政治权利期限改为四年　。现因　主刑执行期满　予以释放。

　　特此证明。

浙江省第×监狱（公章）

2021 年 2 月 23 日

释放证明书

（副本）

（2021）浙×监释证字第 19 号

　　兹有　仝×起　，　男　，　1971　年　3　月　16　日生，原户籍所在地　河南省滑县万古镇　，因　故意杀人罪　于　2001　年　2　月　8　日经人民法院判处　无期徒刑　，附加　剥夺政治权利终身　。服刑期间，减刑　7　次，减刑　三　年　一　个月，加刑　/　次，加刑　/　年　/　月，实际执行刑期　二十　年　/　个月，附加　剥夺政治权利期限改为四年　。现因　主刑执行期满　予以释放。

　　特此证明。

浙江省第×监狱（公章）

2021 年 2 月 23 日

（五）格式设计的不足之处

1. 存根联上，"原判刑期"应改为"刑期"。

2. 存根联上，应增加"刑期起止/起刑日/死刑缓期执行期间"，以对应后面具体的起止日期。

3. 存根联上，"执行期间刑种、刑期变动情况"不够全面，应改为"刑罚变动情况"。

4. 存根联上，"本释放证明书和副本已发给我"语意不清，应改为"本释放证明书的正本和副本已发给我"。

5. 正本联和副本联均没有引用法律，缺少规范性和严肃性。

（六）对格式进行修改并制作新的文书

释放证明书

（存根）

（2021）浙×监释证字第 19 号

姓名　　仝×起

性别　　男　　出生日期　1971　年　3　月　16　日生

原户籍所在地　　河南省滑县万古镇派出所

原判法院　　浙江省杭州市中级人民法院

罪名　　故意杀人罪

刑种　　无期徒刑　　刑期　　/

刑期起止/起刑日/死刑缓期执行期间　　自　2001　年　2　月　20　日起
　　　　　　　　　　　　　　　　　　至　/　年　/　月　/　日止

附加　　剥夺政治权利终身

刑罚变动情况：

2004 年 3 月被减为有期徒刑二十年，剥夺政治权利期限改为十年，刑期自 2004 年 3 月 24 日起至 2024 年 3 月 23 日止，此后又于 2006 年 7 月、2009 年 9 月、2011 年 11 月、2014 年 1 月、2016 年 3 月、2019 年 10 月共减刑 6 次，累计减刑三年一个月，剥夺政治权利期限改为四年。2004 年 3 月被减为有期徒刑二十年，剥夺政治权利期限改为十年，刑期自 2004 年 3 月 24 日起至 2024 年 3 月 23 日止，此后又于 2006 年 7 月、2009 年 9 月、2011 年 11 月、2014 年 1 月、2016 年 3 月、2019 年 10 月共减刑 6 次，累计减刑三年一个月，剥夺政治权利期限改为四年。

释放理由　　主刑执行期满

释放后住址　　河南省滑县万古镇梁村

填发人　　陈××

审核人　　戴××

填发日期　2021　年　2　月　23　日

本释放证明书的正本和副本已发给我。

被释放人：　仝×起　（签名）
2021　年　2　月　23　日

释放证明书

（正本）

（2021）浙×监释证字第 19 号

　　兹有　仝×起　，　男　，　1971　年　3　月　16　日生，原户籍所在地　河南省滑县万古镇　，因　故意杀人罪　于　2001　年　2　月　8　日经人民法院判处　无期徒刑　，附加　剥夺政治权利终身　。服刑期间，减刑　7　次，减刑　三　年　一　个月，加刑　/　次，加刑　/　年　/　月，实际执行刑期　二十　年　/　个月，附加　剥夺政治权利期限改为四年　。现因　主刑执行期满　，依照　《中华人民共和国监狱法》　第　三十五　条之规定，予以释放并特此证明。

　　　　　　　　　　　　　　　　　浙江省第×　监狱（公章）

　　　　　　　　　　　　　　　　　2021 年 2 月 23 日

释放证明书

（副本）

（2021）浙×监释证字第 19 号

　　兹有　仝×起　，　男　，　1971　年　3　月　16　日生，原户籍所在地　河南省滑县万古镇　，因　故意杀人罪　于　2001　年　2　月　8　日经人民法院判处　无期徒刑　，附加　剥夺政治权利终身　。服刑期间，减刑　7　次，减刑　三　年　一　个月，加刑　/　次，加刑　/　年　/　月，实际执行刑期　二十　年　/　个月，附加　剥夺政治权利期限改为四年　。现因　主刑执行期满　，依照　《中华人民共和国监狱法》　第　三十五　条之规定，予以释放并特此证明。

　　　　　　　　　　　　　　　　　浙江省第×　监狱（公章）

　　　　　　　　　　　　　　　　　2021 年 2 月 23 日

注意事项：

1. 持证人必须在　2021　年　3　月　2　日以前将本证明书副本送达　河南省滑县万古镇派出所　办理户口登记手续。

2. 本证明书私自涂改无效。

三、《假释证明书》

（一）概念

《假释证明书》是罪犯被人民法院依法裁定假释，出监时由监狱发给被假释罪犯证明其出狱原因及身份的执法文书。

（二）法律（政策）依据

《中华人民共和国监狱法》第三十三条第一款规定："人民法院裁定假释的，监狱应当按期假释并发给假释证明书。"

（三）制作要点

1. 《释放证明书》有三联，第一联由监狱留存，为存根联；第二联由被假释罪犯本人保管，为正本联，作为其获得假释的凭证；第三联为副本联，交给被假释罪犯作为到公安机关办理户籍登记的凭证。三联虽详略有别，但内容应该一致。

2. 存根联上"审核人"由主管监狱领导签字。

3. 存根联上需被释放人在指定处签名。

4. "假释考验期"应准确填写。《中华人民共和国刑法》第八十三条第一款规定："有期徒刑的假释考验期限，为没有执行完毕的刑期；无期徒刑的假释考验期限为十年。"第八十三条第二款规定："假释考验期限，从假释之日起计算。"

5. 副本联上送达公安机关的时间应当根据实际需要填写清楚。

6. 成文日期为罪犯实际被假释出监之日。

（四）文书的实际制作（中缝略）

假释证明书

（存根）

（2021）浙×监假释证字第 1 号

姓名　马×周

性别　男　出生日期　1990　年　6　月　4　日生

原户籍所在地　浙江省淳安县千岛湖镇

原判法院　淳安县人民法院

罪名　盗窃罪　刑种　有期徒刑

原判刑期　五年　　自　2018　年　1　月　21　日起

　　　　　　　　　　至　2023　年　1　月　20　日止

附加　罚金一万元

执行期间刑种、刑期变动情况：

　　　　／

假释考验期　　自　2021　年　2　月　25　日起

　　　　　　　至　2023　年　1　月　20　日　止

假释后住址　浙江省淳安县千岛湖镇社×村

填发人　阮××

审核人　戴××

填发日期　2021　年　2　月　25　日

本假释证明书和副本已发给我。

被释放人：　马×周　（签名）

　2021　年　2　月　25　日

假释证明书

（正本）

（2021）浙×监假释证字第 1 号

　　兹有　马×周　，　男　，　1990　年　6　月　4　日生，原户籍所在地　浙江省
淳安县千岛湖镇　，因　盗窃罪　于　2018　年　7　月　25　日经人民法院判处　有期
徒刑五年　，附加　罚金一万元　。现依据　杭州市中级　人民法院裁定，予以假释。
假释考验期自　2021　年　2　月　25　日起至　2023　年　1　月　20　日止。

　　特此证明。

　　　　　　　　　　　　　　　　　　　　浙江省第×　监狱（公章）

　　　　　　　　　　　　　　　　　　　　2021 年 2 月 25 日

假释证明书

（副本）

（2021）浙×监假释证字第 1 号

　　兹有　马×周　，　男　，　1990　年　6　月　4　日生，原户籍所在地　浙江省
淳安县千岛湖镇　，因　盗窃罪　于　2018　年　7　月　25　日经人民法院判处　有期
徒刑五年　，附加　罚金一万元　。现依据　杭州市中级　人民法院裁定，予以假释。
假释考验期自　2021　年　2　月　25　日起至　2023　年　1　月　20　日止。

　　特此证明。

　　　　　　　　　　　　　　　　　　　　浙江省第×　监狱（公章）

　　　　　　　　　　　　　　　　　　　　2021 年 2 月 25 日

注意事项：

　　1. 持证人必须在　2021　年　3　月　5　日以前将本证明书副本送达　浙江省淳安
县千岛湖镇派出所　办理户口登记手续。

　　2. 本证明书私自涂改无效。

（五）格式设计的不足之处

1. 存根联上，"原判刑期"应改为"刑期"。

2. 存根联上，应增加"刑期起止/起刑日/死刑缓期执行期间"，以对应后面具体的起止日期。

3. 存根联上，"执行期间刑种、刑期变动情况"不够全面，应改为"刑罚变动情况"。

4. "假释后住址"应改为"出监后居住地址"，不仅更加规范，还能够和《罪犯假释审核表》等文书保持一致。

5. 存根联上，"本假释证明书和副本已发给我"语意不清，应改为"本假释证明书的正本和副本已发给我"。

6. 正本联和副本联均没有引用法律，缺少规范性和严肃性。

（六）对格式进行修改并制作新的文书

假释证明书

（存根）

（2021）浙×监假释证字第 1 号

姓名　马×周

性别　男　出生日期　1990　年　6　月　4　日生

原户籍所在地　浙江省淳安县千岛湖镇

原判法院　淳安县人民法院

罪名　盗窃罪

刑种　有期徒刑　　刑期　五年

刑期起止/起刑日/死刑缓期执行期间　自　2018　年　1　月　21　日起

　　　　　　　　　　　　　　　　　至　2023　年　1　月　20　日止

附加　罚金一万元

刑罚变动情况：

　　　　　／

假释考验期　　自　2021　年　2　月　25　日起

　　　　　　　至　2023　年　1　月　20　日止

出监后居住地址　浙江省淳安县千岛湖镇社×村

填发人　阮××

审核人　戴××

填发日期　2021　年　2　月　25　日

_____

本假释证明书的正本和副本已发给我。

被释放人：　马×周　（签名）

2021　年　2　月　25　日

假释证明书
（正本）

（2021）浙×监假释证字第 1 号

兹有　马×周　，　男　，　1990　年　6　月　4　日生，原户籍所在地　浙江省淳安县千岛湖镇　，因　盗窃罪　于　2018　年　7　月　25　日经人民法院判处　有期徒刑五年　，附加　罚金一万元　。

经　杭州市中级　人民法院裁定，依照《中华人民共和国监狱法》第　三十三　条第　一　款之规定，予以假释。假释考验期自　2021　年　2　月　25　日起至　2023　年　1　月　20　日止。

特此证明。

浙江省第×　监狱（公章）
2021 年 2 月 25 日

假释证明书
（副本）

（2021）浙×监假释证字第 1 号

兹有　马×周　，　男　，　1990　年　6　月　4　日生，原户籍所在地　浙江省淳安县千岛湖镇　，因　盗窃罪　于　2018　年　7　月　25　日经人民法院判处　有期徒刑五年　，附加　罚金一万元　。

经　杭州市中级　人民法院裁定，依照《中华人民共和国监狱法》第　三十三　条第　一　款之规定，予以假释。假释考验期自　2021　年　2　月　25　日起至　2023　年　1　月　20　日止。

特此证明。

浙江省第×　监狱（公章）
2021 年 2 月 25 日

注意事项：

1. 持证人必须在　2021　年　3　月　5　日以前将本证明书副本送达　浙江省淳安县千岛湖镇派出所　办理户口登记手续。

2. 本证明书私自涂改无效。

第四章 狱政管理类文书

第一节 考核类文书

[**情境六**] 2022 年 11 月第三周，浙江省第×监狱三监区一分监区对于上月考核类文书制作的规范性，对照 2021 年 10 月 1 日起施行的计分考核办法进行了自查。新办法包括《浙江省监狱计分考核罪犯工作实施细则》《浙江省监狱计分考核工作流程导则（试行）》《浙江省监狱计分考核工作裁量基准（试行）》及《浙江省监狱计分考核工作取证存证指引（试行）》（以下分别简称《考核细则》《流程导则》《裁量基准》及《取证存证指引》）。

罪犯何×丁的考核日记载材料如下：

1. 10 月 2 日 21 时 40 分，就寝后与同寝室罪犯林×龙、宋×华聊天。

2. 10 月 5 日 22 时许，蒙头睡觉被发现，后能主动认错并书写检讨书。

3. 10 月 9 日 19 时 50 分，与罪犯路×军在监舍 401 小组门口因开玩笑不当发生推拉，后经他犯劝阻，避免了事态的进一步发展，也没有造成现场秩序混乱。

4. 10 月 10 日，9 月参加的经济学本科自学考试成绩公布，"西方经济学"成绩为合格。

5. 10 月 13 日 12 时许，在劳动场地就餐时，向同生产小组罪犯散布不认罪言论，经调查属实。

6. 10 月 14 日 9 时 35 分，消极怠工被罪犯梁×翔举报，经调查属实，经民警批评教育，主动认错并书写检讨书。

7. 10 月 19 日，罪犯梁×翔举报何×丁在监舍里聊天时曾发表危害国家统一的言论，经调查属实，后被给予记过。

8. 何×丁曾向公安机关检举罪犯梁×翔为两年前杭州市西湖区多起"白闯"案的犯罪

嫌疑人，10月28日，公安机关回函，经查证属实。

9. 本月，何×丁是定量劳动罪犯，劳动考核排位顺序在前35%~60%。

另外，上个月末时，该犯本考核周期得分为488分，其中监管改造、教育和文化改造、劳动改造三部分各自的累积分分别为164分、173分、151分，无专项加分，上期余分19分。

涉及罪犯何×丁的考核类文书有《违规事实确认书》《罪犯加扣分（专项加分）审批表》《罪犯无违规加分及劳动改造加分审批表》及《罪犯考核月评表》。

一、《违规事实确认书》

（一）法律（政策）依据及适用范围

《流程导则》第二十五条规定："给予罪犯单次适用扣2分且违规违纪行为事实清楚的，现场民警可以当场作出决定并开具《违规事实确认书》，违规罪犯签字捺印后，处理结果报分监区计分考核工作小组备案审查。"

《违规事实确认书》在罪犯的违规违纪行为符合《考核细则》第十五条、第十九条或者第二十三条之规定时适用。

（二）制作要点

1. "单位"须填写到分监区。

2. "编号"须先填写当年的年份，再填写分监区当年使用此表的顺序号。

3. "违规事实"须表述完整、客观。

4. 引用规范性文件时，条、款、项应具体而准确，并准确勾选属于哪一方面的扣分。

5. "罪犯确认"一栏，须由罪犯本人当场签字捺印。如果罪犯有异议拒签，民警应注明缘由，告知罪犯可以提出书面复查申请。

6. "开具民警签名"一栏，由现场管理的民警签名。

（三）文书的实际制作

10月，针对何×丁的违规行为，现场管理民警孔××曾经开具了一份《违规事实确认书》。

违规事实确认书

单位：浙江省第×监狱三监区一分监区　　　　　　　编号：2022 确认第 00116 号

罪犯编号	×××××××××	姓名	何×丁	罪名	盗窃罪
主要事实及根据	违规事实：<u>2022 年 10 月 2 日 21 时 40 分，何×丁就寝后与同寝室罪犯林×龙、宋×华聊天。</u> 　　根据《浙江省监狱计分考核罪犯工作实施细则》第 <u>十五</u> 条第 <u>/</u> 款第 <u>（三）</u> 项及《浙江省监狱计分考核工作流程导则（试行）》第 <u>二十五</u> 条第 /款第/项之规定，给予罪犯 扣√ <u>监管改造分</u> □ 教育和文化改造分 □ 劳动改造分 <u>2</u> 分。				
罪犯确认	本犯对此次违规及扣分无异议。 　　　　　　　　　　　　罪犯签名（捺印）：何×丁 　　　　　　　　　　　　　　　　2022 年 10 月 2 日				

开具民警签名：孔××

经自查该文书的制作较为规范。但是格式的设计却存在一些不足。

（四）格式设计的不足之处

1. "主要事实及根据"应改为"违规事实及依据"。

2. 引用法律（政策）时，"根据"应改为"依照"。

3. 《流程导则》中涉及《违规事实确认书》的条款只有第二十五条，且不分款，因此可以在文书格式中直接写明"第二十五条"，无需在制作时填写。

4. 不需要设置"罪犯确认"栏目，《考核细则》第四十一条第二款规定"对罪犯违规违纪行为事实清楚、证据确凿，且单次适用分值 2 分以下的扣分，现场民警可以当场作出决定，并报计分考核工作小组备案。"只要开具民警签了名，该文书就应该具有了法律效力。既遵循了效率原则，又可以和《罪犯加扣分（专项加分）审批表》保持一致，因为后者也没有设置"罪犯确认"栏目。《违规事实确认书》的主旨其实是"民警确认"，而非"罪犯确认"。罪犯如果不认可处理结果，可以依照《考核细则》第五十四条第一款之规定，提出书面复查申请，并在书面申请上签名捺印确认，而不是在《违规事实确认书》上签名捺印确认。

（五）对格式进行修改并制作新的文书

违规事实确认书

单位：浙江省第×监狱三监区一分监区 　　　　　　　　　　编号：2022 确认第 00116 号

罪犯编号	××××××××××	姓名	何×丁	罪名	盗窃罪
违规事实 及依据	违规事实：_2022 年 10 月 2 日 21 时 40 分，何×丁就寝后与同犯林×龙、宋×华__聊天，该犯认识到错误，自愿认错认罚。_ 　　依照《浙江省监狱计分考核罪犯工作实施细则》第 _十五_ 条第 _/_ 款第 _（三）_ 项及《浙江省监狱计分考核工作流程导则（试行）》第二十五条之规定，给予罪犯 扣 √ 监管改造分 □教育和文化改造分 □劳动改造分 2 分。				
现场管理 民警签名	孔×× 　　　　　　　　　　　　　　　2022 年 10 月 2 日				

二、《罪犯加扣分（专项加分）审批表》

《罪犯加扣分（专项加分）审批表》是一表三用，既可以用于一事一审批的加分，也可以用于扣分，还可用于专项加分。

（一）适用于一事一审批的加分时

1. 法律（政策）依据及适用范围。

《流程导则》第二十三条规定："给予罪犯除联号无违规加分、劳动改造加分外的其余加，由监区主办民警调查后提出建议，集体评议通过后，制作《罪犯加扣分（专项加分）审批表》经分监区、监区领导审核，报监狱法制部门审核，狱政管理部门一事一审批。"

《罪犯加扣分（专项加分）审批表》在罪犯的加分情形符合《考核细则》第十二条［第（一）项除外］或者第十三条之规定时适用。

2. 一事一审批加分的程序。

（1）事项登记，即罪犯出现加分情形时，由分监区主办民警发起并做好登记。

（2）调查取证，一事一审批加分由监区负责调查取证。

（3）审批，依照《流程导则》第二十三条之规定，由监区主办民警调查后提出建议，集体评议通过后，制作《罪犯加扣分（专项加分）审批表》经分监区、监区领导审核，报监狱法制部门审核，狱政管理部门一事一审批。

3. 制作要点。

（1）"单位"须填写到分监区。

（2）"事件事实"须表述完整、客观。

（3）引用规范性文件时，条、款、项、目必须具体、准确，并明确加分的幅度。

（4）各级审批意见依照《流程导则》第二十三条之规定签署。①"办案民警签名"，因为给予除联号无违规加分、劳动改造加分外的其他加分，由监区负责调查取证，所以属于一事一审批的所有加分都应由监区办案民警签名。②"法制员意见"，依照《流程导则》第二十三条之规定，一事一审批的加分需要由狱政管理部门审批，法制监督责任对应由监狱法制部门承担，分监区、监区法制员无需签署意见。③"分监区领导意见"，可表述为"经分监区计分考核工作小组集体评议，同意报监区领导审核"。④"监区领导意见"，可表述为"经审核，同意报法制部门审查"。⑤"法制部门意见"，因为法制部门只负责合法性审查，不可能也没有必要去核实，所以意见内容可表述为"经审查，符合法定加分情形，程序符合规定"。⑥"狱政管理部门意见"，因一事一审批加分的审批权限在狱政管理部门，可表述为"同意加×分"。

要注意的是，各审批层级若是变更上一个审批层级意见的，需要说明变更理由和结果。

4. 文书的实际制作。

10月，针对何×丁的自学考试加分情形，分监区曾经制作了一份《罪犯加扣分（专项加分）审批表》，并走了审批程序。

罪犯加扣分（专项加分）审批表

单位：浙江省第×监狱三监区一分监区

罪犯编号	××××××××××		姓名	何×丁	罪名	盗窃罪
主要事实及根据	事件事实：　参加了 2022 年 9 月经济学本科自学考试，2022 年 10 月 10 日公布成绩，"西方经济学"课程成绩为合格。 根据《浙江省监狱计分考核罪犯工作实施细则》第　十三　条第　/　款第　（一）　项《浙江省监狱计分考核工作裁量基准（试行）》第/条第/款第/项之规定，给予罪犯　加 5 分　。					
办案民警签名	签名：华× 2022 年 10 月 10 日		分监区领导意见	经分监区计分考核工作小组评议，建议加 5 分。 签章：陈×× 2022 年 10 月 10 日		
分监区法制员意见	签名： 　年　月　日					

监区法制员意见	签名： 年　月　日	监区领导意见	经审查，同意加5分。 签章：赵× 2022年10月10日
法制部门意见	经审核，同意加5分。 签章：孙× 2022年10月11日	狱政管理部门意见	同意加5分。 签章：钱×× 2022年10月11日
监狱计分考核工作组意见			签章： 年　月　日

经自查，发现有以下不够规范之处：

（1）依照《流程导则》第二十三条之规定，由监区主办民警调查后提出建议，集体评议通过后，制作《罪犯加扣分（专项加分）审批表》经分监区、监区领导审核，报监狱法制部门审核，狱政管理部门一事一审批。可知，"建议"应当由监区主办民警提出，分监区不应再次提出建议，另外监区领导的责任不仅是"审查"，还包括"核实"，也即责任是"审核"。

（2）一事一审批的加分，审批权限在狱政管理部门，其他审批层级是没有权力签署"同意加5分"的。

（3）"分监区法制员意见""监区法制员意见"及"监狱计分考核工作组意见"这三个栏目没有对应内容可以填写，但是不应该空着，应填写"／"。

（4）"法制部门意见"应表述为"经审查，符合法定加分情形，程序符合规定"，方可恰当体现应当履行的法制监督责任。

5. 格式设计的不足之处。

（1）扣分、专项加分和一事一审批的加分，各自的审批权限、流程都不相同，硬是使用同一份文书，不仅没有遵循效率原则，反而容易造成混乱，应设计单独的《罪犯加分审批表》。

（2）"主要事实及根据"应改为"事由及依据"。

（3）"事件事实"应改为"事由"。

（4）为保证语气通顺、自然，应将"根据"改为"情形符合"，将"给予罪犯"改为"应加"。

（5）因为《裁量基准》并不涉及一事一审批的加分，所以格式中应删去"《浙江省监狱计分考核工作裁量基准（试行）》第／条第／款第／项"。

（6）"办案民警签名"应改为"监区主办民警意见"。

（7）应删去"分监区法制员意见""监区法制员意见"及"监狱计分考核工作组意见"这3个栏目。

6. 对格式进行修改并制作新的文书。

对格式和前述制作上的不规范之处进行修改，并制作新的文书如下：

罪犯加分审批表

单位：浙江省第×监狱三监区一分监区

罪犯编号	××××××××××		姓名	何×丁	罪名	盗窃罪
事由 及依据	事由：参加了2022年9月经济学本科自学考试，2022年10月10日公布成绩，"西方经济学"课程成绩为合格。 情形符合《浙江省监狱计分考核罪犯工作实施细则》第 十三 条第 ／ 款第 （一） 项之规定，应加 5分 。					
监区主办 民警意见	建议加5分。 签名：华× 2022年10月10日		分监区 领导意见	经分监区计分考核工作小组集体评议，同意报监区领导审核。 签章：陈×× 2022年10月10日		
监区领导 意见	经审核，同意报法制部门审查。 签章：赵× 2022年10月10日					
法制部门 意见	经审查，符合法定加分情形，程序符合规定。 签章：孙× 2022年10月11日		狱政管理 部门意见	同意加5分。 签章：钱×× 2022年10月11日		

（二）适用于扣分时

1. 法律（政策）依据及适用范围。

《流程导则》第二十六条规定："给予罪犯单次适用扣5分，但符合情节轻微可以扣2分情形的，由分监区主办民警调查后提出建议，经分监区法制员审核，集体评议通过后，制作《罪犯加扣分（专项加分）审批表》由分监区领导审批。"

《流程导则》第二十七条规定："给予罪犯单次适用扣 5 分的，由分监区主办民警调查后提出建议，经分监区法制员审核，集体评议通过后，制作《罪犯加扣分（专项加分）审批表》由分监区领导审批。"

《流程导则》第二十八条规定："给予罪犯单次适用扣 10 分的，由监区主办民警调查后提出建议，集体评议通过后，制作《罪犯加扣分（专项加分）审批表》经分监区领导、监区法制员审核，报监区领导审批。"

《流程导则》第二十九条规定："给予罪犯单次适用扣 20 分及单项处罚的，由主办民警调查后提出建议，集体评议通过后，制作《罪犯加扣分（专项加分）审批表》或《罪犯单项处罚审批表》经分监区、监区领导审核，狱政管理部门和法制部门审核，报监狱计分考核工作组组长审批。"

《罪犯加扣分（专项加分）审批表》在罪犯的违规行为符合《考核细则》第十六条至第十八条、第二十条至第二十二条、第二十四条至第二十六之规定时适用，情节最终认定为"特别严重"的除外。另须注意的是，虽然第十六条第二款、第二十条第二款及第二十四条第二款都对部分情形在情节认定为"轻微"的情况下，不再是扣 5 分，而是扣 2 分，但是制作的仍然是《罪犯加扣分（专项加分）审批表》，而不是《违规事实确认书》。

2. 扣分程序。

（1）事件登记，监狱民警对可能涉及罪犯计分考核事件时，都应当及时受理，制作《罪犯加扣分事件登记表》。

（2）调查取证，罪犯发生违规行为时，由分监区初步判断违规性质并分级处理：①对涉及一次性扣 5 分的事件，由分监区确定主办民警调查取证；②对涉及一次性扣 10 分的事件，应向监区领导报告，由监区确定主办民警调查取证；③对涉及一次性扣 20 分的事件，应向监狱指挥中心报告，由监狱指挥中心通知主办民警负责调查取证。

（3）审批。严格依照《流程导则》第二十六条至第二十九条之规定走审批程序。

3. 制作要点。

（1）"单位"须填写到分监区。

（2）"事件事实"须表述完整、客观。

（3）引用规范性文件时，条、款、项、目必须具体、准确，并明确扣分的幅度。

（4）视违规情节的不同程度，由不同层次的民警主办案件：①给予罪犯单次适用扣 5 分，但认定情节轻微可以扣 2 分的，由分监区主办民警调查后提出建议；②给予罪犯单次适用扣 5 分的，由分监区主办民警调查后提出建议；③给予罪犯单次适用扣 10 分的，由监区主办民警调查后提出建议；④给予罪犯单次适用扣 20 分，由监狱业务科室主办民警调查后提出建议。

（5）法制部门或法制员意见：①分监区法制员仅对单次适用扣 5 分和单次适用扣 5 分但认定情节轻微可以扣 2 分的情形签署意见；②监区法制员仅对单次适用扣 10 分的情形

签署意见；③监狱法制部门仅对单次适用扣 20 分的情形签署意见。

法制部门或法制员的意见均可表述为"经审查，符合法定扣分情形，程序符合规定"。

4. 文书的实际制作。

10月，针对何×丁的违规行为，分监区曾经制作了四份《罪犯加扣分（专项加分）审批表》，并进入审批程序。

罪犯加扣分（专项加分）审批表（扣 5 分从轻）

单位：浙江省第×监狱三监区一分监区

罪犯编号	××××××××××	姓名	何×丁	罪名	盗窃罪
主要事实及根据	事件事实：2022 年 10 月 5 日 22 时许，该犯蒙头睡觉被夜互监发现，后能主动认错并书写检讨书。 根据《浙江省监狱计分考核罪犯工作实施细则》第 十六 条第 一 款第 （九） 项《浙江省监狱计分考核工作裁量基准（试行）》第 三 条第 一 款第 （一） 项之规定，给予罪犯 扣 2 分 。				
办案民警签名	签名：李× 2022 年 10 月 6 日	分监区领导意见		经集体评议，同意扣 2 分。 签章：陈×× 2022 年 10 月 6 日	
分监区法制员意见	经审查，符合法定扣分情形，程序符合规定。 签名：丁×× 2022 年 10 月 6 日				
监区法制员意见	／ 签名： 年　月　日	监区领导意见	／ 签章： 年　月　日		
法制部门意见	／ 签章： 年　月　日	狱政管理部门意见	／ 签章： 年　月　日		
监狱计分考核工作组意见	／ 签章： 年　月　日				

罪犯加扣分（专项加分）审批表（扣5分）

单位：浙江省第×监狱三监区一分监区

<table>
<tr><td>罪犯编号</td><td>××××××××××</td><td>姓名</td><td>何×丁</td><td>罪名</td><td>盗窃罪</td></tr>
<tr><td>主要事实及根据</td><td colspan="5">事件事实　2022年10月14日9时35分，该犯消极怠工被罪犯梁×翔举报，经调查属实，经民警批评教育，主动认错并书写检讨书。
根据《浙江省监狱计分考核罪犯工作实施细则》第 二十四 条第 一 款第（六）项《浙江省监狱计分考核工作裁量基准（试行）》第 ／ 条第 ／ 款第 ／ 项之规定，给予罪犯 扣5分 。</td></tr>
<tr><td>办案民警签名</td><td colspan="2">签名：李×
2022年10月14日</td><td colspan="2" rowspan="2">分监区领导意见</td><td rowspan="2">经集体评议，
同意扣5分。
签章：陈××
2022年10月14日</td></tr>
<tr><td>分监区法制员意见</td><td colspan="2">经审查，符合法定扣分情形，程序符合规定。
签名：丁××
2022年10月14日</td></tr>
<tr><td>监区法制员意见</td><td colspan="2">／
签名：
年　月　日</td><td colspan="2">监区领导意见</td><td>／
签章：
年　月　日</td></tr>
<tr><td>法制部门意见</td><td colspan="2">／
签章：
年　月　日</td><td colspan="2">狱政管理部门意见</td><td>／
签章：
年　月　日</td></tr>
<tr><td>监狱计分考核工作组意见</td><td colspan="5">／
签章：
年　月　日</td></tr>
</table>

罪犯加扣分（专项加分）审批表（扣10分）

单位：浙江省第×监狱三监区一分监区

罪犯编号	××××××××××	姓名	何×丁	罪名	盗窃罪

主要事实 及根据	事件事实：2022年10月9日19时50分，该犯与罪犯路×军在监舍401小组门口因开玩笑不当发生推拉，后经他犯劝阻，避免了事态的进一步发展，也没有造成现场秩序混乱。 　　根据《浙江省监狱计分考核罪犯工作实施细则》第　十七　条第　一　款第　（五）　项及《浙江省监狱计分考核工作裁量基准（试行）》第　／　条第　／　款第　／　项之规定，给予罪犯　扣10分　。

办案民警签名	签名：华× 2022年10月10日	分监区领导 意见	经集体评议，建议扣10分。 签章：陈×× 2022年10月10日
分监区法制员 意见	／ 签名： 年　月　日		
监区法制 员意见	经审查，符合法定扣分情形，程序符合规定。 签名：黄×× 2022年10月10日	监区领导 意见	同意扣10分。 签章：赵× 2022年10月10日
法制部门 意见	／ 签章： 年　月　日	狱政管理 部门意见	／ 签章： 年　月　日
监狱计分考核 工作组意见	／ 签章： 年　月　日		

罪犯加扣分（专项加分）审批表（扣20分）

单位：浙江省第×监狱三监区一分监区

罪犯编号	××××××××××	姓名	何×丁	罪名	盗窃罪

主要事实及根据	事件事实：2022年10月13日12时许，在劳动场地就餐时，向同生产小组罪犯散布不认罪言论，经调查属实。 根据《浙江省监狱计分考核罪犯工作实施细则》第 二十二 条第 一 款 （三） 项及《浙江省监狱计分考核工作裁量基准（试行）》第 ／ 条第 ／ 款第 ／ 项之规定，给予罪犯 扣20分 。		
办案民警签名	签名：钟× 2022年10月13日	分监区领导意见	经集体评议，建议扣10分。 签章：陈×× 2022年10月13日
分监区法制员意见	／ 签名： 年 月 日		
监区法制员意见	／ 签名： 年 月 日	监区领导意见	经审核，同意扣20分。 签章：赵× 2022年10月13日
法制部门意见	经审查，符合法定扣分情形，程序符合规定。 签章：孙× 2022年10月13日	狱政管理部门意见	经审查，同意扣20分。 签章：钱×× 2022年10月13日
监狱计分考核工作组意见	同意扣20分。 签章：王× 2022年10月13日		

经自查，制作上的不规范之处还是签署意见方面存在的老问题，不再赘述。

5. 格式设计的不足之处：

（1）应设计单独的《罪犯扣分审批表》。

（2）"主要事实及根据"应改为"事由及依据"。

（3）"事件事实"应改为"事由"。

（4）为保证语气通顺、自然，应将"根据"改为"情形符合"，将"给予罪犯"改为"应扣"。

（5）两份被引用的规范性文件之间应添加"及"。

（6）"办案民警签名"应改为"办案民警意见"。

（7）"法制部门意见"和"狱政管理部门意见"在格式中的前后位置应当对调。

6. 对格式进行修改并制作新的文书。

以扣20分的违规事件为例，对格式和审批意见进行修改，并制作新的文书如下：

罪犯扣分审批表

单位：浙江省第×监狱三监区一分监区

罪犯编号	××××××××××	姓名	何×丁	罪名	盗窃罪
事由及依据	事由：2022年10月13日12时许，在劳动场地就餐时，向同生产小组罪犯散布不认罪言论，经调查属实。 情形符合《浙江省监狱计分考核罪犯工作实施细则》第 二十二 条第 一 款第 （三） 项及《浙江省监狱计分考核工作裁量基准（试行）》第 ／ 条第 ／ 款第 ／ 项之规定，应扣 20分 。				
办案民警意见	建议扣20分。 签名：钟× 2022年10月13日		分监区领导意见	经分监区计分考核工作小组集体评议，同意报监区领导审核。 签章：陈×× 2022年10月13日	
分监区法制员意见	／ 签名： 年　月　日				
监区法制员意见	／ 签名： 年　月　日		监区领导意见	经审核，同意报狱政管理部门审查。 签章：赵× 2022年10月13日	
狱政管理部门意见	经审查，同意报法制部门进一步审查。 签章：钱×× 2022年10月13日		法制部门意见	经审查，符合法定扣分情形程序符合规定。 签章：孙× 2022年10月13日	

监狱计分考核 工作组意见	同意扣 20 分。 签章：王× 2022 年 10 月 13 日

（三）适用于专项加分时

1. 法律（政策）依据及适用范围。

《流程导则》第二十四条规定："给予罪犯专项加分的，由监狱主办民警调查后提出建议，集体评议通过后，制作《罪犯加扣分（专项加分）审批表》经分监区、监区领导审核，狱政管理部门和法制部门审核，报计分考核工作组副组长审批，并抄送驻监检察室。"

《罪犯加扣分（专项加分）审批表》在罪犯有符合《考核细则》第二十七条第一款规定的情形时适用。

2. 专项加分的程序：

（1）事项登记，即罪犯出现专项加分情形时，由分监区主办民警发起并做好登记。

（2）调查取证，专项加分由监狱主办民警负责调查取证。

（3）审批，依照《流程导则》第二十四条之规定走审批程序。

3. 制作要点：

（1）引用规范性文件时，条、款、项必须具体、准确，并明确专项加分的幅度。

（2）"办案民警意见"应由监狱指定的主办民警签署意见。

4. 文书的实际制作。

10月，针对何×丁的专项加分情形，分监区制曾经制作了一份《罪犯加扣分（专项加分）审批表》，并进入审批程序。

罪犯加扣分（专项加分）审批表

单位：浙江省第×监狱三监区一分监区

罪犯编号	××××××××××	姓名	何×丁	罪名	盗窃罪
主要事实 及根据	事件事实：何×丁曾向公安机关检举罪犯梁×翔为两年前杭州市西湖区多起"白闯"案的犯罪嫌疑人，2022 年 10 月 28 日，公安机关回函，经查证属实。 根据《浙江省监狱计分考核罪犯工作实施细则》第 二十七 条第 一 款第 （一） 项及《浙江省监狱计分考核工作裁量基准（试行）》第 ／ 条第 ／ 款第 ／ 项之规定，给予罪犯 专项加分100分 。				

办案民警 签名	签名：李× 2022 年 10 月 29 日	分监区领导 意见	经集体评议，建议给予专项加分 100 分。 签章：陈×× 2022 年 10 月 29 日
分监区法 制员意见	/		
监区法制员 意见	/	监区领导 意见	经审核，同意予专项加分 100 分。 签章：赵× 2022 年 10 月 29 日
法制部门 意见	经审核，同意给予专项加分 100 分。 签章：孙× 2022 年 10 月 31 日	狱政管理 部门意见	经审核，同意给予专项加分 100 分。 签章：钱×× 2022 年 10 月 31 日
监狱计分考核 工作组意见	同意给予专项加分 100 分。 签章：王× 2022 年 10 月 31 日		

经自查，制作上的不规范之处依旧是签署意见方面存在的老问题，不再赘述。

5. 格式设计的不足之处：

（1）应设计单独的《罪犯专项加分审批表》。

（2）"主要事实及根据"应改为"事由及依据"。

（3）"事件事实"可以改为"事由"。

（4）为保证语气通顺、自然，应将"根据"改为"情形符合"，将"给予罪犯"改为"应给予专项加分"。

（5）应删去"《浙江省监狱计分考核工作裁量基准（试行）》第＿＿条第＿＿款第＿＿项"。

（6）应删去"分监区法制员意见"及"监区法制员意见"这两个栏目。

6. 对格式进行修改并制作新的文书。

对格式和审批意见进行修改，并制作新的文书如下：

罪犯专项加分审批表

单位：浙江省第×监狱三监区一分监区

罪犯编号	××××××××××	姓名	何×丁	罪名		盗窃罪
事由及依据	事由：何×丁曾向公安机关检举罪犯梁×翔为两年前杭州市西湖区多起"白闯"案的犯罪嫌疑人，2022年10月28日，公安机关回函，经查证属实。 情形符合《浙江省监狱计分考核罪犯工作实施细则》第 二十七 条第 一 款第 （一） 项之规定，应给予专项加分 100分 。					
办案民警意见	建议给予专项加分100分。 签名：李× 2022年10月29日		分监区领导意见	经分监区计分考核工作小组集体评议，同意报监区领导审核。 签章：陈×× 2022年10月29日		
监区领导意见	经审核，同意报狱政管理部门审查。 签章：赵× 2022年10月29日					
狱政管理部门意见	经审查，同意报法制部门进一步审查。 签章：钱×× 2022年10月31日		法制部门意见	经审查，符合给予专项加分法定情形，程序符合规定。 签章：孙× 2022年10月31日		
监狱计分考核工作组意见	同意给予专项加分100分。 签章：王× 2022年10月31日					

三、《罪犯无违规加分及劳动改造加分审批表》

（一）法律（政策）依据及适用范围

《流程导则》第二十二条规定："给予罪犯本人及联号无违规加分、劳动改造加分的，由分监区主办民警调查后提出建议，集体评议通过后，制作加分汇总表，经分监区、监区领导审核，报监狱法制部门审核，狱政管理部门批量审批。"

《罪犯无违规加分及劳动改造加分审批表》适用于《考核细则》第十二条第（一）项

或者第十四条规定的加分情形。

（二）制作要点

1. 给予罪犯本人及联号无违规加分、劳动改造加分的，由分监区负责调查取证。

2. 单位填至分监区，有多个分监区的依次汇总，日期填当月的最后一天。

3. 罪犯无违规加分的"加分事由"分三种情况填写：

（1）本人及联号人员无违规。

（2）本人无违规，联号人员违规时本人不在现场。

（3）本人无违规，联号人员违规时已尽联号责任。

4. 劳动改造加分的"加分事由"分两种情况填写：

（1）定量劳动加排位，如"定量劳动，排位在前 35%～60%"。

（2）定时劳动加排位，如"定时劳动，排位在前 10%"。

5. 该文书已经将审批意见格式化，各级只需根据表格设定的内容填写，签字并写明日期。

（三）文书的实际制作

三监区一分监区制作的 10 月批量审批的文书见下表：

罪犯无违规加分及劳动改造加分审批表

单位：浙江省第×监狱三监区一分监区　　　　　　　　　　　　　　　2022 年 10 月 31 日

序号	罪犯姓名	加分事由	加分分值	加分事由	加分分值
1	何×丁	本人有违规	0	定量劳动，排位在前 35%～60%	5
2	蔡×智	本人有违规	0	定时劳动，排位在前 10%～25%	10
3	李×凯	本人无违规，联号人员违规时本人不在现场	5	定量劳动，排位在前 15%～35%	10
4	……	……	……	……	……
5	……	……	……	……	……
6	……	……	……	……	……
……	……	……	……	……	……

办案民警意见	拟给予罪犯 89 人加分。 签名：李× 2022 年 10 月 31 日
分监区领导意见	经分监区计分考核工作小组评议，同意给予加分。 签名：陈×× 2022 年 10 月 31 日
监区领导意见	同意分监区意见。 签名：赵× 2022 年 10 月 31 日
法制部门意见	经审核，同意监区意见。 签名：孙× 2022 年 11 月 1 日
狱政管理部门意见	同意给予加分。 签名：钱×× 2022 年 11 月 1 日

"加分事由"和"加分分值"栏目名称中的关键词均是"加分"，因此只有在有加分时才需填写相关内容。经自查，若罪犯本人因有违规不予加 5 分时，这两个栏目均应填写"/"。

（四）格式设计的不足之处

1. 两种"加分事由"和"加分分值"均应注明是无违规加分还是劳动改造加分，否则容易造成混乱。

2. 既然将审批意见格式化，格式化后的意见更应讲究规范性。

（五）对格式进行修改并制作新的文书

对格式和审批意见进行修改，并制作新的文书如下：

罪犯无违规加分及劳动改造加分审批表

单位：浙江省第×监狱三监区一分监区　　　　　　　　　　　　2022 年 10 月 31 日

序号	罪犯姓名	无违规加分事由	无违规加分分值	劳动改造加分事由	劳动改造加分分值
1	何×丁	/	/	定量劳动，排位在前 35%～60%	5
2	蔡×智	/	/	定时劳动，排位在前 10%～25%	10
3	李×凯	本人无违规，联号人员违规时本人不在现场	5	定量劳动，排位在前 15%～35%	10
4	……	……	……	……	……
5	……	……	……	……	……
6	……	……	……	……	……
……	……	……	……	……	……
分监区主办民警意见	建议给予罪犯__89__人加分。 签名：李× 2022 年 10 月 31 日				
分监区领导意见	经分监区计分考核工作小组评议，同意报监区领导审核。 签名：陈×× 2022 年 10 月 31 日				
监区领导意见	经审核，同意报法制部门审查。 签名：赵× 2022 年 10 月 31 日				
法制部门意见	经审查，符合法定加分情形，程序符合规定。 签名：孙× 2022 年 11 月 1 日				

狱政管理部门意见	同意给予罪犯 89 人加分。 签名：钱×× 2022 年 11 月 1 日

四、《罪犯考核月评表》

（一）概念

《罪犯考核月评表》是记载和反映罪犯当月基础分得分情况、加扣分（专项加分）事由、分值、依据，以及考核周期内考核分累积情况，并经罪犯本人核对，分监区审核、监区法制员审核、监区审批的执法文书。

该文书是记载罪犯日常改造表现的重要凭证，也是监狱对罪犯提请减刑假释时应当向人民法院提交的证据材料之一。

（二）法律（政策）依据

《流程导则》第三十七条规定："分监区对罪犯当月各项改造数据应及时分类汇总公示，经罪犯核对，分监区领导审核，制作《罪犯考核月评表》《罪犯考核月汇总表》，报监区法制员审核，监区领导审批后予以公示。"

（三）制作要点

1."单位"填至罪犯所在的分监区。

2."项目"分为监管改造、教育和文化改造、劳动改造及专项加分四个部分，其中，前三项又分别设置了"基础分"、"加分"及"扣分"三栏。监管改造基础分为35分，教育和文化改造基础分为35分，劳动改造基础分为30分，"加分"及"扣分"则需要填写"加、扣分主要事由"。有两个注意事项：

（1）监管改造、教育和文化改造、劳动改造及专项加分四个部分相互之间独立，得分不可相互替补。

（2）"加、扣分主要事由"可以概述为："什么时间（什么人）在什么地点因为什么做了什么事情"，同时记载的加分、扣分、专项加分都必须以《违规事实确认书》《罪犯加扣分（专项加分）审批表》《罪犯无违规加分及劳动改造加分审批表》《单项处罚审批表》及《禁闭审批表》等文书作为原始凭据。

3."本月考核得分"中，"监管改造"填写的是本月基础分35分加上监管改造加分、再减去监管改造扣分后得到的数值，"教育和文化改造"及"劳动改造"两栏同理。"本月得分"则是"监管改造""教育和文化改造""劳动改造"及"专项加分"四栏数值之和。

4."本考核期得分"中，"监管改造"填写本月监管改造得分与本考核周期至上月末时监管改造累积分之和，"教育和文化改造""劳动改造"及"专项加分"三栏同理。"累计得分"则是"监管改造""教育和文化改造""劳动改造"及"专项加分"四栏数值之和。

5. "上期余分"指的是上个考核周期得分扣除600分之后的余分。

6. "罪犯本人签名"栏目应交由罪犯本人核对文书中的分值，并签名。要注意的是，依照《流程导则》第四十条之规定，罪犯对复查复核结果不服或拒绝在《罪犯考核月评表》上签字的，由分监区法制员、分监区领导在"备注栏"中签字注明。

7. 各级审批意见应依照《流程导则》第三十七条规定之规定签署：

（1）"主管民警意见"由分监区主管考核工作、并汇总考核数据的民警签署意见并签名。法定程序中虽然没有涉及主管民警，但是在实际工作中，主管民警是审核分值的第一关，因此在《罪犯考核月评表》特意设置了"主管民警意见"一栏，意见内容可以表述为"经审核，无误"。

（2）"计分考核工作小组负责人意见"由担任计分考核工作小组负责人的分监区领导签署，可以表述为"经审核，无误"。

（3）"监区法制员意见"可以表述为"经审查，材料规范，程序符合规定"。

（4）"监区领导意见"可以表述为"同意考核月评结果"。

要注意的是，各审批层级若是变更上一个审批层级意见的，需要说明变更理由和结果。

8. "备注"一栏填写的是需要特别说明的事项。如对罪犯拒绝在《罪犯考核月评表》上签名的处理；再如监区应将当月有一次性扣20分或月累计扣30分以上及专项加分、单项处罚罪犯的《罪犯考核月评表》，报监狱法制部门、狱政管理部门备案审查。

（四）文书的实际制作

罪犯考核月评表

（2022年10月）

单位：三监区一分监区　　　姓名：何×丁　　　岗位：操作工　　　罪犯编号：×××××××××

项目	基础分	加分	扣分	加、扣分主要事由
监管改造	35		2	10月2日21时40分，就寝后与同寝室罪犯林×龙、宋×华聊天。
			2	10月5日22时许，蒙头睡觉被夜互监发现，后能主动认错并书写检讨书。
			10	10月9日19时50分，该犯与罪犯路×军在监舍401小组门口因开玩笑不当发生推拉，后经他犯劝阻，避免了事态的进一步发展，也没有造成现场秩序混乱。

教育和文化改造	35	5		参加经济学本科自学考试，10月10日公布成绩，"西方经济学"课程成绩为合格。
			20	10月13日12时许，在劳动场地就餐时，向同生产小组罪犯散布不认罪言论，经调查属实。
			200	10月19日，罪犯梁×翔举报何×丁在监舍里聊天时曾发表危害国家统一的言论，经调查属实，后被给予记过。
劳动改造	30	5		定量劳动罪犯，本月劳动考核排位顺序在前35%~60%。
			5	10月14日9时35分，该犯消极怠工被罪犯梁×翔举报，经调查属实。
				/
专项加分	100			10月21日，何×丁向公安机关检举梁×翔为两年前杭州市西湖区多起"白闯"案的犯罪嫌疑人，并提供了有价值的破案线索，经公安查证属实。

本月考核得分					本考核期得分					
监管改造	教育和文化改造	劳动改造	专项加分	本月得分	监管改造	教育和文化改造	劳动改造	专项加分	累计得分	上期余分
21	−180	30	100	−29	185	−7	181	100	459	19

| 罪犯本人签名 | 签名：何×丁　2022年11月7日 | 主管民警意见 | 经审核，无误。　签名：陆×　2022年11月7日 |
| 计分考核工作小组负责人意见 | 经审核，无误。　签章：陈××　2022年11月8日 | 监区法制员意见 | 经审查，材料规范，程序符合规定。　签名：黄×　2022年11月9日 |

监区领导 意见	同意考核月评结果。 签名：赵× 2022 年 11 月 11 日
备注	本文书须报监狱法制部门、狱政管理部门备案审查。

经自查，制作没有问题，但是在格式设计上有两个问题：

1. 专项加分和加分性质不同，因此文书中的"加、扣分主要事由"应改为"主要事由"。

2. "本考核期得分"应改为"本考核周期得分"。

其他不再赘述。

第二节　奖惩类文书

[情境七] 2022 年 10 月 11 日 6 时 43 分，罪犯任×剑被罪犯杨×坤漱口水溅至脸上，遂发生争吵，杨×坤先动手致相互推拉，推拉过程中，任×剑用脸盆砸向杨×坤致其倒地，杨×坤顿时被激怒，起身后抓起边上的拖把向任×剑的头部挥去，击中左额导致出血。在杨×坤正准备继续击打任×剑时，罪犯何×锐正端着脸盆进洗漱间，见此情形立刻丢下脸盆冲上前，紧紧抓住杨×坤抡起拖把的双臂，避免了事态的进一步发展。罪犯杨×坤、任×剑被值班民警及时控制。事后，杨×坤被关押至防控室，任×剑经鉴定构成轻微伤。

1. 该事件发生后，监狱指挥中心通知办案民警负责调查取证，办案民警在调查后提出建议：

（1）杨×坤在与任×剑争吵、推拉过程中均过错在先，后又不计后果持拖把实施报复，致对方轻微伤，情形符合《考核细则》第十八条第一款第（八）项及《裁量基准》第六条第一款第（八）项第 2 目之规定，建议给予杨×坤禁闭十天。

（2）任×剑用脸盆砸杨×坤致其倒地，对事态升级负有责任，情形符合《考核细则》第十八条第一款第（八）项及《裁量基准》第六条第一款第（八）项第 2 目之规定，建议给予任×剑警告。

（3）何×锐在关键时刻能够挺身而出，阻止他人斗殴，情形符合《考核细则》第二十七条第一款第（五）项之规定，建议给予专项加分 50 分。

2022 年 10 月 12 日，浙江省第×监狱九监区三分监区召开民警会议讨论办案民警提出的建议，经集体评议，认为事实清楚、建议合理合规，同意报监区领导审核。

2. 10 月结束后，何×锐计分考核情况：上期余分 35 分，本考核周期自 2022 年 5 月 1 日起至 2022 年 10 月 31 日止，本考核周期得分 695 分，其中监管改造得分 250 分，教育改造得分 215 分，劳动改造得分 180 分，10 月有专项加分 50 分，等级评定结果为"积极"等级，按规定，应给予何×锐相应奖励。

一、《罪犯单项处罚审批表》

（一）概念

《罪犯单项处罚审批表》是监狱对具有法定破坏监管秩序情形的罪犯，经审批程序给予单项处罚的审批文书。

给予罪犯的单项处罚分为警告、记过、禁闭三种，但是《罪犯单项处罚审批表》只适用于给予罪犯警告、记过，而给予禁闭有专门的《罪犯禁闭审批表》。

（二）法律（政策）依据

《中华人民共和国监狱法》第五十八条第一款列举的八种项情形都适用给予警告、记过。

依照《考核细则》之规定，罪犯有第十七条第一款第（一）至（十六）项、第十八条第一款、第二十二条第一款第（一）、（二）项、第二十六条第一款所列情形之一且情节特别严重的，给予单项处罚。要注意的是，对于情节特别严重的认定，须引用《裁量基准》的相关规定。

《流程导则》第二十九条规定："给予罪犯单次适用扣 20 分及单项处罚的，由主办民警调查后提出建议，集体评议通过后，制作《罪犯加扣分（专项加分）审批表》或《罪犯单项处罚审批表》经分监区、监区领导审核，狱政管理部门和法制部门审核，报监狱计分考核工作组副组长审批。"

（三）制作要点

1. "单位"填写至罪犯所在的分监区。

2. "主要事实及根据"分两段填写。

（1）"事件事实"应将给予处罚的违规事实表述清楚，如果是一个单独的违规事实，应将行为发生的时间、地点、人物、起因、过程、结果等基本事实要素完整表述。

（2）引用规范性文件，条、款、项、目应具体、准确，给予罪犯的单项处罚是警告还是记过应加以明确。

3. 各级审批意见应依照《流程导则》的相关规定签署，不再赘述。

（四）文书的实际制作

对于任×剑的违规行为，分监区曾经制作了一份《罪犯单项处罚审批表》，并走了审批程序。

罪犯单项处罚审批表

单位：浙江省第×监狱九监区三分监区

罪犯编号	×××××××××	姓名	任×剑	罪名	盗窃罪
主要事实及根据	事件事实：2022年10月11日6时43分，罪犯任×剑被罪犯杨×坤漱口水溅至脸上，遂发生争吵，后相互推拉，推拉过程中，任×剑用脸盆砸向杨×坤，致杨×坤倒地。 　根据《浙江省监狱计分考核罪犯工作实施细则》第　十八　条第　一　款第　（八）　项以及《浙江省监狱计分考核工作裁量基准（试行）》第　六　条第　一　款第　（八）　项第　2　目之规定，给予罪犯　警告处罚，扣200分处理　。				
分监区计分考核工作小组意见	经评议，建议给予罪犯　任×剑警告处罚，扣200分处理　。 签章：赖× 2022年10月12日				
监区意见	经审核，同意给予罪犯　任×剑警告处罚，扣200分处理　。 签章：黄×× 2022年10月12日				
狱政管理部门意见	经审核，同意。 签章：耿×× 2022年10月13日				
法制部门意见	经审核，同意。 签章：戴×× 2022年10月13日				
监狱计分考核工作组意见	同意。 签章：范× 2022年10月13日				

经事后分监区自查，该文书在制作上存在以下几个问题：

1. 警告本就是单项处罚，没必要填写"警告处罚"，"处罚"二字纯属多余，同时整份文书都是关于罪犯任×剑的，审批意见中没必要再重复填写罪犯姓名，如"同意给予任×剑警告处罚"。

2. "扣200分处理"也属多余，文书的主旨是"单项处罚"，所有填写的内容均应围绕这个主旨。另外，一旦给予了记过，在对其当月的考核中即可扣去200分，不需要再走一次审批流程。

3. 审批意见的规范性方面依旧存在一些旧问题，不再赘述。

（五）格式设计的不足之处

1. "主要事实及根据"应改为"事由及依据"。

2. "事件事实"应改为"事由"。

3. 为保证语气通顺、自然，应将"根据"改为"情形符合"，将"给予罪犯"改为"应给予"。

4. 引用法律（政策）依据不够全面，缺少相对比较重要的《中华人民共和国监狱法》相关条款。

5. 没有依照《流程导则》第二十九条之规定展现完整的审批程序，应增设"主办民警意见"。

（六）对格式进行修改并制作新的文书

对格式和前述实际制作中存在的问题进行修改，制作新的文书如下：

罪犯单项处罚审批表

单位：浙江省第×监狱九监区三分监区

罪犯编号	××××××××××	姓名	任×剑	罪名	盗窃罪
事由及依据	事由：2022年10月11日6时43分，罪犯任×剑被罪犯杨×坤漱口水溅至脸上，遂发生争吵，后相互推拉，推拉过程中，任×剑用脸盆砸向杨×坤，致杨×坤倒地。 情形符合《中华人民共和国监狱法》第 五十八 条第 一 款第 （四） 项、《浙江省监狱计分考核罪犯工作实施细则》第 十八 条第 一 款第 （八） 项以及《浙江省监狱计分考核工作裁量基准（试行）》第 六 条第 一 款第 （八） 项第 2 目之规定，应给予 警告 。				
主办民警意见	建议给予警告。 签章：陈×× 2022年10月12日				

分监区计分考核工作小组意见	经集体评议，同意报监区领导审核。 签章：赖× 2022 年 10 月 12 日
监区意见	经审核，同意报狱政管理部门审查。 签章：黄×× 2022 年 10 月 12 日
狱政管理部门意见	经审查，同意报法制部门进一步审查。 签章：耿×× 2022 年 10 月 13 日
法制部门意见	经审查，符合给予警告的法定情形，程序符合规定。 签章：戴×× 2022 年 10 月 13 日
监狱计分考核工作组意见	同意给予警告。 签章：范× 2022 年 10 月 13 日

二、《罪犯禁闭审批表》

（一）概念

《罪犯禁闭审批表》是监狱对具有法定破坏监管秩序情形的罪犯，经审批程序给予禁闭的审批文书。

禁闭是单项处罚的一种，是对特别严重的违规行为实施的最严厉的惩罚措施。其本身也带有预防作用，即把罪犯单独关押后，使其无法继续实施违规行为，同时促其冷静思考反思自己的问题，不至于今后再次出现类似的违规行为。

（二）法律（政策）依据

《中华人民共和国监狱法》第五十八条第一款列举的八种项情形都适用给予禁闭。

依照《考核细则》之规定，罪犯有第十七条第一款第（一）至（十六）项、第十八条第一款、第二十二条第一款第（一）、（二）项、第二十六条第一款所列情形之一且情节特别严重的，给予单项处罚。要注意的是，对于情节特别严重的认定，须引用《裁量基准》的相关规定。

《流程导则》第二十九条规定："给予罪犯单次适用扣20分及单项处罚的，由主办民警调查后提出建议，集体评议通过后，制作《罪犯加扣分（专项加分）审批表》或《罪犯单项处罚审批表》经分监区、监区领导审核，狱政管理部门和法制部门审核，报监狱计分考核工作组副组长审批。"

给予罪犯禁闭，一般情况下应经分监区民警集体评议后报批。特殊情况下如违规罪犯具有较高的现实危险性，可以在口头请示各级领导同意后，先送禁闭室关押，后补办审批手续，禁闭的起始日从送禁闭室关押的当天开始计算。

（三）制作要点

1."单位"填写至罪犯所在的分监区。

2."健康状况"应填写"健康"或者"患有××疾病"，有具体疾病的应写明疾病名称及程度。

3."申请依据"须分两段填写，包括事由和法律（政策）依据。

4.填写"申请期限"时须注意不得违法，依照《中华人民共和国监狱法》第五十八条第二款之规定，对罪犯实行禁闭的期限为七天至十五天。

5.监狱计分考核工作组副组长签署监狱意见时，内容中应包括具体的禁闭起止日期。另外在实际工作中，禁闭的期限自禁闭之日起至解除禁闭之日止，不按足日计算。

6."罪犯禁闭期间的表现"由执行禁闭管理的分监区领导填写并签名。对罪犯在禁闭期间的表现作出客观的评价，并提出解除禁闭的建议。对禁闭期限已到，罪犯尚无正确认识或者原有危险性仍未消除的，应如实鉴定，并提出解除禁闭后加强管理教育的意见。

7."解除禁闭情况"一栏的填写内容已格式化，只需填入罪犯姓名、解除禁闭的日期即可。监狱计分考核工作组副组长、执行禁闭管理的分监区领导应分别签名并注明日期。

（四）文书的实际制作

对于杨×坤的违规行为，分监区曾经制作了一份《罪犯禁闭审批表》，并走了审批程序。

罪犯禁闭审批表

单位：浙江省第×监狱九监区三分监区　　　　　　　　　　编号：×××××××××

姓名	杨×坤	性别	男	出生日期		1988年8月1日
罪名	故意伤害罪	刑种	无期徒刑	刑期	/	健康状况	健康

申请依据	2022 年 10 月 11 日 6 时 43 分，罪犯任×剑被罪犯杨×坤漱口水溅至脸上，遂发生争吵，杨×坤先动手致相互推拉，推拉过程中，任×剑用脸盆砸向杨×坤致其倒地，杨×坤顿时被激怒，起身后抓起边上的拖把向任×剑的头部挥去，击中左额导致出血。在杨×坤正准备继续击打任×剑时，罪犯何×锐冲上前去紧紧抓住杨×坤双臂，避免了事态的进一步发展，事后，任×剑经鉴定构成轻微伤。 　　依照《中华人民共和国监狱法》第五十八条第一款第（四）项、《浙江省监狱计分考核罪犯工作实施细则》第十八条第一款第（八）项及《浙江省监狱计分考核工作裁量基准（试行）》第六条第一款第（八）项第 2 目之规定，应给予杨×坤禁闭十天。
申请期限	经分监区民警会议合议，建议给予罪犯杨×坤禁闭十天。 签名：赖× 2022 年 10 月 12 日
监区意见	同意报狱政管理部门审核。 签章：黄×× 2022 年 10 月 12 日
狱政部门意见	经审核，同意报监狱领导审批。 签章：耿×× 2022 年 10 月 13 日
监狱意见	同意禁闭十天，自 2022 年 10 月 13 日起至 2022 年 10 月 22 日止。 签章：范× 2022 年 10 月 13 日
罪犯禁闭期间表现	该犯在禁闭期间能遵守各项管理规定，深刻反思自己的错误言行，表示今后将理性处理罪犯之间的矛盾冲突，有事找警官处理。建议按期解除禁闭。 签章：云× 2022 年 10 月 22 日

解除禁闭情况	对罪犯 杨×坤 已于 2022 年 10 月 22 日解除禁闭。 批准人（签章）：范×　　　　　　　执行人（签章）：云× 2022 年 10 月 22 日　　　　　　　2022 年 10 月 22 日

（五）格式设计的不足之处

文书格式存在的不足之处有：

1. "申请依据"应改为"事由及依据"。

2. 应将"申请期限"改为"主办民警意见"，因为申请期限应在主办民警签署意见时提出。

3. 没有依照《流程导则》第二十九条之规定展现完整的审批程序。

（六）对格式进行修改并制作新的文书

对格式进行修改，制作新的文书如下：

罪犯禁闭审批表

单位：浙江省第×监狱九监区三分监区　　　　　　　　　　编号：×××××××××

姓名	杨×坤	性别	男	出生日期		1988 年 8 月 1 日
罪名	故意伤害罪	刑种	无期徒刑	刑期	/ 健康状况	健康
事由及依据	事由：2022 年 10 月 11 日 6 时 43 分，罪犯任×剑被罪犯杨×坤漱口水溅至脸上，遂发生争吵，杨×坤先动手致相互推拉，推拉过程中，任×剑用脸盆砸向杨×坤致其倒地，杨×坤顿时被激怒，起身后抓起边上的拖把向任×剑的头部挥去，击中左额导致出血。在杨×坤正准备继续击打任×剑时，罪犯何×锐冲上前去紧紧抓住杨×坤双臂，避免了事态的进一步发展，事后，任×剑经鉴定构成轻微伤。 情形符合《中华人民共和国监狱法》第五十八条第一款第 （四） 项、《浙江省监狱计分考核罪犯工作实施细则》第 十八 条第 一 款第 （八） 项及《浙江省监狱计分考核工作裁量基准（试行）》第 六 条第 一 款第 （八） 项第 2 目之规定，应给予禁闭。						

主办民警意见	建议给予禁闭十天。 　　　　　　　　　　　　　　　　签章：陈×× 　　　　　　　　　　　　　　2022 年 10 月 12 日
分监区计分考核工作小组意见	经集体评议，同意报监区领导审核。 　　　　　　　　　　　　　　　　签章：赖× 　　　　　　　　　　　　　　2022 年 10 月 12 日
监区意见	经审核，同意报狱政管理部门审查。 　　　　　　　　　　　　　　　　签章：黄×× 　　　　　　　　　　　　　　2022 年 10 月 12 日
狱政管理部门意见	经审查，同意报法制部门进一步审查。 　　　　　　　　　　　　　　　　签章：耿×× 　　　　　　　　　　　　　　2022 年 10 月 13 日
法制部门意见	经审查，符合给予禁闭的法定情形，程序符合规定。 　　　　　　　　　　　　　　　　签章：戴×× 　　　　　　　　　　　　　　2022 年 10 月 13 日
监狱计分考核工作组意见	同意给予禁闭十天，自 2022 年 10 月 13 日起至 2022 年 10 月 22 日止。 　　　　　　　　　　　　　　　　签章：范× 　　　　　　　　　　　　　　2022 年 10 月 13 日

罪犯禁闭期间表现	在禁闭期间能遵守各项管理规定，深刻反思自己的错误言行，表示今后将理性处理罪犯之间的矛盾冲突，有事找警官处理。建议按期解除禁闭。 签章：云× 2022 年 10 月 22 日
解除禁闭情况	对罪犯____杨×坤____已于____2022____年____10____月____22____日解除禁闭。 批准人（签章）：范×　　　　　　执行人（签章）：云× 2022 年 10 月 22 日　　　　　　　　2022 年 10 月 22 日

三、《罪犯奖励审批表》

（一）概念

《罪犯奖励审批表》是罪犯考核积分满 600 分时，依照《考核细则》的相关规定，经监狱逐级审批，给予表扬或者物质奖励或者既给予表扬又给予物质奖励时制作的执法文书。

（二）法律（政策）依据

1. 依照《考核细则》第五十六条第一款之规定，一个考核周期结束，计分考核工作小组应当根据等级评定结果，按照以下原则报计分考核工作组审批、兑现：

（1）被评为积极等级的，给予表扬，可以同时给予物质奖励。

（2）被评为合格且每月考核分均不低于基础分的，给予表扬。

（3）被评为合格等级但有任何一个月考核分低于基础分的，给予物质奖励。

（4）被评为不合格等级的，不予奖励并应当给予批评教育。

2. 《考核细则》第五十六条第三款规定："一个考核周期结束，从考核积分中扣除600 分，剩余积分转入下一个考核周期。"

3. 《流程导则》第三十条规定："确定评定等级及给予表扬和物质奖励的，由主办民警提出建议，集体评议通过后，制作《罪犯奖励审批表》分监区领导、监区领导审核签字，经法制和狱政管理部门审核，报监狱计分考核工作组副组长审批。"

（三）制作要点

1. "单位"填写至罪犯所在的分监区。

2. "本考核期起止"指本考核周期的起始月至截止月。（注：自本考核周期开始月起，至得分加上期余分后达到或者超过 600 分时的考核月止，为一个考核周期。）

3. "等级评定结果"分为积极、合格、不合格三个等级填写，等级评定是监狱依照

《考核细则》第三十五条至第三十八条之规定，在日常计分基础上对罪犯一个考核周期内改造表现给予的综合评价。

4. 各级审批意见应依照《流程导则》第三十条之规定签署。

（四）文书的实际制作

分监区制作了一份《罪犯奖励审批表》，并走了审批程序。

罪犯奖励审批表

单位：浙江省第×监狱九监区三分监区

罪犯编号	××××××××××		姓名	何×锐		罪名	贪污罪
本考核期累计积分	730 分		本次奖励扣减积分	600 分		剩余积分	130 分
本考核期起止	自 2022 年 5 月起至 2022 年 10 月止	等级评定结果	√积极	□合格（不低于基础分）	□合格（低于基础分）		□不合格
分监区计分考核工作小组意见	根据《浙江省监狱计分考核罪犯工作实施细则》第 五十六 条第 一 款第 （一） 项之规定。经分监区计分考核工作小组评议，建议给予表扬并予以物质奖励。 签章：赖× 2022 年 11 月 4 日						
监区意见	经审核，同意给予 表扬并予以物质奖励 。 签章：黄×× 2022 年 11 月 8 日						
法制部门意见	经审核，同意给予 表扬并予以物质奖励 。 签章：戴×× 2022 年 11 月 10 日						
狱政管理部门意见	经审核，同意给予 表扬并予以物质奖励 。 签章：耿×× 2022 年 11 月 11 日						

监狱计分考核 工作组意见	同意给予 <u>表扬并予以物质奖励</u> 。 签章：范× 2022 年 11 月 11 日

该文书在制作上主要还是在签署意见方面存在问题，不再赘述。

（五）格式设计的不足之处

文书格式存在的不足之处主要是没有依照《流程导则》第三十条的规定展现完整的审批程序。另外，应将文书中的两处"考核期"改为"考核周期"，还应将"不合格"选项删去，因为和文书主旨不符。

（六）对格式进行修改并制作新的文书

对格式及审批意见进行修改，制作新的文书如下：

罪犯奖励审批表

单位：浙江省第×监狱九监区三分监区

罪犯编号	×××××××××	姓名	何×锐	罪名	贪污罪
本考核周期 累计积分	<u>730</u> 分	本次奖励 扣减积分	<u>600</u> 分	剩余 积分	<u>130</u> 分
本考核 周期起止	自 <u>2022</u> 年 <u>5</u> 月起 至 <u>2022</u> 年 <u>10</u> 月止	等级评定结果	√积极	□合格 （不低于基础分）	□不合格 （低于基础分）
主办民警意见	依照《浙江省监狱计分考核罪犯工作实施细则》第 <u>五十六</u> 条第 <u>一</u> 款第 <u>（一）</u> 项之规定。建议给予表扬并予以物质奖励 。 签章：丁×× 2022 年 11 月 4 日				
分监 区计分考 核工作小 组意见	经集体评议，同意报监区领导审核。 签章：赖× 2022 年 11 月 7 日				

监区意见	经审核，同意报法制部门审查。 签章：黄×× 2022 年 11 月 8 日
法制部门意见	经审查，符合给予奖励的法定情形，程序符合规定。 签章：戴×× 2022 年 11 月 10 日
狱政管理部门意见	经审查，同意报监狱计分考核工作组副组长审批。 签章：耿×× 2022 年 11 月 11 日
监狱计分考核工作组意见	同意给予表扬并予以物质奖励。 签章：范× 2022 年 11 月 11 日

四、《罪犯处罚通知书》

（一）概念

《罪犯处罚通知书》是监狱将处罚决定正式告知罪犯本人时使用的执法文书。

（二）意义

《罪犯处罚通知书》有三方面的意义：

1. 保障罪犯的知情权，是处罚公开透明要求的具体体现。

2. 罪犯如果对处罚不服，可以据此作为申请复查的凭证。

3. 罪犯本人持有《罪犯处罚通知书》，可以促其牢记违规教训，发挥处罚的警示效应。

（三）制作要点

1. 《罪犯处罚通知书》一式二联，分别是存根、正本。存根联由监狱存档以备查；正本联交由罪犯本人持有。二联虽详略有别，但内容应该一致。

2. "性别""出生日期""罪名""刑期""现"等一些基本信息可通过查阅罪犯档案

中的法律文书进行规范填写。

3. "处罚原因"可以从《罪犯单项处罚审批表》或者《罪犯禁闭审批表》中摘抄，应简洁明了。

4. "处罚种类"填写"警告""记过"或者"禁闭"。

5. 经办人应及时制作《罪犯处罚通知书》并发给罪犯本人，将通知的时间填入存根联，并在"经办人"一栏签名。

（四）文书的实际制作

罪犯处罚通知书

（存根）

（2021）浙×监罚通字第 16 号

姓名：　任×剑

性别：　男

出生日期：　1988 年 6 月 6 日

罪名：　盗窃罪

刑期：原　八年

现：　六年九个月

处罚原因：　持械殴打其他罪犯

处罚种类：　警告

已于　2022　年　10　月　13　日通知本人

经办人签字：　陈××

罪犯处罚通知书

（2021）浙×监罚通字第 16 号

　任×剑　：

你在服刑改造期间，因　持械殴打其他罪犯　。

根据《中华人民共和国监狱法》第五十八条的规定，决定给予　警告　。特此通知。

浙江省第×监狱（公章）

2022 年 10 月 13 日

（五）格式设计的不足之处

1. 存根联中，"性别""出生日期""罪名""刑期""现"等与"处罚通知"无关的栏目应删去。同时，为了提高罪犯的辨识度，应增设"罪犯编号"栏目。

2. 存根联中，应设置相应栏目作为罪犯本人已收到《罪犯处罚通知书》的凭证，同时，应将"已于____年__月__日通知本人"删去。

3. 目前，浙江省监狱系统在实际工作中，都已不再制作和使用《罪犯奖励通知书》和《罪犯处罚通知书》，但是遵循"无救济便无处罚"的司法原则，作为一份正式的执法文书，文书的正本联中应告知受到处罚罪犯具体的救济途径，也正因此《罪犯处罚通知书》是一份不可或缺的奖惩类文书。

4. 正本联中，"根据"应改为"依照"。

5.《中华人民共和国监狱法》第五十八条是有具体的款、项的，正本联中的引用不够具体，并且引用法律（政策）依据不够全面。

（六）对格式进行修改并制作新的文书

罪犯处罚通知书

（存根）

（2021）浙×监罚通字第 16 号

姓名：　　任×剑

罪犯编号：　×××××××××××

处罚原因：　持械殴打其他罪犯

处罚种类：　警告

经办人签字：　陈××

_____

本处罚通知书的正本已发给我。

罪犯：　任×剑　（签名）

2022　年　10　月　13　日

罪犯处罚通知书

（2021）浙×监罚通字第 16 号

 任×剑 ：

你在服刑改造期间，因 持械殴打其他罪犯 ，依照《中华人民共和国监狱法》第 五十八 条第 一 款第 （四） 项、《浙江省监狱计分考核罪犯工作实施细则（试行）》第 十八 条第 一 款第 （八） 项以及《浙江省监狱计分考核工作裁量基准（试行）》第 六 条第 一 款第 （八） 项第 2 目之规定，决定给予 警告 。

如不服本处罚决定，可以自收到本处罚通知书之日起五日内，向监狱法制部门提出申请复查，或者直接向驻监检察机关提出申请复查。

特此通知。

浙江省第×监狱（公章）

2022 年 10 月 13 日

第三节　使用警械类文书

[情境八] 2021 年 9 月 10 日 6 时 36 分，浙江省第×监狱二监区二分监区罪犯华×伟，因罪犯尹×南争抢其正在使用的水龙头并发生争执，该犯用拳头连续击打对方，现场管理民警进行处置时，该犯依然情绪激动，拒不配合，民警经警告无效后使用了警棍，到达现场的特警队员随后将华×伟强行带离。带离过程中，该犯依然不依不饶，声称以后只要见到尹×南就见一次打一次，为防范该犯存在的危险性，经分监区合议，应对其使用手铐。

一、《使用制服性警械报告表》

（一）概念

《使用制服性警械报告表》是为加强和规范警械使用，保障监狱人民警察依法履行职责，及时、有效地制止罪犯违法违规行为，依照有关规定，民警可以当场使用制服性警械，使用后应当立即呈报狱政管理部门审查所使用的执法文书。

（二）法律（政策）依据

现行的规范性文件是浙江省监狱管理局制定的自 2019 年 5 月 1 日起施行的《浙江省监狱人民警察使用警械规定》（以下简称《使用规定》）、浙江省人民检察院和浙江省司法厅 2020 年 6 月 12 日联合印发的《浙江省监狱人民警察使用警械操作办法》（以下简称《操作办法》）。

《使用规定》第二条规定："本规定所称的警械，是指监狱人民警察根据工作需要日常装备的制式标准警械，包括制服性警械和约束性警械。制服性警械有警棍、催泪喷射器等，约束性警械有手铐、脚镣、连体铐、警绳、警用约束带等。"

《使用规定》第五条虽然规定了可以使用警棍、催泪喷射器的七种情形，但是《操作办法》规定的更加全面、具体和更具有可操作性。

依照《操作办法》第一条之规定，经警告无效，可当场使用警棍、催泪喷射器的情形有：

1. 罪犯斗殴，正在互相厮打或在争吵过程中，持有或意欲夺取可造成人身伤害的物品、器械的。

2. 罪犯采用语言或行为，故意引起或激化与他犯矛盾的。

3. 罪犯强拿硬要，无理取闹，态度恶劣的。

4. 罪犯在公众场合散布或宣扬不实言论、反改造言论的。

5. 罪犯在集会、队列、就餐、学习等集体活动中，不遵守秩序，不服从民警指令的，扰乱监管秩序的。

6. 多名罪犯聚集，大声喧哗，争论不休的。

7. 纠集、煽动多名罪犯无理取闹或以不正当行为发泄情绪，不服从民警正常管理，扰乱监管秩序的。

8. 罪犯正在故意毁坏公私财物的。

9. 罪犯正在实施破坏监管设施、劳动设备行为的。

10. 罪犯正在冲击监内车辆、安防门禁等监管设施，或有明显冲击意图的。

11. 罪犯超越警戒线或规定区域，脱离监管擅自行动的。

12. 罪犯与民警发生肢体接触、向民警吐口水或以拍桌子、摔东西、大声吼叫等不正当行为发泄情绪的。

13. 罪犯用手指指向民警或辱骂、恐吓、威胁、挑衅民警的。

14. 罪犯在民警搜身检查、押解（强制带离）、使用约束性警械，制止控制其违规行为等正常执法中拒不配合，出现摆动、挣脱等肢体动作的。

15. 罪犯动手推搡拉扯民警或其他工作人员的。

16. 罪犯发生投掷物品等袭击民警或其他工作人员行为的。

17. 罪犯手持物品、器械意图袭击、伤害民警、其他工作人员或罪犯的。

18. 罪犯违反规定冲向民警或其他工作人员，有袭击嫌疑的。

19. 罪犯以静坐（站）、躺地等软对抗方式，拒不服从民警让其站好、蹲下或行进等合理指令的。

《使用规定》第六条规定："监狱人民警察使用警棍、催泪喷射器后，应当立即填写

《使用制服性警械报告表》，由监区呈报狱政管理部门审查，交执法监督部门备案，并抄送驻监检察部门。"

（三）制作要点

1. "单位"填写至罪犯所在的分监区。

2. "使用依据"须填写精确到分的时间、罪犯的行为、引用规范性文件、对罪犯具体使用的警械。使用制服性警械的前置条件是"经警告无效"，因而应当特别说明。一般可表述为：

"××××年××月××日××时××分，罪犯×××有＿＿＿＿＿ 行为，经现场管理民警警告无效，危险性不能排除，依照《浙江省监狱人民警察使用警械操作办法》第×条第×款第（×）项之规定，现场对其使用警棍（催泪喷射器）"。

3. "使用警械情况"须写明使用警械的持续时间、善后处置情况。一般可表述为：

"对罪犯×××使用警棍（催泪喷射器）持续时间×分钟，该犯表示服从（认错）后停止使用。安排卫生员测量心跳、血压，无异常（安排罪犯清洗被催泪喷射器喷射部位以减缓其不适）"。

另外，若使用警棍造成罪犯身体伤害的，应当及时予以救治。

4. "见证人意见"由使用现场其他目击民警据实填写，主要针对使用的过程是否规范、适度，使用后的效果进行客观评价。一般可表述为：

"对罪犯×××使用警棍（催泪喷射器）的过程规范、适度，取得了预期效果，并消除了危险性"。

5. 填写"分监区意见"时，须通过调看监控录像、查看执法记录仪、询问现场相关人员等方式，对使用警械的条件和过程是否合规进行客观评价。一般可表述为：

"经查看执法记录仪（监控），对罪犯×××使用警棍（催泪喷射器）条件符合、程序合规、使用适度"。

6. 填写"监区意见"时，须对使用警械的条件和过程是否合规进一步进行审核。一般可表述为：

"经查看执法记录仪（监控），对罪犯×××使用警棍（催泪喷射器）条件符合、程序合规、使用适度"。

7. 填写"狱政部门意见"时，须由主管部门结合相关证据材料对使用警械的合规性进行审查，并作出结论。一般可表述为：

"经审查，对罪犯×××使用警棍（催泪喷射器）符合相关规定"。

8. 该文书需制作一式四份，一份留存使用单位，一份呈报狱政管理部门审查，一份交执法监督部门备案，一份抄送驻监检察部门。

（四）文书的实际制作

使用制服性警械报告表

单位：浙江省第×监狱二监区二分监区　　　　　　　　罪犯编号：×××××××××

姓名	华×伟	性别	男	出生年月	1967 年 7 月 23 日
罪名	抢劫罪	刑种	有期徒刑	刑期	十五年

使用依据	2021 年 9 月 10 日 6 时 36 分，罪犯华×伟有殴打他犯且不配合民警现场处置的行为，经现场管理民警警告无效，危险性不能排除，依照《浙江省监狱人民警察使用警械操作办法》第一条第（十四）项之规定，对其使用警棍。
使用警械情况	对罪犯华×伟使用警棍持续时间 1 分 10 秒，该犯表示认错后停止使用。安排卫生员测量心跳、血压，无异常。 使用人（签名）：王××、李× 2021 年 9 月 10 日
见证人意见	对罪犯华×伟使用警棍过程规范、适度，取得了预期效果，并消除了危险性。 见证人签名：陆× 2021 年 9 月 10 日
分监区意见	经查看执法记录仪，对罪犯华×伟使用警棍，条件符合、程序合规、使用适度。 负责人签名：蒋× 2021 年 9 月 10 日
监区意见	经查看执法记录仪，对罪犯华×伟使用警棍，条件符合、程序合规、使用适度。 负责人签名：包×× 2021 年 9 月 10 日
狱政部门意见	经审查，对罪犯华×伟使用警棍符合相关规定。 签章：高×× 2021 年 9 月 10 日

《使用制服性警械报告表》在格式的设计上依旧存在一些旧问题，不再赘述。

二、《使用约束性警械审批表》

（一）概念

《使用约束性警械审批表》是为加强和规范警械使用，保障监狱人民警察依法履行职责，及时、有效地防范罪犯发生违法违规行为，依照有关规定需要报批使用约束性警械时的执法文书。

（二）法律（政策）依据

《使用规定》第二条规定："本规定所称的警械，是指监狱人民警察根据工作需要日常装备的制式标准警械，包括制服性警械和约束性警械。制服性警械有警棍、催泪喷射器等，约束性警械有手铐、脚镣、连体铐、警绳、警用约束带等。"

《使用规定》第八条、第十四条和第十五条分别规定了可以使用手铐或脚镣、警绳及警用约束带的具体情形，不再赘述。

《使用规定》第九条规定："监狱人民警察执行罪犯离监就医、特许离监、调遣等押解任务的，应当对罪犯使用手铐、脚镣等警械。"要注意的是，"应当使用的情形"无须制作《使用约束性警械审批表》，也无须报批。

《使用规定》第十条规定："手铐、脚镣的使用，由监区填写《使用约束性警械审批表》（应当使用的情形除外），经狱政部门审核，由监狱分管领导或值班领导批准，报执法监督部门备案，并抄送驻监检察部门。确系情况紧急的，使用手铐或脚镣后，应当立即口头向狱政管理部门报告，并在24小时内补办审批手续。"

《使用规定》第十六条规定："警用约束带的使用，由监区填写《使用约束性警械审批表》，经狱政部门审核，由监狱分管领导或值班领导批准，报执法监督部门备案，并抄送驻监检察部门。"

除此之外，《操作办法》第二条和第三条分别规定了可以当场使用手铐、脚镣和可以当场使用约束带的具体情形。若是符合"当场使用的情形"，使用手铐或脚镣后，依照《使用规定》第十条之规定，应当立即口头向狱政管理部门报告，并在24小时内补办审批手续，对于当场使用警用约束带的审批手续。可以参照第十条之规定办理。

（三）制作要点

1. "单位"填写至罪犯所在分监区。

2. "健康状况"应填写"健康"或者"患有××疾病"，有具体疾病的应写明疾病名称及程度。

3. "申请依据"分部分填写，包括事由和法律（政策）依据。

（1）事实依据须阐明需要申请使用约束性警械的具体情形，应包括时间、地点、人物、行为、后果（预后）等内容。一般表述为："××××年××月××日××时××分，罪犯有××××××行为，经采取教育或监护等措施，仍不能预防和制止其危险行为"。

（2）法律（政策）依据在引用规范性文件的条、款、项时应具体和准确，并填写约束性警械的名称。一般表述为："依照《浙江省监狱人民警察使用警械规定》第八条第一款第（×）项之规定，申请对其使用××××（填写约束性警械的名称）"。

若是当场使用约束性警械，可以表述为："依照《浙江省监狱人民警察使用警械操作办法》第×条第×款第（×）项之规定，对其使用××××（填写约束性警械的名称）"。

4. 填写"申请期限"时，应写明使用约束性警械的具体起止时间。须注意的是：

（1）《使用规定》第十一条规定："手铐、脚镣的使用时间应根据实际需要确定，除死刑待执行和专案审查的罪犯外，使用手铐一次审批不得超过 7 天，使用脚镣一次审批不得超过 15 天，在危险消除后，应当立即停止使用；危险仍未消除，确需延长的，应办理延长审批手续，但每次最多延长 5 天。纯属押解需要而加戴警械的，到达目的地或返回监狱后应立即解除"。

（2）《使用规定》第十七条规定："警用约束带的使用时间应根据实际需要确定，一次最长不得超过 5 天，在安全危险消除后，应当立即停止使用。"

（3）约束性警械的申请期限不按足日计算，实际工作中经常出现的错误就是意见内容中有类似"自 2021 年 9 月 10 日 9 时起至 2021 年 9 月 15 日 9 时止，共 5 天"这样的表述。

5. 各级意见应依照《使用规定》第十条或者第十六条之规定签署。另外因为"申请期限"一栏已填写了具体的起止时间，除非后面的审批对起止时间作了更改，否则不必再重述。

（1）监区意见可表述为："经查看执法记录仪（监控），对罪犯×××使用（约束性警械的名称），条件符合、程序合规、使用适度"。

（2）狱政部门意见可表述为："经审查，同意报监狱分管领导或值班领导批准"。

（3）监狱意见可表述为："同意使用（约束性警械的名称）"。

要注意的是，各审批层级若是变更上一个审批层级意见的，需要说明变更理由和结果。

6. "使用约束性警械期间的表现"一栏主要填写罪犯思想和行为的转变情况，一般可表述为："使用约束性警械期间，罪犯×××逐渐恢复理性，认识到自己行为错误的严重性，表示不会采取过激行为，对其使用约束性警械情形已消失，可以解除。"

7. "解除情况"填写解除的具体日期，并由批准人和执行人签字和注明日期。

8. 该表需制作一式四份，一份留存使用单位，一份呈报狱政管理部门审核，一份交执法监督部门备案，一份抄送驻监检察部门。

（四）文书的实际制作

使用约束性警械审批表

单位：浙江省第×监狱二监区二分监区　　　　　　　　　罪犯编号：×××××××××

姓名	华×伟	性别	男	出生年月	1967 年 7 月 23 日		
罪名	抢劫罪	刑种	有期徒刑	刑期	十五年	健康状况	健康
申请依据	__2021__ 年 _9_ 月 _10_ 日 _6_ 时 _36_ 分，罪犯华×伟有 _殴打罪犯尹×南并扬言有机会还要继续殴打的_ 行为，经采取教育或监护等措施，仍不能预防和制止其危险行为。 　　依照《浙江省监狱人民警察使用警械规定》第 _八_ 条第 _一_ 款第 _（一）_ 项之规定，申请对其使用 _手铐_。						
申请期限	自 _2021_ 年 _9_ 月 _10_ 日起至 _2021_ 年 _9_ 月 _14_ 日止，共 _5_ 天。 　　　　　　　　　　　　　　　　　签名：蒋× 　　　　　　　　　　　　　　　2021 年 9 月 10 日						
监区意见	经查看执法记录仪，对罪犯华×伟使用手铐，条件符合、程序合规、使用适度。 　　　　　　　　　　　　　　　　　签章：包×× 　　　　　　　　　　　　　　　2021 年 9 月 10 日						
狱政部门意见	经审查，同意报监狱分管领导批准。 　　　　　　　　　　　　　　　　　签章：高×× 　　　　　　　　　　　　　　　2021 年 9 月 10 日						
监狱意见	同意使用手铐。 　　　　　　　　　　　　　　　　　签章：王×× 　　　　　　　　　　　　　　　2021 年 9 月 10 日						

使用约束 性警械期 间的 表现	使用约束性警械期间，罪犯华×伟逐渐恢复理性，对自己的错误有了深刻认识，表示不会采取过激行为，对其使用约束性警械情形已消失，可以解除。 签章：蒋× 2021 年 9 月 14 日
解除 情况	对罪犯　华×伟　已于　2021　年　9　月　14　日解除保护性约束措施。 批准人（签章）：　王××　　　　执行人（签章）：　蒋× 2021 年 9 月 14 日　　　　　　　　2021 年 9 月 14 日

（五）格式（正本联）设计的不足之处

除了一些老问题之外，依照《使用规定》第十八条之规定，对老病残罪犯应谨慎使用约束性警械；对未成年罪犯原则上不使用警用约束带。因此应将"出生年月"删去，代之以"是否老病残罪犯"和"是否未成年罪犯"两个栏目。

（六）对格式进行修改并制作新的文书

将情境略作修改：2021 年 9 月 10 日 18 时 36 分，罪犯华×伟因罪犯尹×南争抢其正在使用的水龙头并发生争执进而互相推拉，被民警制止后，该犯情绪激动并大声吵闹不止，严重影响监管秩序，存在情绪、行为失控的可能，夜间闹狱的危险性不能排除，现场民警决定对其使用脚镣。

若是当场使用约束性警械，将文书的格式略作修改并制作新的文书如下：

使用约束性警械审批表

单位：浙江省第×监狱二监区二分监区　　　　　　　　　　罪犯编号：×××××××××

姓名	华×伟			性别		男		
罪名	抢劫罪	刑种	有期徒刑	刑期	十五年		健康状况	健康
是否老病残罪犯			否	是否未成年罪犯				否
事由及 依据	事由：2021 年 9 月 10 日 18 时 36 分，罪犯华×伟因罪犯尹×南抢其正在使用的水龙头并发生争执，进而互相推拉，被民警制止后，该犯情绪激动并大声吵闹不止，严重影响监管秩序，存在情绪、行为失控的可能，夜间闹狱的危险性不能排除。 情形符合《浙江省监狱人民警察使用警械操作办法》第　二　条第　一　款第　（二十四）　项之规定，可以当场使用脚镣。							

现场管理民警意见	经口头向狱政管理部门报告后，已对其使用脚镣，建议期限自 __2021__ 年 __9__ 月 __10__ 日起至 __2021__ 年 __9__ 月 __15__ 日止，共 __6__ 天。 签名：蒋× 2021 年 9 月 10 日
监区意见	经查看执法记录仪，对罪犯华×伟使用脚镣，条件符合、程序合规、使用适度。 签章：包×× 2021 年 9 月 11 日
狱政部门意见	经审查，同意报监狱分管领导批准。 签章：高×× 2021 年 9 月 11 日
监狱意见	同意使用脚镣。 签章：王×× 2021 年 9 月 11 日
使用约束性警械期间的表现	使用约束性警械期间，罪犯华×伟逐渐恢复理性，对自己的错误有了深刻认识，表示不会采取过激行为，对其使用约束性警械情形已消失，可以解除。 签章：蒋× 2021 年 9 月 15 日
解除情况	对罪犯 __华×伟__ 已于 __2021__ 年 __9__ 月 __15__ 日解除保护性约束措施。 批准人（签章）：__王××__　　　执行人（签章）：__蒋×__ 2021 年 9 月 15 日　　　　　　　　2021 年 9 月 15 日

第四节　高度戒备管理类文书

[情境九] 2021 年 12 月 28 日早上 6 时 45 分，罪犯李×峰强行打开罪犯黄×武的柜子拿走其中的食品，被黄×武发现后产生争执，黄×武打了李×峰一个巴掌，后被现场其他罪犯拉开。民警及时进行了调查，发现黄×武私自占有李×峰劳动物质奖励的物资属实，李×峰意图强行拿回来，现在不仅没有拿回来，还被对方打了巴掌，认为此事没完。分监区经合议，鉴于黄×武遇事不冷静、动手打人，应予以矫治严管类高度戒备管理；李×峰很有可能要报复对方，应予以重点防控类高度戒备管理。

在高度戒备管理期间，李×峰经过民警教育认识到自己遇事不够冷静，扬言要报复对方是错误的，保证今后会通过警官处理矛盾纠纷，经评矫中心评估认为其危险性已经消除。黄×武在高度戒备管理期间再次违规和其他罪犯争执推拉。

一、《罪犯高度戒备管理审批表》

（一）概念

《罪犯高度戒备管理审批表》是监狱为了加强对具有高度危险性罪犯的管理，有效防范和打击狱内严重违规行为，对于需要重点防控和矫治严管的罪犯，通过严格的审批程序，实施高度戒备管理所使用的文书。

（二）法律（政策）依据

现行的规范性文件为《浙江省监狱高度戒备监区管理规定（试行）》，由浙江省监狱管理局制定，自 2019 年 5 月 1 日起施行。其中：

1. 第八条第一款第（一）项规定罪犯有下列情形之一的，可作为重点防控类对象送高度戒备监区管理：

（1）经过分析评估有明显脱逃、行凶、自杀或自伤自残、再犯罪等危险迹象的。

（2）具有较严重的心理障碍或心理缺陷但不符合住院条件，思想、行为怪异，可能发生危险行为的。

（3）邪教类有绝食、练功行为的。

（4）有其他特殊情形需要重点防控的。

2. 第八条第一款第（二）项规定罪犯有下列情形之一的，可作为矫治严管类对象送高度戒备监区管理：

（1）有脱逃或行凶等行为的。

（2）聚众哄闹监狱，扰乱正常秩序的。

（3）辱骂、袭击人民警察的。

（4）欺压其他罪犯的。

（5）偷窃、赌博、打架斗殴、寻衅滋事的。

（6）以自伤、自残手段逃避劳动的。

（7）有劳动能力拒不参加劳动或者消极怠工，经教育不改的。

（8）在生产劳动中故意违反操作规程，或者有意损坏生产工具的。

（9）散布消极不良言论，经教育无效的。

（10）经常违规违纪，屡教不改的。

（11）私自与外来人员接触，实施违法违规行为的。

（12）有其他严重违反监规纪律行为需要矫治严管的罪犯。

3. 第九条第一款规定："送高度戒备管理的罪犯，由罪犯所在监区集体合议确定后，填写《罪犯高度戒备管理审批表》，经狱政部门审核，由监狱分管领导批准，并抄送驻监检察部门。其中拟送矫治严管的罪犯，应先体检后收押，对患有严重疾病、生活不能自理等特殊情形的罪犯不予收押。"

4. 第九条第二款规定："有脱逃、自杀、行凶或自伤自残等现实危险迹象，或实施严重违规违纪行为被制止后仍存在现实危险，需要安全管控的罪犯，可口头请示狱政部门和监狱分管领导同意后，先押送至高度戒备监区，并在二十四小时之内办妥审批手续。遇法定节假日或分管领导因公长期在外等情形，应当由当日值班监狱领导审批。"

（三）制作要点

1. 一些基本信息可通过查阅罪犯档案中的法律文书进行规范填写。

2. "健康状况"应填写"健康"或者"患有××疾病"，有具体疾病的应写明疾病名称及程度。

3. "家属及联系方式"应填写联系最紧密的直系亲属和手机号码，可从会见系统和亲情电话系统中查询和选择。

4. "管理类别"应在防控类和矫治类两个选项中勾选其一。

5. "服刑期间奖惩情况"应填写近3年获得的改造积极分子情况、单项处罚情况。

6. "高度戒备管理的事实依据"应填写时间或期间、地点、人物、起因、过程、结果、有何种危险等，还须准确引用规范性文件相关的条、款、项、目。

7. "拟高度戒备管理期限"，《浙江省监狱高度戒备监区管理规定（试行）》第二十二条规定了"重点防控类罪犯解除高度戒备管理的依据是现实危险和需要特别防范的因素已得到有效控制……"，可知对于重点防控类罪犯，无需确定高度戒备管理期限，可以填写"/"。另外，第二十三条第一款规定了"矫治严管期限一般为2个月"。

8. 各级审批意见应依照《浙江省监狱高度戒备监区管理规定（试行）》的相关规定签署：

（1）"所属分监区意见"需经分监区民警集体合议后签署，另外，依照第九条第一款规定的"其中拟送矫治严管的罪犯，应先体检后收押，对患有严重疾病、生活不能自理等特殊情形的罪犯不予收押"，对于拟送矫治严管的罪犯，应先体检。意见内容一般表述为：

"经分监区合议，建议予以重点防控类高度戒备管理"，或者"经分监区合议，建议予以矫治严管类高度戒备管理"。

（2）"监区意见"需经监区长办公会议合议后签署，可表述为："经监区长办公会议合议，同意报狱政管理部门审查"。

（3）"狱政部门意见"可表述为："经审查，同意报监狱分管领导（值班监狱领导）批准"。

（4）"监狱领导意见"可表述为："同意予以重点防控类高度戒备管理"或者"同意予以矫治严管类高度戒备管理"。

要注意的是，各审批层级若是变更上一个审批层级意见的，需要说明变更理由和结果。

9. 依照《浙江省监狱高度戒备监区管理规定（试行）》第九条第二款之规定，有脱逃、自杀、行凶或自伤自残等现实危险迹象，或实施严重违规违纪行为被制止后仍存在现实危险，需要安全管控的罪犯，可口头请示狱政部门和监狱分管领导同意后，先押送至高度戒备监区，并在二十四小时之内办妥审批手续。

（四）文书的实际制作

以重点防控类罪犯李×峰为例进行制作。

罪犯高度戒备管理审批表

姓　　名	李×峰	性别	男	出生年月	1986 年 6 月	民族	汉族
文化程度	小学	案由	故意杀人罪	刑期起止	无期徒刑		
入监时间	2006 年 11 月 1 日	健康状况	健康	分级处遇	B 级		
家庭住址	贵州省大方县沙厂乡白×村			捕前职业	农民		
家属及联系方式	父亲：李×文 联系方式：1585839××××			管理类别	防控类（√） 矫治类（　　）		
服刑期间奖惩情况	2020 年监狱级改造积极分子。						

高度戒备管理的事实依据	2021年12月28日早上6时45分，罪犯李×峰强行打开罪犯黄×武的柜子拿走其中的食品，被黄×武发现后产生争执，黄×武打了李×峰一个巴掌，后被现场其他罪犯拉开。民警及时进行了调查，发现黄×武私自占有李×峰劳动物质奖励的物资属实，李×峰意图强行拿回来，现在不仅没有拿回来，还被对方打了巴掌，认为此事没完。李×峰有行凶报复的可能，存在较大危险。情形符合《浙江省监狱高度戒备监区管理规定（试行）》第八条第一款第（一）项第1目之规定。	拟高度戒备管理期限	/
所属分监区意见	经分监区合议，建议予以重点防控类高度戒备管理。 签名：叶×× 2021年12月28日		
监区意见	经监区长办公会议合议，同意报狱政管理部门审查。 签章：郭×× 2021年12月28日		
狱政部门意见	经审查，同意报监狱分管领导批准。 签章：高×× 2021年12月28日		
监狱领导意见	同意对罪犯李×峰予以重点防控类高度戒备管理。 签名：王×× 2021年12月28日		

二、《罪犯高度戒备管理解除审批表》

（一）概念

《罪犯高度戒备管理解除审批表》是在重点防控类罪犯现实危险和需要特别防范的因素已得到有效控制、矫治严管类罪犯经过一定期限的矫治严管表现良好的，按照法定程序报批解除高度戒备管理时所使用的法律文书。

（二）法律（政策）依据

《浙江省监狱高度戒备监区管理规定（试行）》第二十二条规定："重点防控类罪犯解除高度戒备管理的依据是现实危险和需要特别防范的因素已得到有效控制，由监狱评估矫治中心、高度戒备监区共同作出评估，填写《解除罪犯高度戒备管理审批表》，报监狱狱政部门审核，经监狱分管领导批准。"

《浙江省监狱高度戒备监区管理规定（试行）》第二十三条第二款规定："对确定提前、按期解除或延长矫治严管期限的，应由高度戒备监区与原监区共同评估，填写《解除罪犯高度戒备管理审批表》或《延长罪犯高度戒备管理审批表》，报监狱狱政部门审核，经监狱分管领导批准。"

（三）制作要点

1. 部分栏目与《罪犯高度戒备管理审批表》类同，不再赘述。

2. "高度戒备管理期间的表现"应围绕罪犯在高度戒备管理期间的现实表现进行填写，还要对重点防控类罪犯现实危险和需要特别防范的因素是否得到有效控制、矫治严管类罪犯自我认识是否到位进行评估。

3. 各级审批意见应依照《浙江省监狱高度戒备监区管理规定（试行）》的相关规定签署：

（1）"高度戒备管理监区意见"可以表述为："经与评估矫治中心共同评估，建议解除高度戒备管理"或者"经与原监区共同评估，建议解除高度戒备管理"。

（2）"评估矫治中心或原监区意见"可以表述为："经与高度戒备监区共同评估，该犯现实危险和需要特别防范的因素已得到有效控制，建议解除高度戒备管理"（适用于评估矫治中心）。

或者"经与高度戒备监区共同评估，该犯现实表现良好、认识态度端正，建议解除高度戒备管理"（适用于原监区）。

（3）"狱政部门意见"可以表述为："经审查，同意报监狱分管领导（值班监狱领导）批准"。

（4）"监狱领导意见"可以表述为："同意解除高度戒备管理"。

要注意的是，各审批层级若是变更上一个审批层级意见的，需要说明变更理由和结果。

（四）文书的实际制作

罪犯高度戒备管理解除审批表

姓 名	李×峰	性别	男	出生年月	1986 年 6 月	民族	汉族
文化程度	小学	案由	故意杀人罪	刑期起止	无期徒刑		
入监时间	2006 年 11 月 1 日	健康状况	健康	分级处遇	B 级		
家庭住址	贵州省大方县沙厂乡白×村			捕前职业	农民		
家属及 联系方式	父亲：李×文 联系方式：1585839××××			管理类别	防控类（√） 矫治类（ ）		
高度戒备 管理的原因	2021 年 12 月 28 日早上 6 时 45 分，罪犯李×峰强行打开罪犯黄×武的柜子拿走其中的食品，被黄×武发现后产生争执，黄×武打了李×峰一个巴掌，后被现场其他罪犯拉开。民警及时进行了调查，发现黄×武私自占有李×峰劳动物质奖励的物资属实，李×峰意图强行拿回来，现在不仅没有拿回来，还被对方打了巴掌，认为此事没完，有行凶报复的可能，存在较大危险。			高度戒备 管理期限	/		
高度戒备 管理期间 的表现	前期该犯情绪激动，在民警与其谈话中有抵触情绪，经后期多次谈话教育，该犯逐渐认识到自身错误，对自己不理智举动感到懊悔，表示会理性对待罪犯间的矛盾冲突，绝不意气用事，并保证今后会通过警官处理矛盾纠纷。						
高度戒备 管理监区 意见	经与评估矫治中心共同评估，建议解除高度戒备管理。 签名：戴×× 2022 年 1 月 18 日						
评估矫治中心 或原监区意见	经与高度戒备监区共同评估，该犯现实危险和需要特别防范的因素已得到有效控制，建议解除高度戒备管理。 签名：冯×× 2022 年 1 月 18 日						

狱政部门意见	经审查，同意报监狱分管领导批准。 签名：高×× 2022 年 1 月 18 日
监狱领导意见	同意解除高度戒备管理。 签名：王×× 2022 年 1 月 18 日

三、《延长罪犯高度戒备管理审批表》

（一）概念

《延长罪犯高度戒备管理审批表》是对于矫治严管类罪犯在高度戒备管理期间现实表现不佳、认识态度不好，需要进一步强化矫治而报批延长矫治期限时制作的执法文书。

（二）法律依据

《浙江省监狱高度戒备监区管理规定（试行）》第二十三条第一款规定："矫治严管期限一般为 2 个月。根据被矫治严管对象的改造表现，可提前、按期解除或延长矫治严管期限。提前解除时间不得超过 1 个月，延长时间每次为 1 个月。"

《浙江省监狱高度戒备监区管理规定（试行）》第二十三条第二款规定："对确定提前、按期解除或延长矫治严管期限的，应由高度戒备监区与原监区共同评估，填写《解除罪犯高度戒备管理审批表》或《延长罪犯高度戒备管理审批表》，报监狱狱政部门审核，经监狱分管领导批准。"

（三）制作要点

1. 部分栏目与《罪犯高度戒备管理审批表》类同，不再赘述。

2. "延期解除高度戒备管理的事实依据"一栏是文书的重点栏目，要将罪犯在高度戒备管理期间不良表现的具体事实进行概述，以支持需要延期的建议。

3. 各级审批意见应依照《浙江省监狱高度戒备监区管理规定（试行）》的相关规定签署：

（1）"高度戒备管理监区意见"可以表述为："经与原监区共同评估，建议延长矫治严管期限"。另外，依照《浙江省监狱高度戒备监区管理规定（试行）》第二十三条第一款规定的"延长时间每次为 1 个月"，因此不必再特意在意见中注明延长的期限。

（2）"原监区意见"可以表述为："经与高度戒备监区共同评估，建议延长矫治严管期限"。

（3）"狱政部门意见"可以表述为："经审查，同意报监狱分管领导批准"。

（4）"监狱领导意见"可以表述为："同意延长矫治严管期限"。

要注意的是，各审批层级若是变更上一个审批层级意见的，需要说明变更理由和结果。

（四）文书的实际制作

延长罪犯高度戒备管理审批表

姓名	黄×武	性别		男	出生年月	1976 年 6 月	民族	汉族
文化程度	小学	案由		盗窃罪	刑期起止	自 2011 年 8 月 10 日起至 2026 年 8 月 9 日止		
入监时间	2012 年 4 月 5 日		健康状况	健康	分级处遇	B 级		
家庭住址	浙江省杭州市萧山区嘉×公寓×幢×单元×××室				捕前职业	装修工		
家属及联系方式	父亲：黄×达联系方式：1310571×××				管理类别	防控类（　）矫治类（√）		
高度戒备管理的原因	2021 年 12 月 28 日早上 6 时 45 分，罪犯李×峰强行打开罪犯黄×武的柜子拿走其中的食品，被黄×武发现后产生争执，黄×武打了李×峰一个巴掌，后被现场其他罪犯拉开。民警通过调查发现黄×武私自占有李×峰劳动物质奖励的物资属实。				原高度戒备管理期限	两个月，自 2021 年 12 月 28 日至 2022 年 2 月 27 日止。		
延期解除高度戒备管理的事实依据	该犯在高度戒备管理期间，没有深刻反思自己的错误，遇事不冷静、克制，再次与他犯冲突并出现争执推拉。为进一步矫治其容易冲动不计后果的恶习，依照《浙江省监狱高度戒备监区管理规定（试行）》第二十三条第一款之规定，应延长其高度戒备管理期限。							
高度戒备管理监区意见	经与原监区共同评估，建议延长矫治严管期限。 签名：戴×× 2022 年 2 月 26 日							

原监区意见	经与高度戒备监区共同评估，建议延长矫治严管期限。 签名：郭×× 2022 年 2 月 26 日
狱政部门意见	经审查，同意报监狱分管领导批准。 签名：高×× 2022 年 2 月 26 日
监狱领导意见	同意延长矫治严管期限。 签名：王×× 2022 年 2 月 26 日

高度戒备管理类文书在格式的设计上依旧存在一些老问题，不再赘述。

第五节　事务犯管理类文书

[情境十] 2023 年 7 月 2 日，浙江省第×监狱四监区二分监区互监岗位罪犯迟×杰不认真履职，在两名罪犯争吵、斗殴时不能及时阻止，也未第一时间向民警汇报，导致事态升级，其中一名罪犯在斗殴中胸部受伤被送医院治疗。经分监区集体研究，迟×杰已不适合担任互监岗位，拟确定罪犯王×明为新的互监岗位人选。

一、《事务犯审批表》

（一）概念

《事务犯审批表》是为了确保监管场所的安全稳定，促进罪犯互帮互助、相互监督、积极改造之目的，监狱在一贯表现良好的罪犯中选择作为事务犯，按规定程序进行审批所使用的执法文书。

（二）法律（政策）依据

现行的规范性文件为浙江省监狱管理局办公室 2023 年 5 月 15 日印发的《浙江省监狱事务类罪犯管理规定（试行）》。其中：

1. 第四条规定了"事务类罪犯是指担任监舍小组长、劳动线（片）小组长及从事互监岗位的罪犯。"

2. 第六条规定了事务犯的选用条件：

（1）认罪服法，遵守监规，能积极靠拢政府。

（2）服从管理，表现稳定，能监督罪犯共同履行改造义务。

（3）具有适应相关岗位的文化和身体条件。

（4）近3个月内无违规违法扣分。

（5）原判有期徒刑不满3年的，入监4个月以上；原判有期徒刑3年以上至不满5年的，入监6个月以上；原判有期徒刑5年以上至不满10年的，入监9个月以上；原判有期徒刑10年以上的，入监1年以上；原判无期徒刑的，入监2年以上；原判死缓的，入监3年以上。

3. 第七条规定了不得选用为事务犯的7种情形。

4. 第八条规定了选用为事务犯的5种从严情形。

5. 第十条第二款又规定了一种不得选用的情形，即"被撤销事务类罪犯的，六个月内不得重新使用。"

6. 依照第九条的规定，事务犯的选用，应严格按照条件，经监区集体研究后，报监狱狱政管理部门审批；如按条件确实无法满足需要的，应详细说明理由，经监区集体研究，监狱狱政管理部门审核后，报监狱主要领导审批。事务犯经审批后方可使用。

（三）制作要点

1. "单位"填写至分监区。

2. "编号"填写罪犯编号。

3. 一些反映基本信息的栏目可通过查阅罪犯档案中的法律文书进行规范填写。

4. "奖惩情况"填写历年获得的年度奖励情况、受到的单项处罚情况。

5. "是否特殊罪犯"依照是否具有《浙江省监狱事务类罪犯管理规定（试行）》第八条规定的从严选用为事务犯的情形进行填写，若是特殊罪犯，应注明何种情形。

6. "拟确定的岗位"在监舍小组长、劳动线（片）小组长、互监等岗位中选择其一进行填写。

7. "拟担任事务犯的期限"依照《浙江省监狱事务类罪犯管理规定（试行）》第十五条第一款规定的"对事务类罪犯应定期轮换、交流，每年轮换、交流三分之一以上，三年全部轮换、交流一次"进行填写。

8. "确定理由"一般先填写拟使用罪犯的改造表现，然后是与拟用岗位的匹配情况。

9. 各级审批意见应依照《浙江省监狱事务类罪犯管理规定（试行）》的相关规定签署：

（1）"分监区意见"在填写时须表明经过分监区集体研究，建议在什么岗位使用。可表述为"经分监区集体研究，建议作为××岗位罪犯使用"。

（2）"监区意见"须经集体研究后签署，分为以下两种情况：当拟使用罪犯满足事务犯选用的法定条件时，可表述为"经监区长办公会议审核，同意报狱政管理部门审批"；当拟使用罪犯不满足事务犯选用的法定条件时，应在意见中详细说明使用理由，可表述为"经监区长办公会议审核，该犯……，同意报狱政管理部门进一步审核"。

（3）"狱政部门意见"的签署分为以下两种情况：当拟使用罪犯满足事务犯选用的法定条件时，可表述为"同意作为××岗位罪犯使用"；当拟使用罪犯不满足事务犯选用的法定条件时，可表述为"经审核，同意报监狱领导审批"。

要注意的是，各审批层级若是变更上一个审批层级意见的，需要说明变更理由和结果。

另外，为减轻基层负担，在使用期限到期之前若需调整或续用的，可以分监区为单位采取批量审批的方式进行，这里不再赘述。

（四）文书的实际制作

文书的格式是部局版，制作如下：

事务犯审批表

单位：浙江省第×监狱四监区二分监区　　　　　　　　　　编号：×××××××××

姓名	王×明	出生年月	1978年3月	入监时间	2010年11月23日
罪名	抢劫罪	原判刑期	无期徒刑	剩余刑期	三年一个月
捕前职业	农民	文化程度	高中	处遇等级	B级
奖惩情况	2022年监狱改造积极分子			是否特殊罪犯	/
拟确定的岗位	互监			拟担任事务犯的期限	一年
确定理由	该犯自收监以来，能做到遵守监规纪律，服从管理，改造态度端正，近六个月内无违规扣分，具有一定的文化水平，具备一定的协管能力，身体健康，思想稳定，经评估危险性较小，符合互监岗位的使用条件。				
分监区意见	经分监区集体研究，建议作为互监岗位罪犯使用。 　　　　　　　　　　　　　签名：王× 　　　　　　　　　　　　　2023年7月2日				

监区意见	经监区长办公会议审核，同意报狱政管理部门审批。 签章：楼× 2023 年 7 月 2 日
狱政部门意见	同意作为互监岗位罪犯使用。 签章：蒋×× 2023 年 7 月 5 日

（五）格式设计的不足之处

1. "编号"应改为"罪犯编号"，"入监时间"应改为"收监以来执行刑期"。

2. "原判刑期"应改为"刑期"，同时应增设"刑种"栏目。

3. 规范性文件并没有在"捕前职业""处遇等级"这两方面作出规定，因此这两栏应删去。

4. 没有展现所有的法定条件，从而只能制作时在"确定理由"一栏中填写，既增加了不必要的工作量，又增大了错误审批的可能性，应增设相关栏目。

5. "是否特殊罪犯"应改为"从严情形"。

6. 依照《浙江省监狱事务类罪犯管理规定（试行）》第九条之规定，如按条件确实无法满足需要的，应详细说明理由，经监区集体研究，监狱狱政管理部门审核后，报监狱主要领导审批。而格式中没有设置相应的"监狱意见"栏目。

（六）对格式进行修改并制作新的文书

事务犯审批表

单位：浙江省第×监狱四监区二分监区　　　　　　　　　　罪犯编号：×××××××××

姓名	王×明	出生年月	1978 年 3 月	收监以来 执行刑期	十一年九个月
罪名	抢劫罪	刑种	无期徒刑	刑期	／
剩余刑期	三年一个月			奖惩情况	2022 年监狱改造积极分子
文化程度	高中			健康状况	健康
是否认罪服法，遵守监规，能积极靠拢政府					是
是否服从管理，表现稳定					是

近三个月内有无违规违法扣分		无
有无不得选用为事务犯的情形 （包括《浙江省监狱事务类罪犯管理规定（试行）》第七条 和第十条第二款规定的情形）		无
从严情形	/	
拟确定的岗位	互监	拟使用期限	一年
确定理由（注：重点表述能否监督罪犯共同履行改造义务）	该犯敢于同违规行为作斗争，符合互监岗位的使用条件。	
分监区意见	经分监区集体研究，建议作为互监岗位罪犯使用。 签章：王× 2023 年 7 月 2 日	
监区意见	经监区长办公会议审议，同意报狱政管理部门审核。 签章：楼× 2023 年 7 月 2 日	
狱政部门意见	经审核，同意报监狱主要领导决定。 签章：蒋×× 2023 年 7 月 5 日	
监狱意见	同意作为互监岗位罪犯使用。 签章：王×× 2023 年 7 月 5 日	

二、《撤销事务犯审批表》

(一) 概念

《撤销事务犯审批表》是分监区对于事务犯,如果出现不宜继续使用的情形,报监区撤销时所使用的执法文书。

(二) 法律(政策)依据

1. 《浙江省监狱事务类罪犯管理规定(试行)》第十条第一款规定:"事务类罪犯有下列情形之一的,应予及时撤销。(一)有不服从民警管理行为的;(二)有打骂、体罚、打击报复他犯行为的;(三)有收受、索取、敲诈他犯财物行为的;(四)有拉帮结伙、故意包庇、煽动闹事行为的;(五)有欺上瞒下、阳奉阴违、弄虚作假行为的;(六)有私自与外协人员接触、图谋不轨的;(七)履行岗位职责不到位,造成严重后果的;(八)因身体原因不能胜任岗位的;(九)有一次性扣20分以上违规违法行为的。"

2. 《浙江省监狱事务类罪犯管理规定(试行)》第十一条规定:"事务类罪犯的撤销,由监区研究确定,报监狱狱政管理部门备案。"

(三) 制作要点

1. 部分栏目的制作要求与《事务犯审批表》类同,不再赘述。

2. "使用时间"应当填写《事务犯审批表》中最终批准同意使用时签署的日期。

3. "撤销理由"须分别填写清楚事实依据和法律(政策)依据。

4. 各级审批意见应依照《浙江省监狱事务类罪犯管理规定(试行)》第十一条规定签署:

(1)"分监区意见"可表述为"经分监区集体研究,建议撤销××岗位"。

(2)"监区意见"可表述为"经监区长办公会议审核,同意撤销互监岗位"。

(四) 文书的实际制作

文书的格式是省局版,制作如下:

撤销事务犯审批表

单位:浙江省第×监狱四监区二分监区 编号:×××××××××

姓名	迟×杰	出生年月	1986年6月	入监时间	2019年4月5日
罪名	盗窃罪	原判刑期	八年	剩余刑期	两年一个月
捕前职业	农民	文化程度	高中	处遇等级	B级
使用时间	2022年11月5日			撤销岗位	互监

撤销理由	2023 年 7 月 2 日，该互监岗位罪犯不认真履职，在两名罪犯争吵、斗殴时不能及时阻止，也未第一时间向民警汇报，导致事态升级，其中一名罪犯在斗殴中胸部受伤被送医院治疗。情形符合《浙江省监狱事务类罪犯管理规定（试行）》第十条第一款第（七）项之规定。
分监区意见	经分监区集体研究，建议撤销互监岗位。 签名：王× 2023 年 7 月 2 日
监区意见	经监区长办公会议审核，同意撤销互监岗位。 签章：楼× 2023 年 7 月 2 日
备注	/

该文书格式上的一些老问题不再赘述。

第六节　罪犯探亲类文书

[**情境十一**] 2022 年 1 月 25 日，浙江省第×监狱三监区经集体研究，提出准予罪犯郭×飞离监探亲以及罪犯吴×洋特许离监的建议。

1. 郭×飞，浙江省岱山县人，A 级处遇，服刑期间一贯表现良好，经危险性评估，离监后不致再危害社会。

2. 吴×洋，浙江省杭州市人，无兄弟姐妹，其父亲病危。其母亲向监狱提出申请，希望罪犯吴×洋能回去见其父亲一面。

一、《罪犯离监探亲审批表》

（一）概念

《罪犯离监探亲审批表》是监狱对符合离监探亲法定条件的罪犯，经法定程序，准予其离监探亲的执法文书。

（二）法律（政策）依据

1. 《中华人民共和国监狱法》第五十七条第二款规定："被判处有期徒刑的罪犯有前款所列情形之一，执行原判刑期二分之一以上，在服刑期间一贯表现好，离开监狱不致再危害社会的，监狱可以根据情况准其离监探亲。"

2. 对于离监探亲的法定条件，司法部《罪犯离监探亲和特许离监规定》（司发通〔2001〕094号）和浙江省《罪犯离监探亲和特许离监实施规定》都作了同样的规定如下：

（1）具有《中华人民共和国监狱法》第五十七条第一款规定的情形之一，即必须具有下述七种情况之一：①遵守监规纪律，努力学习，积极劳动，有认罪服法表现的；②阻止违法犯罪活动的；③超额完成生产任务的；④节约原材料或者爱护公物，有成绩的；⑤进行技术革新或者传授生产技术，有一定成效的；⑥在防止或者消除灾害事故中作出一定贡献的；⑦对国家和社会有其他贡献。

（2）原判有期徒刑以及原判死刑缓期二年执行、无期徒刑减为有期徒刑，执行有期徒刑二分之一以上。

（3）宽管级处遇（相当于浙江省监狱管理局2021年1月29日印发的《浙江省监狱罪犯分级处遇实施办法》中规定的A级处遇）。

（4）服刑期间一贯表现好，离监后不致再危害社会。

（5）探亲对象的常住地在监狱所在的省（区、市）行政区域范围内。

3. 对于离监探亲的法定程序，在司法部《罪犯离监探亲和特许离监规定》规定的基础上，浙江省《罪犯离监探亲和特许离监实施规定》作了更加具体、细致的规定：

（1）公布离监探亲罪犯的标准和条件。

（2）符合离监探亲条件的罪犯进行自我申请。

（3）罪犯所在小组罪犯集体评议。

（4）监区民警组织研究并推荐。

（5）罪犯名单公示无异议后，填写《罪犯离监探亲审批表》。

（6）监狱狱政科进行审核，报"罪犯离监探亲领导小组"审批。

（7）"罪犯离监探亲领导小组"批准的罪犯名单再次进行公示。

（8）经公示无异议或异议不成立的，确定准予离监探亲的罪犯名单。异议成立的，报监狱"罪犯离监探亲领导小组"决定。

（9）对列为重点罪犯管理的或社会影响较大的罪犯，监狱应上报省监狱管理局批准。

4. 依照《浙江省监狱管理局关于进一步加强涉黑涉恶罪犯管理工作的意见》（浙监〔2018〕189号）的相关规定，涉黑涉恶罪犯原则上不安排离监探亲、特许离监探亲。

（三）制作要点

1. 从"性别"到"亲属基本情况"等栏目可通过查阅罪犯档案中的法律文书进行规范填写。

2. "离监探亲事由"是文书的核心栏目，分两段填写，一段为罪犯具体情况符合离监探亲的各种法定条件；另一段引用法律（政策）依据。

3. 各级审批意见应依照浙江省《罪犯离监探亲和特许离监实施规定》的相关规定签署：

（1）"监区意见"可以表述为"经集体研究，建议准予离监探亲×天"。要注意的是，依照第四条之规定，符合条件的罪犯每年只准离监探亲一次，时间为 3 至 7 天。

（2）"狱政部门意见"可以表述为"经审核，同意报监狱罪犯离监探亲领导小组审批"。

（3）"监狱意见"一般由兼任监狱罪犯离监探亲领导小组组长的监狱领导签署，可以表述为："同意准予离监探亲×天，自××××年××月×时起至××××年××月××时止"（适用于一般罪犯）。或者"同意报浙江省监狱管理局批准"（适用于列为重点罪犯管理的或社会影响较大的罪犯）。

（4）对列为重点罪犯管理的或社会影响较大的罪犯离监探亲，应报省（区、市）监狱管理局批准。意见内容可表述为"同意准予离监探亲×天，自××××年××月×时起至××××年××月××时止"。

要注意的是各审批层级若是变更上一个审批层级意见的，需要说明变更理由和结果。

（四）文书的实际制作

罪犯离监探亲审批表

单位：__三__监区　　　　　　　　　　　　　　　　　　罪犯编号：×××××××××

姓名	郭×飞		性别	男	出生日期	1978 年 3 月 9 日	罪名	盗窃罪
刑期	十年	刑期起止	自 2015 年 6 月 3 日起 至 2025 年 6 月 2 日止				剥夺政治权利	/
亲属基本情况	姓　名		与罪犯关系		职业		政治面貌	
	陈×月		妻子		农民		群众	
	家庭住址		浙江省岱山县东沙镇桥×村					
	身份证号		××××××××××××××××××					

离监探亲事由	该犯遵守监规纪律，努力学习，积极劳动，有认罪服法表现；原判有期徒刑且已执行有期徒刑二分之一以上；A级处遇；服刑期间一贯表现良好，经危险性评估，离监后不致再危害社会；探亲对象的常住地在本省行政区域范围内。 依照《中华人民共和国监狱法》第五十七条第二款、司法部《罪犯离监探亲和特许离监规定》第二条之规定，可以准予离监探亲。
监区意见	经集体研究，建议给予该犯离监探亲___五___天。 <div align="right">签章：楼× 2022 年 1 月 25 日</div>
狱政部门意见	经审核，同意报监狱罪犯离监探亲领导小组审批。 <div align="right">签章：蒋×× 2022 年 1 月 29 日</div>
监狱意见	同意准予离监探亲五天，自 2022 年 1 月 30 日 9 时起至 2022 年 2 月 3 日 16 时止。 <div align="right">签章：王×× 2022 年 1 月 29 日</div>

（五）格式设计的不足之处

文书的格式存在的不足有：

1. 单位不应格式化从而只能填写罪犯所在监区，因为该文书有可能会呈报浙江省监狱管理局审批。

2. 没有遵循效率原则。既然是审批表，所有的"法定条件"都应该在栏目的设置上得以展现，既能够让审批人员一目了然，还不会导致误判。因此应增设"具有《中华人民共和国监狱法》第五十七条第一款规定的何种情形""是否已执行原判有期徒刑（或原判死刑缓期二年执行、无期徒刑减为的有期徒刑）二分之一以上""是否服刑期间一贯表现良好，经危险性评估，离监后不致再危害社会"及"处遇等级"四个栏目。

3. 从"性别"到"剥夺政治权利"这几个栏目，和离监探亲的审批没有关系，应删去。

4. 应增设"是否列为重点罪犯管理的，或社会影响较大的罪犯"。

5. 应增设"是否涉黑涉恶罪犯"。

6. "亲属基本情况"应改为"探亲对象基本情况"，"家庭住址"应改为"居住地址"。

7. "离监探亲事由"应改为"法律（政策）依据"，填写内容可以格式化。

8. "狱政部门意见"应改为"狱政管理部门意见"。

9. "监狱意见"应改为"监狱罪犯离监探亲领导小组意见"。

10. 应增加"浙江省监狱管理局意见"栏目。

（六）对格式进行修改并制作新的文书

罪犯离监探亲审批表

单位：浙江省第×监狱三监区　　　　　　　　　　　　　　　罪犯编号：××××××××××

姓名	郭×飞	是否列为重点罪犯管理的或社会影响较大的罪犯			否
具有《中华人民共和国监狱法》第五十七条第一款规定的何种情形			该犯遵守监规纪律，努力学习，积极劳动，有认罪服法表现		
是否已执行原判有期徒刑（或原判死刑缓期二年执行、无期徒刑减为的有期徒刑）二分之一以上					是
是否服刑期间一贯表现良好，经危险性评估，离监后不致再危害社会			是	处遇等级	A级
是否涉黑涉恶罪犯					否
探亲对象基本情况	姓　名	与罪犯关系	职业		政治面貌
	陈×月	妻子	农民		群众
	居住地址	浙江省岱山县东沙镇桥×村			
	身份证号	×××××××××××××××××			
法律（政策）依据	情形符合《中华人民共和国监狱法》第五十七条第二款、司法部《罪犯离监探亲和特许离监规定》第二条之规定，可以准予离监探亲。				
监区意见	经集体研究，建议准予离监探亲　五　天。 　　　　　　　　　　　　　　签章：楼× 　　　　　　　　　　　　　2022 年 1 月 25 日				

狱政管理部门意见	经审核，同意报监狱罪犯离监探亲领导小组审批。 签章：蒋×× 2022 年 1 月 29 日
监狱罪犯离监探亲领导小组意见	同意准予离监探亲五天，自 2022 年 1 月 30 日 9 时起至 2022 年 2 月 3 日 16 时止。 签章：王×× 2022 年 1 月 29 日
浙江省监狱管理局意见	/

二、《罪犯离监探亲证明书》

（一）概念

《罪犯离监探亲证明书》是罪犯被依法批准离监探亲时，监狱发给探亲罪犯证明其离监原因及身份的执法文书。

（二）法律（政策）依据

司法部《罪犯离监探亲和特许离监规定》第八条第一款规定："罪犯回到探亲地后，必须持《罪犯离监探亲证明》及时向当地公安派出所报到，主动接受公安机关的监督。"

（三）制作要点

1. 文书为一式二联，存根联由监狱存档以备查；正本联交由罪犯本人持有。二联虽详略有别，但内容应该一致。

2. 存根联中，"罪犯""家庭住址""与罪犯关系""批准期限""批准人"都应和《罪犯离监探亲审批表》中的内容一致。

3. 存根联中，"填发时间"应填写"批准期限"中的起始日期。

4. 存根联中，填发人应及时制作《罪犯离监探亲证明书》并发给罪犯本人，并在"填发人"一栏签名。

5. 正本联中，离监探亲时间的起止、"探亲对象"、"关系"、"家庭住址"等都应和《罪犯离监探亲审批表》中的内容一致。

6. 正本联中，罪犯的岁数可通过查阅罪犯档案中的法律文书进行规范填写。

7. 正本联中，成文日期应填写"批准期限"中的起始日期。

（四）文书的实际制作

罪犯离监探亲证明书

（存根）

（2022）浙×监探亲证字第 1 号

罪犯：___郭×飞___

性别：___男___

家庭住址：___浙江省岱山县东沙镇桥×村___

与罪犯关系：___妻子___

批准期限：___自 2022 年 1 月 30 日 9 时起至 2022 年 2 月 3 日 16 时止___

批准人：___王××___

填发时间：___2022 年 1 月 30 日___

填发人：___许××___

罪犯离监探亲证明书

（2022）浙×监探亲证字第 1 号

罪犯___郭×飞___，___男___，___43___岁，因服刑期间遵守监规纪律，积极劳动，表现较好，根据《中华人民共和国监狱法》第五十七条之规定，经监狱决定临时离监探亲，时间自___2022___年___1___月___30___日___9___时起至___2022___年___2___月___3___日___16___时止。

特此证明。

___浙江省第×___监狱（公章）

2022 年 1 月 30 日

探亲对象：___陈×月___　关系：___妻子___

家庭住址：___浙江省岱山县东沙镇桥×村___

（五）格式设计的不足之处

文书的格式是部局版，存在的不足有：

1. 存根联中，"罪犯"应改为"姓名"，同时为了避免罪犯重名带来的误操作，应增设"罪犯编号"栏目。

2. 存根联和正本联中的"家庭住址"都应改为"探亲对象居住地址"。

3. 存根联中，"与罪犯关系"应改为"探亲对象与罪犯关系"。

4. 存根联中，应设置相应栏目作为罪犯本人已收到《罪犯离监探亲证明书》的凭证。

5. 正本联中，"根据"应改为"依照"。

6. 正本联中, 引用的法律依据不够具体。

（六）对格式进行修改并制作新的文书

罪犯离监探亲证明书

（存根）

（2022）浙×监探亲证字第 1 号

姓名： 郭×飞

罪犯编号： ×××××××××

性别： 男

探亲对象与罪犯关系： 妻子

探亲对象居住地址： 浙江省岱山县东沙镇桥×村

批准期限： 自 2022 年 1 月 30 日 9 时起至 2022 年 2 月 3 日 16 时止

批准人： 王××

填发时间： 2022 年 1 月 30 日

填发人： 许××

本证明书的正本已发给我。

罪犯（签名）： 郭×飞

2022 年 1 月 30 日

罪犯离监探亲证明书

（2022）浙×监探亲证字第 1 号

罪犯 郭×飞 ， 男 ， 43 岁，因服刑期间遵守监规纪律，积极劳动，表现较好，依照《中华人民共和国监狱法》第五十七条第二款之规定，经监狱决定准予离监探亲五天，时间自 2022 年 1 月 30 日 9 时起至 2022 年 2 月 3 日 16 时止。

特此证明。

浙江省第× 监狱（公章）

2022 年 1 月 30 日

探亲对象： 陈×月 关系： 妻子

探亲对象居住地址： 浙江省岱山县东沙镇桥×村

三、《罪犯特许离监审批表》

（一）概念

《罪犯特许离监审批表》是监狱对符合特许离监法定条件的罪犯，经法定程序，准予离监回家看望或者处理家庭重大变故的执法文书。

（二）法律（政策）依据

1. 对于特许离监的法定条件，司法部《罪犯离监探亲和特许离监规定》和浙江省《罪犯离监探亲和特许离监实施规定》都作了同样的规定：

（1）剩余刑期 10 年以下，改造表现较好的。

（2）配偶、直系亲属或监护人病危、死亡，或家中发生重大变故、确需本人回去处理的。

（3）有县级以上医院出具的病危或死亡证明，及当地村民（居民）委员会和派出所签署的意见。

（4）特许离监的去处在监狱所在的省（区、市）行政区域范围内。

2. 对于特许离监的法定程序，依照浙江省《罪犯离监探亲和特许离监实施规定》第十九条之规定：

（1）罪犯家属或罪犯本人提出特许离监的申请，必须提供县级以上医院出具的病危或死亡证明，及当地村民（居民）委员会和派出所签署的意见。

（2）经监区审核无误后，监区民警组织研究，认为符合条件的填写《罪犯离监探亲审批表》。（注：没有专门的《罪犯特许离监审批表》）

（3）经监狱狱政科审核后，报监狱"离监探亲领导小组"审批。

另外，再依照司法部《罪犯离监探亲和特许离监规定》第十一条第三款及第六条第（三）项之规定，对列为重点管理的罪犯特许离监，须报经省（区、市）监狱管理局批准。

3. 依照《浙江省监狱管理局关于进一步加强涉黑涉恶罪犯管理工作的意见》的相关规定，涉黑涉恶罪犯原则上不安排特许离监。

（三）制作要点

《罪犯特许离监审批表》的制作要点和《罪犯离监探亲审批表》的大致类同，不再赘述。

（四）文书的实际制作

部局和省局都没有提供《罪犯特许离监审批表》的格式，在实际工作中，往往借用《罪犯离监探亲审批表》的格式，但是两者的法定条件和法定程序还是有较多的不同，这里设计了一份专门的《罪犯特许离监审批表》，并制作如下：

罪犯特许离监审批表

单位：浙江省第×监狱三监区　　　　　　　　　　　　罪犯编号：×××××××××

姓名	吴×洋	是否列为重点管理的罪犯		否	是否涉黑涉恶罪犯	否
剩余刑期	五年八个月			改造表现		较好
申请情况	申请人姓名		高×月	与罪犯关系		母亲
	何人病危（死亡）		吴×伟	与罪犯关系		父亲
	有无县级以上医院出具的病危或死亡证明			有		
	有无当地村民（居民）委员会和派出所签署的意见材料			有		
	特许离监的去处			浙江省杭州市三墩镇亲亲家园一期×幢×单元×××室		
法律（政策）依据	情形符合司法部《罪犯离监探亲和特许离监规定》第十一条第一款之规定，可以准予特许离监。					
监区意见	经集体研究，建议准予特许离监＿＿一＿＿天。 签章：楼× 2022 年 1 月 25 日					
狱政管理部门意见	经审核，同意报监狱罪犯离监探亲领导小组审批。 签章：蒋×× 2022 年 1 月 26 日					
监狱罪犯离监探亲领导小组意见	同意准予特许离监一天。 签章：王×× 2022 年 1 月 26 日					

浙江省监狱管理局意见	/

第七节　分级处遇管理类文书

[情境十二] 2022 年 6 月 20 日，浙江省第×监狱四监区二分监区经对两个罪犯陈×达及江×定处遇等级的升降进行了集体研究。

1. 陈×达，现处遇等级为 B 级，获得 2021 年监狱级改造积极分子，处遇等级分为 2600 分，符合 A 级处遇的定级标准。经集体研究，核定陈×达处遇等级升为 A 级。

2. 江×定，现处遇等级为 B 级，当月因违规被一次性扣 20 分。经集体研究，核定江×定处遇等级降为 D 级。

分级处遇管理类文书中，重点是《罪犯分级管理审批表》。

（一）概念

《罪犯分级管理审批表》是监狱为体现宽严相济的刑事政策，调动罪犯的改造积极性，提高罪犯改造质量，根据罪犯的改造表现、原判刑罚、犯罪类型等情况，将罪犯分成不同管理等级，并给予不同处遇，在处遇等级升降时所使用的法律文书。

（二）法律（政策）依据

现行的规范性文件是浙江省监狱管理局 2021 年 1 月 29 日印发的《浙江省监狱罪犯分级处遇实施办法》。其中：

1. 第六条第一款规定了"罪犯处遇等级分为 A、B、C、D、E 五个等级，其中 C 级为基本处遇等级，A、B 级为激励性处遇等级，D、E 级为限制性处遇等级"，第二款规定了"新入监的罪犯，处遇等级为 C 级，……"。

2. 第七条至第十一条分别规定了 A、B、C、D、E 五个等级的定级标准。

3. 第十二条规定："被判处死刑缓期执行、无期徒刑的罪犯在减为有期徒刑之前，处遇等级最高不得定为 A 级。"

4. 依照第十三条规定，"三假犯"、不认罪悔罪的罪犯（依法提出申诉和控告的除外）、邪教类罪犯未转化或转化后反复的，处遇等级最高不得定为 B 级。涉黑涉恶性质犯罪的组织者、领导者和骨干成员处遇等级最高不得定为 A 级。

5. 第十六条对于罪犯因违规被扣分或者受到单项处罚从而降低处遇等级有具体的规定。

6. 第十七条规定了四种应直接降为 E 级的情形。

7. 第十四条第一款规定了"按照标准，罪犯处遇等级升级应由低到高依次升级，降级可越级降级"，第二款规定了"罪犯处遇等级升降由分监区核定，B 级、C 级、D 级报监区备案，A 级、E 级报监狱备案"。

（三）制作要点

1. "编号"填写罪犯编号。

2. "单位"填写至罪犯所在分监区。

3. "年龄""籍贯""罪名""刑期""现刑期起止""有无前科""入监时间"等栏目可通过查阅罪犯档案中的法律文书进行规范填写。

4. "规范熟悉程度"依照罪犯的现实表现勾选其一。

5. "罪犯升降级事由及奖惩情况"对照《浙江省监狱罪犯分级处遇实施办法》第七条至第十三条规定的定级标准或者第十六条、第十七条规定的降级情形填写。

6. "升降级依据"须准确引用《浙江省监狱罪犯分级处遇实施办法》相应的条、款、项。

7. 各级审批意见应依照《浙江省监狱罪犯分级处遇实施办法》第十四条第二款之规定签署：

（1）"分监区意见"可以表述为"经集体研究，核定处遇等级升（降）为×级"。

（2）"监区意见""狱政部门意见"只需填写"/"。

8. "备注"须注明必须的备案情况。

（四）文书的实际制作

罪犯分级管理审批表

编号：×××××××××

单 位	四监区 二分监区	原有级别	B 级	拟升（降） 级 别	A 级
姓 名	陈×达	年 龄	35	籍 贯	浙江省杭州市
罪 名	贪污罪	刑期	十五年	现刑期起止	自 2014 年 1 月 29 日起 至 2025 年 9 月 28 日止
有 无 前 科	无	入监时间	2014 年 10 月 10 日	规范熟 悉程度	√优良、合格、较差

罪犯升降级事由及奖惩情况	该犯非"三假"罪犯、非不认罪悔罪的罪犯、非未转化或转化后反复的邪教类罪犯，也非涉黑涉恶性质犯罪的组织者、领导者和骨干成员。被评为 2021 年监狱级改造积极分子，处遇等级分为 2600 分，达到了 A 级的定级标准。
升降级依据	情形符合《浙江省监狱罪犯分级处遇实施办法》第七条第一款第（一）项之规定。
分监区意见	经集体研究，核定处遇等级升为 A 级。 签名：石×× 2022 年 6 月 20 日
监区意见	/ 签章： 2022 年 6 月 20 日
狱政部门意见	/ 签章： 2022 年 6 月 21 日
备注	须报监狱备案

（五）格式设计的不足之处

1. "编号"应改为"罪犯编号"。

2. "原有级别"应改为"现处遇等级"。

3. "拟升（降）级别"应改为"拟升（降）处遇等级"

4. "年龄""籍贯""罪名""现刑期起止""有无前科"及"规范熟悉程度"等栏目与处遇等级升降的审批没有关系，应该删去。

5. 依照《浙江省监狱罪犯分级处遇实施办法》第十二条之规定，被判处死刑缓期执行、无期徒刑的罪犯在减为有期徒刑之前，处遇等级最高不得定为 A 级。因此应增设"刑种"栏目。

6. 对于原判无期、死缓的罪犯，有"在减为有期徒刑之前，处遇等级最高不得定为 A 级"的规定，因此应增设"刑期起止/起刑日/死刑缓期执行期间"和"刑罚变动情况"两个栏目。

7. 依照《浙江省监狱罪犯分级处遇实施办法》第十三条之规定，"三假犯"、不认罪悔罪的罪犯（依法提出申诉和控告的除外）、邪教类罪犯未转化或转化后反复的，处遇等级最高不得定为 B 级。涉黑涉恶性质犯罪的组织者、领导者和骨干成员处遇等级最高不得定为 A 级。因此应增设"是否'三假犯'、不认罪悔罪的罪犯、未转化或者转化后反复的邪教类罪犯"和"是否涉黑涉恶性质犯罪的组织者、领导者和骨干成员"两个栏目。

8. "入监时间"应改为"收监时间"。

9. "罪犯升降级事由及奖惩情况"及"升降级依据"应合并为一栏，即"升（降）级事由及依据"。

10. "监区意见"及"狱政部门意见"应删去。

（六）对格式进行修改并制作新的文书

以江×定处遇等级降为 D 级为例，制作文书如下：

罪犯分级管理审批表

罪犯编号：×××××××××××

单　位	四监区 二分监区	现处遇等级	B 级	拟升（降） 处遇等级	D 级
姓　名	江×定	刑　种	有期徒刑	刑　期	八年
刑期起止/起刑日 /死刑缓期执行期间	自 2020 年 1 月 16 日起至 2028 年 1 月 15 日止				
刑罚变动情况	/				
收监时间	2020 年 10 月 10 日	是否"三假"罪犯、不认罪悔罪的罪犯、未转化或者转化后反复的邪教类罪犯 （本栏目只在拟升处遇等级时填写）			/
是否涉黑涉恶性质犯罪的组织者、领导者和骨干成员（本栏目只在拟升处遇等级时填写）					/
升（降）级事由及依据	该犯 2022 年 6 月因违规被一次性扣 20 分，情形符合《浙江省监狱罪犯分级处遇实施办法》第十六条第一款第（二）项之规定。				
分监区意见	经集体研究，核定处遇等级降为 D 级。 　　　　　　　　　　　　　　　　签名：石×× 　　　　　　　　　　　　　　　　2022 年 6 月 20 日				
备　注	须报监区备案				

第八节　罪犯死亡处置类文书

[情境十三] 2021 年 12 月 5 日 18 时 58 分，浙江省第×监狱罪犯吴×义突发意识不清倒地，呼之不应，立即送至监狱医院就诊，当时发现瞳孔散大，脉搏消失，立即给予胸外按压，肾上腺素1mg 静推，AED 除颤 4 次后，未恢复窦性心律，遂急送浙江省××××医院急诊抢救，途中持续胸外按压，19 时 32 分到达急诊后继续胸外按压，19 时 37 分气管插管机械通气 PRVC 模式，潮气量 500ML，RR12 次/分，吸入氧气浓度 100%，并给予肾上腺素 1mg 静推每 3 分钟 1 次抢救，期间医院发出《病危通知书》。经浙江省××××医院积极不间断抢救 2 小时 56 分钟，患者双侧瞳孔散大固定，对光反射消失，无自主呼吸，未恢复窦性心律，心电图显示一直线，大动脉搏动未及，心音未闻及，停止抢救，于 22 时 28 分宣告死亡。医院鉴定意见为呼吸心搏骤停（猝死）。

2022 年 2 月 7 日经吴×义父亲、哥哥签字后，尸体火化，骨灰由其亲属带回。

罪犯死亡处置类文书中，比较重要的就是《罪犯死因鉴定书》。

（一）概念

《罪犯死因鉴定书》是罪犯在监狱服刑期间死亡后，根据不同情况分别由监狱或人民检察院依法对其死亡原因作出鉴定，并记载善后处理情况所使用的执法文书。

（二）法律依据

《中华人民共和国监狱法》第五十五条规定："罪犯在服刑期间死亡的，监狱应当立即通知罪犯家属和人民检察院、人民法院。罪犯因病死亡的，由监狱作出医疗鉴定。人民检察院对监狱的医疗鉴定有疑义的，可以重新对死亡原因作出鉴定。罪犯家属有疑义的，可以向人民检察院提出。罪犯非正常死亡的，人民检察院应当立即检验，对死亡原因作出鉴定。"

（三）制作要点

1. 从"性别"到"刑期起止"等栏目可通过查阅罪犯档案中的法律文书进行规范填写。

2. "死亡类别"填写"正常死亡"（若是"非正常死亡"，文书的制作单位就不再是监狱，而是人民检察院了）。

3. "死亡时间"具体填写到分钟。

4. "死亡原因及救治过程"由负责及参与治疗或抢救的医生将诊断的死因和抢救过程如实、详细填写，须签名。

5. "医院或法医鉴定意见"由救治医院作出死亡鉴定意见。

6. "监狱意见"是对医院作出的死因鉴定，以监狱的名义作出结论。一般表述为"系＿＿正常＿＿死亡"。

7. "驻监检察机关意见"一般表述为"对监狱作出的死因鉴定无异议"。

8. "尸体、骨灰的处理情况和埋葬、安置地点"一栏为补记项，后事处理完毕后，由经办民警将尸体处理的时间、方式等情况予以记载，用以备查。由家属签名并捺印更有说服力。

（四）文书的实际制作

罪犯死因鉴定书

姓名	吴×义	性别	男	民族	汉族
文化程度	初中	籍贯	浙江省宁波市	出生日期	1976 年 1 月 29 日
家庭住址	浙江省宁波市海曙区民丰街××号				
罪名	贩卖毒品罪	刑期	十五年	刑期起止	自 2014 年 1 月 27 日起至 2029 年 1 月 26 日止
死亡类别	正常死亡		死亡时间	2021 年 12 月 5 日 22 时 28 分	
死亡原因及救治过程	2021 年 12 月 5 日 18 时 58 分，浙江省第×监狱罪犯吴×义突发意识不清倒地，呼之不应，立即送至监狱医院就诊，当时发现瞳孔散大，脉搏消失，立即给予胸外按压，肾上腺素 1mg 静推，AED 除颤 4 次后，未恢复窦性心律，遂急送浙江省××××医院急诊抢救，途中持续胸外按压，19 时 32 分到达急诊后继续胸外按压，19 时 37 分气管插管机械通气 PRVC 模式，潮气量 500ML，RR12 次/分，吸入氧气浓度 100%，并给予肾上腺素 1mg 静推每 3 分钟 1 次抢救。经浙江省××××医院积极不间断抢救 2 小时 56 分钟，患者双侧瞳孔散大固定，对光反射消失，无自主呼吸，未恢复窦性心律，心电图显示一直线，大动脉搏动未及，心音未闻及，停止抢救，于 22 时 28 分宣告死亡。 　　　　　　　　　　　　　　康××、丁×、陈××、戴××、杨××				
医院或法医鉴定意见	呼吸心搏骤停（猝死） 　　　　　　　　　　　浙江省××××医院（盖章） 　　　　　　　　　　　2021 年 12 月 6 日				

监狱意见	系　正常　死亡 浙江省第×监狱（公章） 2021 年 12 月 6 日
驻监检察 机关意见	对监狱作出的死因鉴定无异议 （公章） 2021 年 12 月 6 日
尸体、骨灰的 处理情况和 埋葬、安置 地点	2022 年 2 月 7 日，经吴×义父亲、哥哥签字后，由莲花殡仪馆将尸体火化，骨灰由 其亲属带回。 吴×定、吴×平（签名、捺印）

第九节　脱逃处置类文书

[**情境十四**] 2021 年 3 月 9 日，浙江省第×监狱罪犯方×兴利用着便服化装冒充外协、尾随民警等手段从生产区大门脱逃，未能即时抓获，需通知公安机关予以追捕。

脱逃处置类文书中，比较重要的就是《在押罪犯脱逃通知书》。

（一）概念

《在押罪犯脱逃通知书》是监狱将在押罪犯脱逃的情况通知监狱所在地、临近地区、可能藏匿地区的公安机关，提请公安机关对脱逃罪犯予以追捕时使用的文书。

（二）法律依据

《中华人民共和国监狱法》第四十二条规定："监狱发现在押罪犯脱逃，应当即时将其抓获，不能即时抓获的，应当立即通知公安机关，由公安机关负责追捕，监狱密切配合。"

（三）制作要点

1.《在押罪犯脱逃通知书》一式三联，分别是存根、正本与回执。存根联由监狱存档；正本联邮寄公安机关；回执联由公安机关签收后寄回给监狱。三联虽详略有别，但内容应该一致。

2. 一起脱逃事件的处置中，可能会制作多份《在押罪犯脱逃通知书》，分别邮寄不同地区的公安机关，这些地区包括监狱所在地、临近地区、脱逃罪犯可能藏匿的一些地区等。并且这些《在押罪犯脱逃通知书》文号中的"字号"必须连续编写。

3. "性别""出生日期""罪名""刑种""刑期""刑期起止"等栏目可通过查阅罪犯档案中的法律文书进行规范填写。《在押罪犯脱逃通知书》中之所以设置关于原判的一些栏目，是为了进一步提高公安机关对此事的重视程度。

4. 正本联中从何处脱逃栏目的填写不能只是"浙江省××监狱"，还应填写详细的地址，以便公安机关及时掌握罪犯脱逃时的地理位置。

5. 存根联中的"审核人""填发人"分别由监狱主管领导、文书的实际制作人签名。

（四）文书的实际制作

在押罪犯脱逃通知书

（存根）

（2021）浙×监逃通字第 1 号

罪犯姓名　方×兴

性别　男

出生年月　1987 年 2 月

罪名　抢劫罪、盗窃罪

刑种　无期徒刑

刑期　／

关押监区　四监区

脱逃时间　2021 年 3 月 9 日

脱逃地点　浙江省第×监狱生产区大门

已通知　绍兴市公安局

填发时间　2021 年 3 月 10 日

审核人　李××

填发人　杜××

在押罪犯脱逃通知书

（2021）浙×监逃通字第 1 号

　　绍兴市公安局 ：

　　罪犯___方×兴___，性别___男___，出生日期___1987 年 2 月 12 日___，罪名___抢劫罪、盗窃罪___，刑种___无期徒刑___，刑期___/___，刑期自_/_年_/_月_/_日至_/_年_/_月_/_日止，该犯于___2021___年___3___月___9___日从___浙江省第×监狱（位于浙江省××市××区××路××号）___脱逃。依照《中华人民共和国监狱法》第四十二条规定，特此通知，请予以追捕。

浙江省第×监狱（公章）

2021 年 3 月 10 日

回执联的制作略。

（五）格式设计的不足之处

　　该文书主要的功能是提请公安机关追捕逃犯，因而应将脱逃罪犯近期的照片、视频及体貌特征作为附件一并送公安机关，因此应在文书后面注明附件，例如，附：罪犯方×兴近期照片、视频及详细体貌特征。

（六）对正本联格式进行修改并制作新的文书

在押罪犯脱逃通知书

（2021）浙×监逃通字第 1 号

　　绍兴市公安局 ：

　　罪犯___方×兴___，性别___男___，出生日期___1987 年 2 月 12 日___，罪名___抢劫罪、盗窃罪___，刑种___无期徒刑___，刑期___/___，刑期自_/_年_/_月_/_日至_/_年_/_月_/_日止，该犯于___2021___年___3___月___9___日从___浙江省第×监狱（位于浙江省××市××区××路××号）___脱逃。依照《中华人民共和国监狱法》第四十二条规定，特此通知，请予以追捕。

浙江省第× 监狱（公章）

2021 年 3 月 10 日

　　附：罪犯方×兴近期照片、视频及详细体貌特征

第五章 狱内侦查类文书

第一节 耳目类文书

[**情境十五**] 2021 年 3 月 16 日下午，浙江省第×监狱四监区四分监区罪犯赵×鹏因产品质量问题与劳动互监陈×昌发生争执，被现场巡查民警制止。晚上，罪犯张×杭向值班民警狱侦员黄××汇报："同监舍的赵×鹏私下表示要抽时间修理修理陈×昌"。黄××与罪犯张×杭谈话，布置张×杭继续关注赵×鹏活动情况，发现异常情况及时报告。另外拟将与赵×鹏同监舍的罪犯陈×胜予以撤销耳目。

1. 张×杭，性格开朗，有一定的活动能力和观察识别能力，自入监以来，能认罪悔罪，遵守监规，积极参加"三课"学习，认真完成劳动任务。狱侦员黄××2021 年 1 月 15 日起对其进行考察并布置相关任务，目前认为张×杭性格、能力等都已具备担任耳目的条件，拟将其确立为分监区控制耳目。

2. 陈×胜，四监区四分监区控制耳目，随着余刑的减少，其对耳目工作表现消极，连续 4 个月没有提供任何有价值的信息。与作为使用人的狱侦员黄××谈话时，多次流露不愿再反映情况、只求平稳服满余刑的念头。

一、《建立耳目审批表》

（一）概念

《建立耳目审批表》是监狱根据狱内侦查工作的任务和要求，经审批程序，将符合条件的罪犯物建成为搜集犯情人员的执法文书。

（二）法律（政策）依据

现行的规范性文件是《浙江省监狱系统狱内侦查工作标准实施细则》，由浙江省监狱管理局于 2018 年 9 月 14 日印发。依照此文件的规定：

1. 耳目的设立条件为：

（1）能为我所用，能保守秘密。

（2）能发现异常情况，能够接近侦查对象。

（3）有一定活动能力和观察识别能力。

2. 耳目分为专案耳目和控制耳目。专案耳目应当根据专案侦查的需要物建，审慎使用；控制耳目的物建应当做到统一设定，合理布局，形成网络，其数量应占在押罪犯总数的 3%~5%。

3. 耳目的设立程序为：

（1）由负责耳目工作的民警提出物建对象，填写《建立耳目审批表》。

（2）监区、狱内侦查支队（科）审核。

（3）监狱分管领导审批。

（三）制作要点

1. "单位"填写至分监区。

2. 要注意的是，这里的"编号"不要填写罪犯编号，应填写本文书的档案编号，由狱内侦查部门统一编制。

3. 为避免耳目身份泄漏，在公开场合一律使用"代号"，为统一管理，代号由耳目审批部门统一设定、填写。代号可以用字母 Z 或 K 加数字构成，Z 表示专案耳目，K 表示控制耳目。数字依次代表监区代号、分监区代号和耳目个人编号。如代号 K445，表示四监区四分监区第 5 号控制耳目。

4. 从"别名"到"主要社会关系"等栏目可通过查阅罪犯档案中的法律文书进行规范填写。

5. "改造表现"应从"认罪悔罪""遵守监规""'三课'学习"及"生产劳动"四个方面进行概述，并对改造表现作出定性评价，一般可以分为"好""较好""一般""差"四个等次。要注意的是，《浙江省监狱系统狱内侦查工作标准实施细则》没有针对耳目在改造表现方面设立条件，实际工作中，很多时候往往会挑选改造表现一般甚至差的罪犯作为耳目，但是作为一个重要的参考栏目，该栏目应结合具体的犯情加以灵活运用。

6. "奖惩情况"填写近三年获得的年度奖励、单项处罚情况。要注意的是，"奖惩情况"也应结合具体的犯情加以灵活运用。

7. "活动能力"主要是对拟物建罪犯的活动及分析能力进行概述。

8. "使用范围"填写拟物建耳目的性质。一般表述为"314 脱逃案专案耳目"或者"分监区（监区、监狱）控制耳目"。

9. 各级审批意见必须依照《浙江省监狱系统狱内侦查工作标准实施细则》的相关规定签署：

（1）"物建人意见"主要是对拟物建罪犯是否具备担任耳目的各方面条件进行概述，并提出建议。

（2）"审核意见"可以表述为"经审核，同意报监狱分管领导批准。"审核的责任部门为监区和狱内侦查部门。

（3）"批示"可以表述为"同意确立为分监区（监区、监狱）控制耳目"。

要注意的是，各审批层级若是变更上一个审批层级意见的，需要说明变更理由和结果。

（四）注意事项

耳目是监狱内部建立和使用的秘密侦查力量，《建立耳目审批表》应归入耳目工作专档，妥善保管。

（五）文书（正本联）的实际制作

建立耳目审批表

单位：浙江省第×监狱四监区四分监区 编号：2021002

代号	K445	姓名	张×杭	别名	/	性别	男	籍贯	浙江省绍兴市
出生日期	1972 年 5 月 11 日	文化程度	大专	民族		汉族	罪名		受贿罪
刑种	有期徒刑	刑期		八年		刑期起止		自 2017 年 3 月 8 日起 至 2025 年 3 月 7 日止	
原工作单位 原 职 务		浙江省××县人力资源与社会保障局就业科副科长							
家庭住址		浙江省绍兴市柯桥区恒锦园×幢×单元×××室							
参加过何种党派、团体及所任职务		捕前曾为中共党员							
简历	1980 年 9 月—1985 年 6 月　　绍兴市柯桥区××街道小学　　　　　学生 1985 年 9 月—1988 年 6 月　　绍兴市柯桥区××初级中学　　　　　学生 1988 年 9 月—1991 年 6 月　　绍兴市柯桥区××高级中学　　　　　学生 1991 年 9 月—1994 年 6 月　　××政法学院　　　　　　　　　　学生 1994 年 7 月—2017 年 3 月　　浙江省××县人力资源与社会保障局科员、副科长 2017 年 3 月—2018 年 8 月　　浙江省××县看守所　　　犯罪嫌疑人、罪犯 2018 年 8 月　　　　　至今　　浙江省第×监狱　　　　　　　　罪犯								
主要罪行	2011 年 3 月到 2017 年 1 月担任浙江省××县人力资源与社会保障局就业科副科长期间，多次利用职务便利非法收受他人财物共计 52.13 万元，为他人谋取利益。								

续表

家庭成员	父亲：张×江，74 岁，中共党员，原绍兴市××法院副院长 母亲：辛×洁，72 岁，群众，绍兴市××电力公司员工
主要社会关系	叔叔：张×江，70 岁，中共党员，原绍兴市××公司总经理
改造表现	能认罪服法；遵守监规；"三课"学习成绩一般；劳动态度积极认真。存在的突出问题是行为养成散漫，内务卫生情况一般。 改造总体表现一般。
奖惩情况	/
活动能力	文化程度较高，犯罪前担任过科级干部，自我保护意识强，有一定的应急应变能力；性格开朗，人际交往能力强，适宜隐蔽；兴趣爱好比较广泛，接触面较广，容易接近侦查对象。
使用范围	分监区控制耳目
物建人意见	该犯具有一定的应变、活动能力和观察识别能力，容易接近侦查对象，通过考察、培养，发现该犯担任耳目的愿望和积极性较高，具备了担任耳目的条件。 建议确立为分监区控制耳目。 物建人：黄×× 2021 年 3 月 17 日
审核意见	经审核，同意报监狱分管领导批准。 钱××、林×× 2021 年 3 月 17 日
批示	同意确立为分监区控制耳目。 陈× 2021 年 3 月 18 日

备注	/

（六）格式设计的不足之处

文书的格式是部局版，存在的不足之处有：

1. 应将"刑期起止"改为"刑期起止/起刑日/死刑缓期执行期间"。

2. 建立耳目要考虑剩余刑期的问题，通常临近刑满的罪犯难以发挥作用，因此有必要在表格上增设"剩余刑期"栏目。

3. "家庭住址"应改为"捕前居住地址"。

4. 遵循效率原则，可以将"家庭成员"和"主要社会关系"合并成一栏，简洁明了。

5. 为保持系列文书栏目名称的一致性，"主要罪行"应改为"主要犯罪事实"。

6. 虽然《浙江省监狱系统狱内侦查工作标准实施细则》没有关于耳目考察的规定，但是各监狱一般都会在正式设立之前，对拟物建的罪犯进行一段时间的考察，考察期的表现是能够影响审批结果的重要参考依据，因此应增设"考察期表现"栏目。

7. 格式在设计上没有展现完整的审批程序，容易带来不必要的干扰。应将"审核意见"拆分为"监区意见"和"狱内侦查部门意见"两栏。再相应地，将"批示"改为"监狱分管领导意见"。

（七）对格式进行修改并制作新的文书

建立耳目审批表

单位：浙江省第×监狱四监区四分监区　　　　　　　　　　　　　　编号：2021002

代号	K445	姓名	张×杭	别名	/	性别	男	籍贯	浙江省绍兴市
出生日期	1972年5月11日	文化程度	大专	民族	汉族	罪名			受贿罪
刑种	有期徒刑	刑期	八年	刑期起止/起刑日/死刑缓期执行期间			自2017年3月8日起至2025年3月7日止		
剩余刑期		三年五个月							
原工作单位原职务		浙江省××县人力资源与社会保障局就业科副科长							

捕前居住地址	浙江省绍兴市柯桥区恒锦园×幢×单元×××室
参加过何种党派、团体及所任职务	捕前曾为中共党员
简历	1980年9月—1985年6月　绍兴市柯桥区××街道小学　学生 1985年9月—1988年6月　绍兴市柯桥区××初级中学　学生 1988年9月—1991年6月　绍兴市柯桥区××高级中学　学生 1991年9月—1994年6月　××政法学院　学生 1994年7月—2017年3月　浙江省××县人力资源与社会保障局 科员、副科长 2017年3月—2018年8月　浙江省××县看守所　犯罪嫌疑人、罪犯 2018年8月　　　至今　浙江省第×监狱　罪犯
主要犯罪事实	2011年3月到2017年1月担任浙江省××县人力资源与社会保障局就业科副科长期间，多次利用职务便利非法收受他人财物共计52.13万元，为他人谋取利益。
家庭成员及主要社会关系	父亲：张×江，74岁，中共党员，原绍兴市××法院副院长 母亲：辛×洁，72岁，群众，绍兴市××电力公司员工 叔叔：张×江，70岁，中共党员，原绍兴市××公司总经理
改造表现	能认罪服法；遵守监规；"三课"学习成绩一般；劳动态度积极认真。存在的突出问题是行为养成散漫，内务卫生情况一般。 改造总体表现一般。
奖惩情况	/
活动能力	文化程度较高，犯罪前担任过领导干部，自我保护意识强，有一定的应急应变能力；性格开朗，人际交往能力强，适宜隐蔽；兴趣爱好比较广泛，接触面较广，容易接近侦查对象。

考察期表现	能够按照任务要求，将行政 3 组的罪犯言行、劳动厂区小组长与外协的接触情况及时报告民警；未发生横向联系；未暴露秘密。
使用范围	分监区控制耳目
物建人意见	该犯具有一定的应变、活动能力和观察识别能力，容易接近侦查对象，通过考察、培养，发现该犯担任耳目的愿望和积极性较高，具备了担任耳目的条件。 建议确立为分监区控制耳目。 物建人：黄×× 2021 年 3 月 17 日
监区意见	经审核，同意报狱内侦查部门进一步审核。 钱×× 2021 年 3 月 17 日
狱内侦查部门意见	经审核，同意报监狱分管领导批准。 林×× 2021 年 3 月 17 日
监狱分管领导意见	同意确立为分监区控制耳目。 陈× 2021 年 3 月 18 日
备注	/

二、《撤销耳目报告表》

（一）概念

《撤销耳目报告表》是对不再具备耳目条件的罪犯，由耳目掌握使用人提出建议、经审批程序撤销耳目身份的执法文书。

（二）法律（政策）依据

依照《浙江省监狱系统狱内侦查工作标准实施细则》的相关规定：

1. 耳目的撤销条件为：

（1）3至6个月以上不能提供有价值信息的。

（2）不适合做耳目的。

（3）耳目使用情形消失的。

2. 耳目的撤销程序为：

（1）由耳目使用民警填写《撤销耳目报告表》。

（2）监区、狱内侦查支队（科）审核。

（3）监狱分管领导审批。

（三）制作要点

1. 从"出生日期"到"刑期"等栏目可通过查阅罪犯档案中的法律文书进行规范填写。

2. "建立耳目时间"应和《建立耳目审批表》中监狱分管领导审批同意的日期一致。

3. "撤销耳目理由"填写撤销耳目的事实依据，明确停止向其布置耳目工作的具体日期，并提出撤销建议。

4. 各级意见的签署必须依照《浙江省监狱系统狱内侦查工作标准实施细则》的相关规定签署：

（1）"审核意见"可以表述为"经审核，同意报监狱分管领导批准"，审核的责任部门为监区和狱内侦查部门。

（2）"批示"可以表述为"同意撤销"。

要注意的是，各审批层级若是变更上一个审批层级意见的，需要说明变更理由和结果。

（四）注意事项

1. 掌握使用人在打算撤销耳目后，应立即停止向其布置耳目工作，无需等待审批，但是正式的撤销是在监狱分管领导审批同意之后。

2. 《撤销耳目报告表》应归入耳目工作专档，妥善保管。

（五）文书的实际制作

撤销耳目报告表

单位：浙江省第×监狱四监区四分监区   编号：2021007

姓名	陈×胜	代号	K443	性别	男	出生日期	1976 年 9 月 11 日
罪名	盗窃罪		刑期	八年	建立耳目时间		2018 年 6 月 13 日
撤销耳目理由							
审核意见							
批示							
备注					/		

撤销耳目理由：

　　该犯刚担任耳目的一年多时间里，多次提供一些有价值的信息，发挥了一定作用。2020 年 11 月以来，该犯表现消极，已连续 4 个月没有提供任何信息。经了解，该犯现刑满日期为 2021 年 10 月 7 日，不愿再反映情况，只求平稳服满余刑，已没有继续担任耳目的愿望和动力。

　　鉴于上述事实，该犯对耳目工作既没有愿望，又没有行动，丧失担任耳目的基本条件，已于 2021 年 3 月 16 日停止向其布置耳目工作，建议撤销其耳目。

掌握使用人：黄××

2021 年 3 月 17 日

审核意见：

经审核，同意报监狱分管领导批准。

钱××、林××

2021 年 3 月 17 日

批示：

同意撤销。

陈×

2021 年 3 月 18 日

（六）格式设计的不足之处

1. 依照《浙江省监狱系统狱内侦查工作标准实施细则》的相关规定，正式的撤销耳目是在监狱分管领导审批同意之后，掌握使用人只是建议撤销耳目，并停止了向该耳目布置工作，因此应将《撤销耳目报告表》改为《撤销耳目审批表》。

2. 应将从"性别"到"刑期"等与文书主旨无关的栏目删去。

3. 格式在设计上没有展现完整的审批程序，容易带来不必要的干扰。应将"审核意见"拆分为"监区意见"和"狱内侦查部门意见"两栏。再相应地，将"批示"改为"监狱分管领导意见"。

（七）对格式进行修改并制作新的文书

撤销耳目审批表

单位：浙江省第×监狱四监区四分监区　　　　　　　　　　　　　编号：2021007

姓名	陈×胜	代号	K443	建立耳目时间	2018 年 6 月 13 日
撤销耳目理由	该犯刚担任耳目的一年多时间里，多次提供一些有价值的信息，发挥了一定作用。2020 年 11 月以来，该犯表现消极，已连续 4 个月没有提供任何信息。经了解，该犯现刑满日期为 2021 年 10 月 7 日，不愿再反映情况，只求平稳服满余刑，已没有继续担任耳目的愿望和动力。 　　鉴于上述事实，该犯对耳目工作既没有愿望，又没有行动，丧失担任耳目的基本条件，已于 2021 年 3 月 16 日停止向其布置耳目工作，建议撤销其耳目。 　　　　　　　　　　　　　　　　　　掌握使用人：黄×× 　　　　　　　　　　　　　　　　　　2021 年 3 月 17 日					
监区意见	经审核，同意报狱内侦查部门进一步审核。 　　　　　　　　　　　　　　　　　　钱×× 　　　　　　　　　　　　　　　　　　2021 年 3 月 17 日					
狱内侦查部门意见	经审核，同意报监狱分管领导批准。 　　　　　　　　　　　　　　　　　　林×× 　　　　　　　　　　　　　　　　　　2021 年 3 月 17 日					
监狱分管领导意见	同意撤销。 　　　　　　　　　　　　　　　　　　陈× 　　　　　　　　　　　　　　　　　　2021 年 3 月 18 日					
备注	/					

第二节 狱内发案类文书

[**情境十六**] 2021 年 3 月 23 日 16 时 5 分,浙江省第×监狱九监区二分监区罪犯潘×峰,因劳动产品质量问题与罪犯孙×力发生争执。现场执勤民警吴××随即将潘×峰和孙×力带至执勤台边,在向劳动组长李×凡了解情况后,对潘×峰和孙×力进行批评教育。期间,潘×峰突然上前用左手卡住孙×力的脖子,用右手朝孙×力的嘴巴猛击一拳,在准备击第二拳时被民警吴××控制住,并被带入防控室隔离。随后,监狱启动了对此事件的处置程序。

一、《涉嫌案犯隔离审查(解除)审批表》

(一) 概念

《涉嫌案犯隔离审查(解除)审批表》是指在发生罪犯涉嫌又犯罪的情况下,狱内侦查部门为收集证据、查明事实,通过审批程序,将犯罪嫌疑人隔离关押,并在结(销)案后解除隔离审查的执法文书。

计分考核系列文件中的《流程导则》第十九条规定:"为查明狱内又犯罪或严重违规违纪事实,给予罪犯隔离审查的,由监狱狱内侦查部门指定民警负责调查工作"。可知,隔离审查适用于"狱内又犯罪或严重违规违纪事实"的罪犯,但是因为本章节分析的是狱内发案类文书,所以这里仅限于"涉嫌狱内又犯罪"。

(二) 法律 (政策) 依据

依照《浙江省监狱系统狱内侦查工作标准实施细则》的相关规定:

1. 需要对罪犯进行隔离审查的,由分监区填写《罪犯隔离审查审批表》,连同有关证据材料报监区、狱内侦查支队(科)审核,监狱分管领导批准。

2. 隔离审查期限一般不超过二个月,案情复杂、期限届满不能终结的重大疑难案件,经批准后可以延长一个月。

3. 案件事实已查清、已结(销)案的。

(三) 制作要点

1. "编号"不要填写罪犯编号,应填写本文书的档案编号,由狱内侦查部门统一编制。

2. "单位"填写至罪犯所在分监区。

3. "出生年月""罪名"及"刑期"等栏目可通过查阅罪犯档案中的法律文书进行规范填写。

4. "健康状况"应填写"健康"或者"患有××疾病",有具体疾病的应写明疾病名称及程度。

5. 填写"隔离审查理由"应讲究事实清楚、条理清晰。

6. 各级审批意见必须依照《浙江省监狱系统狱内侦查工作标准实施细则》的相关规定签署：

（1）"分监区意见"可以表述为"经集体研究，建议采取隔离审查强制措施"。

（2）"监区意见"可以表述为"经审核，同意报狱内侦查部门进一步审核"。

（3）"狱侦部门意见"可以表述为"经审核，同意报监狱分管领导审批"。

（4）"监狱领导意见"可以表述为"同意采取隔离审查强制措施"。

要注意的是，各审批层级若是变更上一个审批层级意见的，需要说明变更理由和结果。

7. "隔离审查期间表现"由负责监管涉嫌罪犯的民警填写，内容主要是涉嫌罪犯在隔离审查期间有无对抗审查言行、现实改造表现、是否具有危险性等，虽然并不影响解除隔离审查的解除，但是如有必要，可以据此提请使用警械或后续的给予禁闭。要注意的是，此处的"有无对抗审查言行"包括各种表面积极配合而实属欺骗、隐瞒的言行。

8. 案件查明并已结（销）案，隔离审查的目的已经达到，要对嫌疑人解除隔离审查，而隔离审查的批准和解除使用的是同一份文书，涉嫌罪犯隔离审查时要经监狱分管领导审批，审批同意的日期即为隔离审查开始日期；解除隔离审查由狱内侦查部门领导根据案件侦查情况批准，隔离审查结束日期即为批准解除的日期。

（四）文书的实际制作

涉嫌案犯隔离审查（解除）审批表

单位：浙江省第×监狱九监区二分监区　　　　　　　　　　　　　编号：（2021）003 号

罪犯姓名	潘×峰	性别	男	出生年月	1993 年 12 月	健康状况	健康
罪　名	故意伤害罪	刑期	八年				
隔离审查理由	2021 年 3 月 23 日 16 时 5 分，浙江省第×监狱九监区二分监区罪犯潘×峰，因劳动产品质量问题与罪犯孙×力发生争执。现场执勤民警吴××随即将潘×峰和孙×力带至执勤台边，在向劳动组长李×凡了解情况后，对潘×峰和孙×力进行批评教育。期间，潘×峰突然上前用左手卡住孙×力的脖子，用右手朝孙×力的嘴巴猛击一拳，在准备击第二拳时被民警吴××控制住，并被带入防控室隔离。 　　经初步调查，罪犯潘×峰已涉嫌故意伤害罪，符合隔离审查条件。						
分监区意见	经集体研究，建议采取隔离审查强制措施。 　　　　　　　　　　　　　　签名：钟×× 　　　　　　　　　　　　　　2021 年 3 月 23 日						

监区意见	经审核，同意报狱内侦查部门进一步审核。 签章：孟×× 2021 年 3 月 23 日
狱侦部门意见	经审核，同意报监狱分管领导批准。 签章：钱×× 2021 年 3 月 24 日
监狱领导意见	同意采取隔离审查强制措施。 签章：赵× 2021 年 3 月 24 日
隔离审查期间表现	该犯在隔离审查期间无对抗审查言行、现实改造表现较好、不具有危险性。 签名：蔡×× 2021 年 5 月 19 日
解除隔离审查意见	案件查明并已销案，对罪犯潘×峰解除隔离审查。 签章：钱×× 2021 年 5 月 19 日

注：执行隔离或解除凭据，加盖公章有效。

（五）格式设计的不足之处

文书格式是省局版，在设计上存在的不足主要有：

1. "涉嫌案犯"四字多余且不规范，应删去。

2. "罪犯姓名"应改为"姓名"，一方面，"罪犯"二字纯属多余；另一方面，又没有同系列文书中的栏目名称保持一致。

3. 为保证罪犯的辨识度，应增设"罪犯编号"栏目。

4. 应增设"刑种"栏目。

（六）对格式进行修改并制作新的文书

若案件已查明，且孙×力经鉴定，伤情为轻微伤，经过调查和取证，狱内侦查部门批准解除对潘×峰的隔离审查，制作文书如下：

隔离审查（解除）审批表

单位：浙江省第×监狱九监区二分监区   编号：（2021）003 号

姓名	潘×峰	罪犯编号	××××××××	性别	男
出生年月	1993 年 12 月	健康状况		健 康	
罪名	故意伤害罪	刑种	有期徒刑	刑期	八 年
隔离审查理由	2021 年 3 月 23 日 16 时 5 分，浙江省第×监狱九监区二分监区罪犯潘×峰，因劳动产品质量问题与罪犯孙×力发生争执。现场执勤民警吴××随即将潘×峰和孙×力带至执勤台边，在向劳动组长李×凡了解情况后，对潘×峰和孙×力进行批评教育。期间，潘×峰突然上前用左手卡住孙×力的脖子，用右手朝孙×力的嘴巴猛击一拳，在准备击第二拳时被民警吴××控制住，并被带入防控室隔离。 经初步调查，罪犯潘×峰已涉嫌故意伤害罪，符合隔离审查条件。					
分监区意见	经集体研究，建议采取隔离审查强制措施。 签名：钟×× 2021 年 3 月 23 日					
监区意见	经审核，同意报狱内侦查部门进一步审核。 签章：孟×× 2021 年 3 月 23 日					
狱内侦查部门意见	经审核，同意报监狱分管领导批准。 签章：钱×× 2021 年 3 月 24 日					
监狱分管领导意见	同意采取隔离审查强制措施。 签章：赵× 2021 年 3 月 24 日					

隔离审查期间表现	该犯在隔离审查期间无对抗审查言行、现实改造表现较好、不具有危险性。 签名：蔡×× 2021 年 5 月 19 日
解除隔离审查意见	案件查明并已销案，对罪犯潘×峰解除隔离审查。 签章：钱×× 2021 年 5 月 19 日

注：执行隔离或解除凭据，加盖公章有效。

二、《狱内案件立案表》

（一）概念

《狱内案件立案表》是指狱内罪犯涉嫌又犯罪案件，经监狱侦查部门初步调查，认为确有犯罪事实，应予进一步侦查，报请上级领导批准立案的执法文书。

要注意的是，《狱内案件立案表》并不适用于罪犯的严重违纪违规事件。

（二）法律（政策）依据

依照《中华人民共和国监狱法》第六十条规定，对罪犯在监狱内犯罪的案件，由监狱进行侦查。侦查终结后，写出起诉意见书，连同案卷材料、证据一并移送人民检察院。

现行的规范性文件主要有《浙江省监狱系统狱内侦查工作标准实施细则》和司法部 2001 年 3 月 9 日发布并施行的《狱内刑事案件立案标准》，是更加重要的政策依据。

依照《浙江省监狱系统狱内侦查工作标准实施细则》的相关规定：

1. 狱内案件应按照司法部《狱内刑事案件立案标准》的要求予以立案，并办理审批手续。

2. 狱内案件的侦查应当建立专案组，由监狱分管领导任专案组组长，专案组应制订侦查计划，及时侦查，迅速破案。

3. 涉案人员有人体损伤可能的，一般应及时参照最高人民法院、最高人民检察院、公安部、国家安全部、司法部联合下发的《人体损伤程度鉴定标准》，委托司法鉴定机构进行人体损伤鉴定。

（三）制作要点

1. "单位"一般填写"浙江省××监狱"。

2. "案件编号"应填写本文书的档案编号，由狱内侦查部门统一编制。

3. "案件类别"的填写应严格依照司法部《狱内刑事案件立案标准》的相关规定填

写，分为一般案件、重大案件及特别重大案件。

4. "发案时间"在填写时应具体到分钟，发案时间不明确的，可以填写案件发现时间。

5. "案件性质"即涉嫌犯罪行为的性质。立案侦查阶段对涉嫌犯罪行为性质的认定只能是"某某案"，不能用"某某罪"。

6. "发案地点"填写案件发生的具体场所，发案地点不明确的，可以填写案件发现地点。

7. "发案过程和犯罪危害情况"分两段填写，一段详细表述案件的六要素，即时间、地点、人物、起因、过程、（现场处置）结果；另一段表述危害情况。另外发案过程不清楚的，则填写发现案件的过程。

8. "立案根据"的填写内容主要包括立案的事实依据和法律（政策）依据。

9. "现场勘查情况记述"的填写内容主要包括案件现场的场景，与案件有关的痕迹、物证和现象等。另外记述场景可以根据空间顺序依次展开。

10. "侦查计划及措施"填写侦查工作的具体方案，包括针对案件成立的专案组情况，对犯罪嫌疑人采取的措施，具体侦查的范围、目标、方法、手段、步骤，以及预计的破案期限等。

11. 各级审批意见必须依照两份规范性文件的相关规定签署：

（1）狱内侦查部门负责对涉嫌犯罪事实及案件性质进行审查，因此"主管科室意见"可以表述为："经审查，同意报监狱领导审批"。

（2）司法部《狱内刑事案件立案标准》第二条第一款规定"监狱发现罪犯有下列犯罪情形的，应当立案侦查"，这里指的是一般案件，可知一般案件立案的决定权限在监狱一级。另外，《浙江省监狱系统狱内侦查工作标准实施细则》规定"狱内案件的侦查应当建立专案组，由监狱分管领导任专案组组长"，因此监狱分管领导就不应在担任专案组组长的同时，还负责签署"监狱意见"。"监狱意见"应由监狱长签署，可以表述为："同意以某某案立案"。

要注意的是，各审批层级若是变更上一个审批层级意见的，需要说明变更理由和结果。

（四）文书的实际制作

狱内案件立案表

单位：浙江省第×监狱　　　　　　　　　　　　　　　　　　　案件编号：202101

案件类别	一般案件	发案时间	2021 年 3 月 23 日 16 时 5 分
案件性质	故意伤害案	发案地点	九监区二分监区劳动厂区

发案经过和危害情况	2021年3月23日16时5分，浙江省第×监狱九监区二分监区罪犯潘×峰，因劳动产品质量问题与罪犯孙×力发生争执。现场执勤民警吴××随即将潘×峰和孙×力带至执勤台边，在向劳动组长李×凡了解情况后，对潘×峰和孙×力进行批评教育。期间，潘×峰突然上前用左手卡住孙×力的脖子，用右手朝孙×力的嘴巴猛击一拳，在准备击第二拳时被民警吴××控制住，并被带入防控室隔离。 　　被潘×峰殴打后，孙×力嘴巴流血、头昏，16时25分被送往监狱医院，经初步诊治后，仍觉得头昏，18时51分被送往浙江省监狱中心医院进一步诊治。
立案根据	经初步调查，罪犯潘×峰实施了故意伤害他人的行为，已涉嫌故意伤害罪。 　　情形符合司法部《狱内刑事案件立案标准》第二条第（十一）项之规定。
现场勘查情况记述	1. 案发现场的厂房东西朝向，共4条流水线，150个工位，执勤台靠东朝西。罪犯潘×峰和罪犯孙×力分别坐在1号流水线15号、16号工位。两犯发生争执后，巡查民警吴××将二人带至执勤台右侧，潘×峰和孙×力分别站立在吴××左右两侧。民警吴××在向劳动组长李×凡了解情况后，对二人进行批评教育时，潘×峰突然上前用左手卡住孙×力的脖子，用右手朝孙×力的嘴巴猛击一拳。 　　2. 案发现场未留下明显打斗痕迹。 　　3. 在案发现场发现一颗脱落的牙齿和带有血迹的纸巾，经监狱医院化验，牙齿为孙×力脱落的上颚门牙，血迹为孙×力被殴打时擦拭嘴巴留下的。
侦查计划及措施	1. 成立专案组负责侦查，专案组由监狱分管领导赵×、狱内侦查支队副支队长方××和侦查员许×组成，赵×任专案组组长。 　　2. 立即对罪犯潘×峰采取隔离审查强制措施，实行24小时严密监管。 　　3. 通过现场监控视频提取证据、询问现场目击证人了解案情、提审潘×峰获取口供、对孙×力的人体损伤程度进行司法鉴定。 　　4. 争取自立案之日起两个月内结案。
主管科室意见	经审查，同意报监狱领导批准。 支队长：钱×× 2021年3月24日
监狱意见	同意以故意伤害案立案。 监狱长：李×× 2021年3月24日

填表人：许×　　　　　　　　　　　　　　　　　　填表日期：2021年3月23日

三、《讯问笔录》

（一）概念

《讯问笔录》是侦查人员在案件侦查过程中讯问犯罪嫌疑人时，对审讯情况所作的现场文字记录。

讯问的对象原则上只限于立案后，确认为有重大犯罪嫌疑或初步查实有犯罪事实的罪犯。讯问的重点内容是犯罪嫌疑人有罪的供述或无罪的辩解。

（二）法律依据

对于讯问犯罪嫌疑人，《中华人民共和国刑事诉讼法》有许多规定，主要有：

1. 第五十条第二款规定："证据包括：（一）物证；（二）书证；（三）证人证言；（四）被害人陈述；（五）犯罪嫌疑人、被告人供述和辩解；（六）鉴定意见；（七）勘验、检查、辨认、侦查实验等笔录；（八）视听资料、电子数据。"可知《讯问笔录》是可以用于证明案件事实的证据。

2. 第一百一十八条第一款规定："讯问犯罪嫌疑人必须由人民检察院或者公安机关的侦查人员负责进行。讯问的时候，侦查人员不得少于二人。"狱内侦查人员在讯问时参照此规定。

3. 第一百二十条第一款规定："侦查人员在讯问犯罪嫌疑人的时候，应当首先讯问犯罪嫌疑人是否有犯罪行为，让他陈述有罪的情节或者无罪的辩解，然后向他提出问题。犯罪嫌疑人对侦查人员的提问，应当如实回答。但是对与本案无关的问题，有拒绝回答的权利。"

4. 第一百二十条第二款规定："侦查人员在讯问犯罪嫌疑人的时候，应当告知犯罪嫌疑人享有的诉讼权利，如实供述自己罪行可以从宽处理和认罪认罚的法律规定。"

5. 第一百二十一条规定："讯问聋、哑的犯罪嫌疑人，应当有通晓聋、哑手势的人参加，并且将这种情况记明笔录"。

6. 第一百二十二条规定："讯问笔录应当交犯罪嫌疑人核对，对于没有阅读能力的，应当向他宣读。如果记载有遗漏或者差错，犯罪嫌疑人可以提出补充或者改正。犯罪嫌疑人承认笔录没有错误后，应当签名或者盖章。侦查人员也应当在笔录上签名。犯罪嫌疑人请求自行书写供述的，应当准许。必要的时候，侦查人员也可以要犯罪嫌疑人亲笔书写供词"。

（三）制作要点

1. 标题后应注明本次审讯的次数，用（第×次）表示。

2. "讯问时间"应完整填写审讯开始的时间至结束的时间，具体到分钟。

3. "讯问地点"应准确地填写审讯所在的具体场所。

4. "承办人"应填写讯问犯罪嫌疑人的侦查人员，并明确承办人的姓名、职务及本次审讯的分工。要注意的是，讯问犯罪嫌疑人必须由有侦查权的侦查人员负责进行，讯问的时候，侦查人员不得少于2人。

5. "被讯问人"应填写犯罪嫌疑人的一些基本情况，可通过查阅罪犯档案中的法律文书进行规范填写。

6. 首次讯问时，讯问的重点内容有三块："核实被讯问人的基本情况""告知被讯问人享有的权利""被讯问人有罪的供述或无罪的辩解"，依次进行。

（1）"核实被讯问人的基本情况"主要包括姓名、出生日期、民族、出生地、原判刑罚、关押单位等。

（2）"告知被讯问人享有的诉讼权利，如实供述自己罪行可以从宽处理和认罪认罚的法律规定"包括两部分：一是表明侦查人员身份；二是给被讯问人看一下监狱印制的《被讯问人权利及义务告知书》。

（3）"被讯问人有罪的供述或无罪的辩解"应当首先讯问犯罪嫌疑人是否有犯罪行为，让他陈述有罪的情节或者无罪的辩解，然后向他提出问题。要注意的是，有罪供述的内容主要包括实施犯罪的时间、地点、动机、目的、情节、手段、结果，以及能够证实上述有罪供述的证据。无罪辩解的内容主要包括没有实施犯罪的时间、不可能出现在犯罪现场、客观上没有能力实施犯罪等事实、理由，以及能够证实上述无罪辩解的证据。

7. 核对《讯问笔录》是履行笔录产生法律效力的法定手续。《讯问笔录》经被讯问人核对，认为没有遗漏或差错，记录内容符合本人真实意思的，应当在《讯问笔录》每页纸下方的空白处签名、捺指印，并在末页正文内容的最后一行下方写上"以上笔录我看过（或向我宣读过），是我讲的原话"，并签名、捺指印、签署日期。如笔录内容有更改、补充的，应由被讯问人在更改、补充处捺指印。被讯问人拒绝核对或者拒绝签名的，笔录中注明"被讯问人拒绝核对、签名"。要注意的是，被讯问人的意见、签名、签署日期须分三行顶格写，中间不空行。

8. 讯问人、记录人分别在笔录末尾签名并签署日期，以示对审讯笔录的真实性负责。

（四）注意事项

1. 须做好讯问前的准备工作，主要包括：①熟悉案情基本情况；②制定一个提纲；③设想可能碰到的问题及对策。

2. 依照《中华人民共和国刑事诉讼法》第一百二十条第一款之规定，侦查人员在讯问犯罪嫌疑人的时候，应当首先讯问犯罪嫌疑人是否有犯罪行为，让他陈述有罪的情节或者无罪的辩解，然后向他提出问题。

3. 对于被讯问人不作正面回答的问题，不能主观臆想、推测，更不允许用掌握的案件情况去暗示或诱供被讯问人。

4. 重要或关键内容被讯问人使用方言、暗语回答的，应原汁原味地记载，并在弄清词义后作出注释。

5. 被讯问人在回答敏感问题时，流露出不自然的目光、语速、语调、身体姿态等表情、语态、肢体语言，对侦查人员判断、分析案情，区别口供的真伪有帮助，属于记载的内容。

6. 乘距离事发时间不长、涉嫌罪犯一般还没有完全镇定之时，问题问得越细致越好。

7. 应体现出民警处置的及时性、妥当性。如果罪犯发生打架，民警当时不应草率认定被打罪犯没事，应及时带去就医，否则几天后有变化的话，就会比较被动。

8. 捺指印一律用右手食指全指印。有特殊情况的话，须注明。

9. 讯问笔录中涉及的警官，一律用全名，而不能含糊地用"吴警官"代指。

10. 依照《中华人民共和国刑事诉讼法》第一百二十三条之规定，侦查人员在讯问犯罪嫌疑人的时候，可以对讯问过程进行录音或者录像；对于可能判处无期徒刑、死刑的案件或者其他重大犯罪案件，应当对讯问过程进行录音或者录像。录音或者录像应当全程进行，保持完整性。

11. 如果被讯问人不配合制作笔录，需要打开执法记录仪，录制整个过程，笔录继续询问，记录答"被讯问人不回答或者拒绝配合。"

（五）文书的实际制作

浙江省第×__监狱

讯　问　笔　录（第 1 次）

讯问时间：__2021__年__3__月__24__日自__10__时__10__分至__11__时__5__分

讯问地点：__高戒备监区审讯室__

承办人：

姓名__方××__职务__狱内侦查支队副支队长、讯问人__

姓名__许×__职务__狱内侦查支队侦查员、记录员__

被讯问人：

姓名__潘×峰__性别__男__民族__汉__出生日期__1993 年 12 月 3 日__籍贯__浙江省新昌县__文化程度__初中__家庭住址__浙江省新昌县绿城花园×幢×单元×××室__。因__故意伤害罪__罪，被判处__有期徒刑八年__，__2015__年__10__月__14__日收监执行刑罚，现在__九__监区__二__分监区服刑。服刑期间刑罚变动情况__／__，变动后刑期截止日期__2023__年__1__月__9__日。

问：你叫什么名字？

答：潘×峰。

问：出生日期？

答：1993 年 12 月 3 日。

问：是哪里人？

答：绍兴市新昌县人。

问：犯的是什么罪，判处何种刑罚？

答：故意伤害罪，8 年有期徒刑。

问：现在哪个监区、分监区服刑？

潘×峰（签名、指印）

答：九监区二分监区。

问：我们是狱内侦查支队的民警（向潘×峰出示证件），现依法对你进行讯问。这是《被讯问人权利及义务告知书》，你看一下。

答：好的。（看了3分钟）

问：你有什么要求？如果没有，在《告知书》上签名。

答：没有什么要求。（在《告知书》上签名）

问：你有没有涉嫌犯罪的问题需要向侦查人员讲清楚？

答：有的。

问：那你把事情经过讲一下。

答：2021年3月23日大概下午4点钟，劳动的时候产品出现差错，我和孙×力吵了几句，被吴××警官带到执勤台。吴××警官在对我批评教育的时候，孙×力朝我冷笑，我想教训一下他，就冲上去打了他。

问：打了哪里，怎么打的？

答：用左手卡住他脖子，右手打到他嘴上。他先嘴巴翘起来朝我冷笑，我就想教训一下他，让他付出点代价。当时吴××警官站在我旁边教育我，我知道他肯定会制止我，所以我动作很快。

问：右手是直拳或者勾拳，还是摆拳？打在对方什么部位，打了几下？

答：是直拳，打在他嘴巴上，就打了一下，想打第二下的时候，被吴××警官控制了。

问：对方有没有出血？牙有没有被打掉？

答：出血了，牙掉没掉没注意。

问：你知道伤害他人行为的后果吗？

答：我知道。我是犯故意伤害罪进来的，扣分我认了，加刑我也认。他是犯盗窃罪进来的，他一个小偷还敢嘲笑我，我就是要教训教训他，让他吃点苦头。

问：你们为什么发生争执？

答：有一件产品李×凡说质量差，怪到我头上。孙×力是前道，要怪就怪孙×力啊。他一下午都坐在那里叨叨，嫌我做得慢。前几天就说我手脚不利索。李×凡和孙×力是老乡，他偏袒孙×力。他是组长嘛，之前我总要给他面子，就算了。这次受不了了，就和孙×力吵起来了。

问：然后发生了什么？

答：我在和他吵的时候，刚好吴××警官巡查走过来，把我们俩带到了执勤台。李×凡也过来了。李×凡和吴××警官讲了一下，吴××警官就批评我和孙×力。孙×力就朝我冷笑，然后我就让他吃点苦头。

问：你说的让他吃点苦头是什么意思？

答：他笑啊，那我就打他的嘴，最好把牙都打掉，让他吃点苦，也让他长点记性。

问：你打了他一拳之后呢？

潘×峰（签名、指印）

答：准备打第二拳的时候，吴××警官反手把我控制了，给我上了手铐。孙×力没反应过来，就只吐血了。

问：之后发生了什么？

答：吴××警官给我上手铐后，我就被隔离了，后面的事情都不知道。

问：一点琐事就动手伤人，没想过自己也会付出代价吗？

答：想过，冷静下来的时候会想。我脾气暴，警官经常教育我让我三思后行。不过没办法，我就是这样的人，当时是恼羞成怒吧。

问：对于整个事件过程，你有没有要补充的？

答：没有其他要补充的。

问：今天我们的讯问就到这里。你把笔录看一遍，核对一下内容是否有出入。如果认为没有出入，也没有需要补充的，在下面写上"以上笔录我看过，是我讲的原话"。并签名、捺指印。

答：好的。（拿起笔录核对）

以上笔录我看过，是我讲的原话。

潘×峰（签名、指印）

2021 年 3 月 24 日

讯问人：方××

记录员：许×

2021 年 3 月 24 日

四、《询问笔录》

（一）概念

《询问笔录》是侦查人员为查明案件事实，向被害人或知情人调查与案情有关情况时所做的现场文字记录。

询问的对象是被害人或证人，在记录内容上，主要是被害人、证人对案情的陈述。

（二）法律依据

《中华人民共和国刑事诉讼法》对于询问的规定主要有：

1. 第五十条第二款规定："证据包括：（一）物证；（二）书证；（三）证人证言；（四）被害人陈述；（五）犯罪嫌疑人、被告人供述和辩解；（六）鉴定意见；（七）勘验、检查、辨认、侦查实验等笔录；（八）视听资料、电子数据。"可知《询问笔录》是可以用于证明案件事实的证据。

2. 第一百二十四条第二款规定："询问证人应当个别进行"。

3. 第一百二十五条规定："询问证人，应当告知他应当如实地提供证据、证言和有意作伪证或者隐匿罪证要负的法律责任"。

4. 第一百二十六条规定："本法第一百二十二条的规定，也适用于询问证人"。也即笔录应当交被询问的证人核对，对于没有阅读能力的，应当向他宣读。如果记载有遗漏或者差错，证人可以提出补充或者改正。证人承认笔录没有错误后，应当签名或者盖章。侦查人员也应当在笔录上签名。证人请求自行书写陈述内容的，应当准许。必要的时候，侦查人员也可以要证人亲笔书写称述内容。

5. 第一百二十七条规定："询问被害人，适用本节各条规定。"也即适用询问证人的规定也同样适用询问被害人。

（三）制作要点

《询问笔录》与《讯问笔录》的制作要求大部分类同，这里不再赘述。

（四）文书的实际制作

浙江省第×　监狱

询　问　笔　录（第1次）

询问时间：　2021　年　3　月　24　日自　13　时　10　分至　13　时　55　分

询问地点：　九监区二分监区教育室　

承办人：

姓名　方××　职务　狱内侦查支队副支队长、询问人　

姓名　许×　职务　狱内侦查支队侦查员、记录员　

被询问人：

姓名　李×凡　性别　男　民族　汉　出生日期　1987年7月7日　籍贯　安徽省霍山县　文化程度　高中　家庭住址　安徽省霍山县下江镇××村　。因　故意伤害　罪，被判处　有期徒刑五年　，　2018　年　9　月　13　日收监执行刑罚，现在　九　监区　二　分监区服刑。服刑期间刑罚变动情况　2021年2月经法院裁定减刑八个月　，变动后刑期截止日期　2022　年　1　月　12　日。

问：你叫什么名字？

答：李×凡。

问：出生日期？

答：1987年7月7日。

问：是哪里人？

答：安徽省霍山县人。

问：犯的是什么罪，判处何种刑罚？

答：故意伤害罪，5年有期徒刑。

李×凡（签名、指印）

问：现在哪个监区、分监区服刑？

答：九监区二分监区。

问：我们是狱内侦查支队的民警（向李×凡出示证件），现依法对你进行询问。这是《被询问人权利及义务告知书》，你看一下。

答：好的。（看了两分钟）

问：你有什么要求？如果没有，在《告知书》上签名。

答：没有什么要求。（在《告知书》上签名）

问：今天为什么事情找你，你清不清楚？

答：我清楚的，是为了潘×峰打孙×力的事情。

问：那你讲一下具体的经过。

答：2021年3月23日下午四点钟出头的样子，那天他俩吵架被吴××警官批评教育。吴××警官正讲着，潘×峰突然冲上去抓住孙×力脖子，一拳就捣在他嘴巴上。我就站在孙×力后面，看到他用手捂着嘴，吐出来很多血，话都说不出来。

问：潘×峰是哪只手抓住孙×力脖子？哪只手打人？是直拳或者勾拳，还是摆拳？打在对方什么部位，打了几下？

答：潘×峰是用左手抓住孙×力脖子，右手打人，是直拳，打在嘴巴上，就打了一下，潘×峰想打第二下的时候，吴××警官跑过来拉住他的手，马上把他上手铐了。

问：牙有没有打掉？

答：没注意。

问：潘×峰和孙×力为什么吵架？

答：因为产品质量。潘×峰做错了，我和他讲，他说是孙×力的事情。孙×力是前道，他是后道。孙×力听到了，就转过身来看了一下产品，说和他没有关系。然后讲潘×峰做得这么慢还做错。然后两个人就争起来了。

问：争的时候你在他们身边吗？

答：就是我在的时候争的，我就说不要争了，抓紧改。这个工序其实是潘×峰做错的。他这个人好面子不承认，孙×力嘲笑他一句，问他是不是汉子，意思就是他不敢承认甩锅了。潘×峰带了句脏话，孙×力回了句脏话，刚好吴××警官看到了走过来制止，把他们带到执勤台，我也跟了过去。在执勤台边上潘×峰才动手的。

问：潘×峰为什么突然动手？

答：我也不知道。当时也吓我一跳，吴××警官正讲着呢，他上去就是一拳。我听赵×浩说当时孙×力用嘴撇潘×峰了，潘×峰估计才火的。我站在孙×力后面没看到。

问：赵×浩什么时间说的，他是怎么看到的？

答：下午回到监房吃晚饭的时候说的。当时他的工位刚好面对着孙×力。

问：孙×力还手了吗？

答：没有。他被打蒙了吧。我扶着他，他捂着嘴，血就流出来了。

问：之后发生了什么？

李×凡（签名、指印）

答：潘×峰还想打第二拳，吴××警官控制住了他，然后于××警官和医务犯过来带孙×力去监狱医院，我就回去劳动了。

问：潘×峰和孙×力之前关系怎么样？

答：关系一般，也可能不太好吧。做上个产品的时候，潘×峰是前道，孙×力是后道。孙×力做得快，嫌潘×峰做得慢。做这个产品我就调了他俩的工序，让孙×力做前道。

问：关于这件事情，或者关于潘×峰和孙×力个人，你还有什么要补充的吗？

答：没有。

问：今天我们的询问就到这，你把笔录看一遍，核对一下内容看看是否有出入，或者有什么需要补充的。如果没有出入和需要补充的，在下面写上"以上笔录我看过，是我讲的原话。"并签名、写日期、按手印。

答：好的。

以上笔录我看过，是我讲的原话。

李×凡（签名、指印）

2021 年 3 月 24 日

询问人：方××

记录员：许×

2021 年 3 月 24 日

五、《狱内案件结（销）案表》

（一）概念

《狱内案件结（销）案表》是一表两用，结案和销案都使用该文书。

《狱内案件结案表》是指监狱侦查部门对立案的案件，经侦查，认为犯罪事实清楚，证据确凿、充分，应当追究犯罪嫌疑人刑事责任的，报请立案批准人终结侦查程序的执法文书。《狱内案件结案表》的制作，标志着犯罪事实已经查清，应予追究刑事责任，侦查程序完成，案件将移送检察机关审查起诉。

《狱内案件销案表》是指监狱侦查部门对立案的案件，侦查过程中发现有法定不追究刑事责任的情形，或者经侦查否定原来立案根据的，报请立案批准人撤销案件的执法文书。《狱内案件销案表》的制作，标志着犯罪嫌疑人的行为没有构成犯罪，或者有法定不予追究刑事责任的情形，侦查机关将停止侦查、撤销案件。

（二）法律依据

《中华人民共和国刑事诉讼法》第十六条规定："有下列情形之一的，不追究刑事责任，已经追究的，应当撤销案件，或者不起诉，或者终止审理，或者宣告无罪：（一）情节显著轻微、危害不大，不认为是犯罪的；（二）犯罪已过追诉时效期限的；（三）经特赦令免除刑罚的；（四）依照刑法告诉才处理的犯罪，没有告诉或者撤回告诉的；（五）犯罪嫌疑人、被告人死亡的；（六）其他法律规定免予追究刑事责任的。"

依照《中华人民共和国刑事诉讼法》第一百六十三条规定，在侦查过程中，发现不应对犯罪嫌疑人追究刑事责任的，应当撤销案件。

（三）制作要点

1. 因为是一表两用，所以结案时，将"销"字划去；销案时，则将"结"字划去。

2. "编号"填写的是狱内侦查部门统一编制的结案（销案）编号。要注意的是，立案后可能结案，也可能销案，因此立案、结案、销案均是独立依次编号。

3. "单位"一般填写"浙江省××监狱"。

4. "立案时间"填写《狱内案件立案表》中监狱长批准同意时签署的日期。

5. "案件类别"的填写内容应和《狱内案件立案表》中的一致。

6. "案件编号"应填写狱内侦查部门统一编制的立案编号。

7. "案件性质"的填写内容应和《狱内案件立案表》中的一致。

8. "破案时间"填写查清全案的时间，破案之日即报请结（销）案之日。

9. "犯罪嫌疑人姓名"的填写内容应和《狱内案件立案表》中的一致。

10. "性别""出生日期""民族""原判罪名""原判刑罚"等栏目可通过查阅罪犯档案中的法律文书进行规范填写。

11. "侦查简况"的填写内容包含三层意思：

（1）案件的概况。

（2）简要介绍案件的侦查过程，包括侦查手段、方法。

（3）查明的事实：或存在犯罪事实，或不构成犯罪，或具有不追究刑事责任的情形。

12. "结（销）案根据和主要证据"的填写内容分为两种：

（1）属于结案的，抓住犯罪事实清楚，证据确凿这一结案前提。可表述为："该案犯罪事实清楚，证据确凿、充分"。然后，列出查实的能够证明犯罪嫌疑人在该案中有罪证据的种类。

（2）属于销案的，填写具体的销案理由。可表述为："案件侦查终结，该案符合《中华人民共和国刑事诉讼法》第十六条第（一）项之规定，应依法不予追究刑事责任"。然后，列出查实的相关证据的种类。

要注意的是，结案时，将栏目中的"销"字划去；销案时，则将"结"字划去。

13. "处理意见"是由专案组对案件提出处理意见。

（1）属于结案的，应包含两层内容：一是明确案件性质、表明应追究其刑事责任；二是报请结案。可表述为："案件侦查终结，罪犯潘×峰故意伤害他人的犯罪事实清楚，应依法追究刑事责任，报请以涉嫌故意伤害罪结案"。

（2）属于销案的，应包含两层内容：一是具有何种销案情形；二是报请销案。可表述为："案件侦查终结，该案符合情节显著轻微、危害不大，不认为是犯罪的情形，应依法不予追究刑事责任，报请销案"。

要注意的是，专案组组长须在此栏签名并签署日期。

14. "主管科室意见"由狱内侦查部门领导在审查后填写。

（1）属于结案的，审查的重点是：犯罪事实是否清楚，证据是否确凿、充分，案件定性是否准确，侦查程序是否合法。

可表述为："经审查，同意报监狱领导批准"（适用于卷宗里有专门的主管科室审查意见材料）。

或者"经审查，该案故意伤害的犯罪事实清楚，证据确凿、充分，定性准确，侦查程序合法，同意报监狱领导批准"（适用于卷宗里没有专门的主管科室审查意见材料，须在审批意见里注明）。

（2）属于销案的，审查的重点是：不构成犯罪的事实是否清楚；有否侦查疑点；销案的理由是否符合法律的规定。

可表述为："经审查，同意报监狱领导批准"（适用于卷宗里有专门的主管科室审查意见材料）。

或者"经审查，该案事实清楚，无侦查疑点，符合法定不追究刑事责任的情形，同意报监狱领导批准"（适用于卷宗里没有专门的主管科室审查意见材料，须在审批意见里注明）。

15. "监狱意见"应由监狱长签署。

（1）属于结案的，可表述为："同意以涉嫌故意伤害罪结案"。

（2）属于销案的，可表述为："同意销案"。

要注意的是，各审批层级若是变更上一个审批层级意见的，需要说明变更理由和结果。

（四）文书的实际制作

若案件已查明，经法医鉴定，被害人孙×力上颚一颗门牙及周边两颗牙齿脱落，其中周边两颗牙齿是在浙江省监狱中心医院诊治期间脱落，人体损伤程度达到轻伤二级。制作《狱内案件结案表》如下：

狱内案件结（销）案表

单位：浙江省第×监狱 编号：202101

立案时间		2021 年 3 月 24 日	案件类别	一般案件	破案时间	2021 年 4 月 13 日
案件编号		202101	案件性质	故意伤害案		
犯罪嫌疑人姓名	性别	出生日期	民族	原判罪名		原判刑罚

潘×峰	男	1993 年 12 月 3 日	汉族	故意伤害罪	有期徒刑八年
/	/	/	/	/	/
/	/	/	/	/	/

侦查简况	经立案侦查，3.23 故意伤害案的事实已经查清，犯罪嫌疑人对犯罪事实供认不讳。 一、案件概况 　　3 月 23 日 16 时 5 分，罪犯潘×峰因劳动产品质量问题与罪犯孙×力发生争执。现场执勤民警吴××将潘×峰和孙×力带至执勤台边进行批评教育。期间，潘×峰突然上前用左手卡住孙×力的脖子，用右手朝孙×力的嘴巴猛击一拳，在准备击第二拳时被民警吴××控制住，并被带入防控室隔离。 　　二、侦查过程 　　1. 调取 3 月 23 日 16 时至 17 时监控视频，监控编号浙×监九监区二分监区厂 003。 　　2. 询问现场目击证人民警吴××、罪犯李×凡、罪犯赵×浩。 　　3. 询问被害人孙×力。 　　4. 讯问潘×峰。 　　5. 对孙×力的人体损伤程度进行司法鉴定。 　　三、查明的主要犯罪事实 　　1. 潘×峰因劳动产品出现差错，被劳动小组长李×凡指责。潘×峰迁怒于其所在流水线前道工位孙×力，与孙×力发生争执。 　　2. 在民警吴××对潘×峰批评教育时，孙×力朝潘×峰冷笑，潘×峰认为自己受到藐视，要教训一下孙×力让其吃点苦头。潘×峰行为的主观故意明确。 　　3. 经法医鉴定，被害人孙×力上颚一颗门牙及周边两颗牙齿脱落，人体损伤程度达到轻伤二级。
结（销）案根据和主要证据	一、该案犯罪事实清楚，证据确凿、充分 二、主要证据 1. 犯罪嫌疑人潘×峰认罪的口供。 2. 被害人孙×力指认犯罪嫌疑人的陈述。 3. 民警吴××、罪犯李×凡、罪犯赵×浩的证人证言。 4. 被害人孙×力脱落的三颗牙齿。 5.《司法鉴定意见书》。 6. 案发现场的监控视频。

处理意见	案件侦查终结，罪犯潘×峰故意伤害他人的犯罪事实清楚，应依法追究刑事责任，报请以涉嫌故意伤害罪结案。 专案组组长：赵× 2021 年 4 月 13 日
主管科室意见	经审查，同意报监狱领导批准。 支队长：钱×× 2021 年 4 月 13 日
监狱意见	同意以涉嫌故意伤害罪结案。 监狱长：李×× 2021 年 4 月 14 日

填表人：许×   填表时间：2021 年 4 月 13 日

（五）格式设计的不足之处

文书的格式是部局版，存在的不足之处有：

1. "原判罪名"应改为"罪名"。

2. "原判刑罚"应删去，增设"刑种""刑期"两栏。

3. 依照《关于监狱办理刑事案件有关问题的规定》（司发通〔2014〕80 号）第二条之规定，罪犯在监狱内犯罪，办理案件期间该罪犯原判刑期即将届满需要逮捕的，在侦查阶段由监狱在刑期届满前提请人民检察院审查批准逮捕。因此有必要增设"余刑"栏目。

（六）对格式进行修改并制作

若案件已查明，经法医鉴定，被害人孙×力上颚一颗门牙脱落，人体损伤程度为轻微伤。对文书格式进行修改并制作《狱内案件销案表》如下：

狱内案件结（销）案表

单位：浙江省第×监狱   编号：202101

立案时间	2021 年 3 月 24 日	案件类别	一般案件	破案 时间	2021 年 4 月 13 日
案件编号	202101	案件性质	故意伤害案		

犯罪嫌疑人姓名	性别	出生日期	民族	罪名	刑种	刑期	余刑
潘×峰	男	1993 年 12 月 3 日	汉族	故意伤害罪	有期徒刑	八年	一年九个月
/	/	/	/	/	/	/	/
/	/	/	/	/	/	/	/

侦查简况	经立案侦查,3.23 故意伤害案的事实已经查清。 一、案件概况 3 月 23 日 16 时 5 分,罪犯潘×峰因劳动产品质量问题与同犯孙×力发生争执。现场执勤民警吴××将潘×峰和孙×力带至执勤台边进行批评教育。期间,潘×峰突然上前用左手卡住孙×力的脖子,用右手朝孙×力的嘴巴猛击一拳,在准备击第二拳时被民警吴××控制住,并被带入防控室隔离。 二、侦查过程 1. 调取 3 月 23 日 16 时至 17 时监控视频,监控编号浙×监九监区二分监区厂 003。 2. 询问现场目击证人民警吴××、罪犯李×凡、罪犯赵×浩。 3. 询问被害人孙×力。 4. 讯问潘×峰。 5. 对孙×力的人体损伤程度进行司法鉴定。 三、查明的主要事实 1. 潘×峰因劳动产品出现差错,被劳动小组长李×凡指责。潘×峰迁怒于其所在流水线前道工位孙×力,与孙×力发生争执。 2. 在民警吴××对潘×峰批评教育时,孙×力朝潘×峰冷笑,潘×峰认为自己受到藐视,要教训一下孙×力让孙×力吃点苦头。 3. 经法医鉴定,孙×力的人体损伤程度为轻微伤。

绪（销）案根据和主要证据	一、案件侦查终结，该案符合《中华人民共和国刑事诉讼法》第十六条第（一）项之规定，应依法不予追究刑事责任 二、主要证据 1. 犯罪嫌疑人潘×峰认罪的口供。 2. 孙×力指认犯罪嫌疑人的陈述。 3. 民警吴××、罪犯李×凡、罪犯赵×浩的证人证言。 4. 被害人孙×力脱落的一颗牙齿。 5. 《司法鉴定意见书》。 6. 案发现场的监控视频。
处理意见	案件侦查终结，该案符合情节显著轻微、危害不大，不认为是犯罪的情形，应依法不予追究刑事责任，报请销案。 专案组组长：赵× 2021 年 4 月 13 日
主管科室意见	经审查，同意报监狱领导批准。 支队长：钱×× 2021 年 4 月 13 日
监狱意见	同意销案。 监狱长：李×× 2021 年 4 月 14 日

填表人：许× 　　　　　　　　　　　　　　　填表时间：2021 年 4 月 13 日

六、《监狱起诉意见书》

（一）概念

《监狱起诉意见书》是监狱对狱内罪犯又犯罪的案件，侦查终结后，认为犯罪事实清楚，证据确凿、充分，依法应当追究刑事责任，提请检察机关审查起诉的执法文书。

（二）法律依据

《中华人民共和国刑事诉讼法》第二百七十三条第一款规定："罪犯在服刑期间又犯罪的，或者发现了判决的时候所没有发现的罪行，由执行机关移送人民检察院处理。"

依照《中华人民共和国监狱法》第六十条规定，对罪犯在监狱内犯罪的案件，由监狱进行侦查。侦查终结后，写出起诉意见书，连同案卷材料、证据一并移送人民检察院。

（三）制作要点

《监狱起诉意见书》属于拟制式文书，有以下一些制作要点：

1. 第一段中罪犯的一些基本情况、判决情况、收押情况等可通过查阅罪犯档案中的法律文书进行规范填写。

2. 第二段中，涉嫌罪名的填写应和《狱内案件结案表》中的一致。

3. 第三段中，"主要事实"的填写是文书制作的核心内容，可以分为以下几个部分填写：

（1）第一部分表述"犯罪事实"，包括时间、地点、主观心理态度、动机、目的、起因、经过、手段、情节、危害结果等事实要素，以时间线索来展现案发过程，用词准确、简洁。

（2）第二部分列举"证据"，应列举能够证明本案犯罪事实的、符合《中华人民共和国刑事诉讼法》规定的所有证据。

（3）第三部分概述"可以影响量刑轻重的情节"。

（4）第四部分明确"犯罪性质及涉嫌罪名"。

4. 最后一段主要是援引移送审查起诉的法律依据，须注意引用的条、款、项、目一定要具体、准确。

5. 成文日期应和《狱内案件结案表》中监狱领导批准同意结案时签署的日期一致。

（四）文书的实际制作

监狱起诉意见书

（2021）浙×监起意字第 1 号

罪犯　潘×峰　，　男　，　1993　年　12　月　3　日出生，　汉　族，　浙江省新昌县人　，原户籍所在地　浙江省新昌县九龙街道　派出所，因　犯故意伤害罪　，经　新昌县　人民法院于　2015　年　9　月　23　日以（2015）　绍新刑　初字第　×××　号刑事判决书判处　有期徒刑八年　，附加　／　，于　2015　年　10　月　14　日交付执行，现押　浙江省第×监狱九监区二分监区　。

现经侦查，罪犯　潘×峰　在服刑期间涉嫌　故意伤害罪　。主要事实如下：

3月23日16时5分，该犯因劳动产品出现差错，被劳动小组长李×凡指责，遂迁怒于其所在流水线前道工位罪犯孙×力，并与其发生争执。现场执勤民警吴××将该犯和孙×力带至执勤台边进行批评教育。期间，孙×力朝该犯冷笑，该犯认为自己受到蔑视，突然上前用左手卡住孙×力的脖子，用右手朝孙×力的嘴巴猛击一拳，在准备击第二拳时被民警吴××控制住，并被带入防控室隔离。经法医鉴定，被害人孙×力上颚一颗门牙及周边两颗牙齿脱落，人体损伤程度达到轻伤二级。

证明上述事实的证据有：①犯罪嫌疑人潘×峰认罪的口供；②被害人孙×力指认犯罪嫌疑人的陈述；③民警吴××、罪犯李×凡、罪犯赵×浩的证人证言；④被害人孙×力脱落的三颗牙齿；⑤《司法鉴定意见书》；⑥案发现场的监控视频。

讯问时，该犯能如实交代自己的犯罪行为，认罪态度较好。

综上所述，罪犯潘×峰在服刑期间不思悔改，无视监规纪律，暴力伤人，并致罪犯孙×力伤情达到轻伤二级，其行为已触犯《中华人民共和国刑法》第二百三十四条第一款之规定，涉嫌故意伤害罪。

根据《中华人民共和国监狱法》第 六十 条、《中华人民共和国刑法》第 二百三十四条 条第 一 款、《中华人民共和国刑事诉讼法》第 二百七十三 条第 一 款的规定，特请你院审查处理。

此致
 ××地区 人民检察院

 浙江省第× 监狱（公章）
 2021 年 4 月 14 日

附：1. 罪犯潘×峰档案共 3 卷 5 册
 2. 罪犯潘×峰涉嫌又犯罪的案卷材料共 2 卷 3 册

（五）格式设计的不足之处

文书的格式是部局版，存在的不足之处有：

1. "户籍所在地"和"户籍所在地派出所"是两个不同的概念，格式中应将"派出所"删去。

2. 引用法律依据时，"根据"应改为"依照"。

3. 格式中最后一段引用的应当是关于"移送审查起诉"的法律依据，而不是"涉嫌故意伤害罪"的法律依据。因此不应引用《中华人民共和国刑法》。

4. 格式中最后一段引用移送审查起诉的法律依据时，《中华人民共和国监狱法》在前，而《中华人民共和国刑事诉讼法》在后。应改为《中华人民共和国刑事诉讼法》在前，《中华人民共和国监狱法》在后。

（六）对格式进行修改并制作新的文书

监狱起诉意见书

 （2021）浙×监起意字第 1 号

罪犯 潘×峰 ， 男 ， 1993 年 12 月 3 日出生， 汉 族， 浙江省新

昌县人　　，原户籍所在地　浙江省新昌县九龙街道　，因　犯故意伤害罪　，经　新昌县　人民法院于　2015　年　9　月　23　日以（2015）　绍新刑　初字第　×××　号刑事判决书判处　有期徒刑八年　，附加　/　，于　2015　年　10　月　14　日交付执行，现押　浙江省第×监狱九监区二分监区　。

　　现经侦查，罪犯　潘×峰　在服刑期间涉嫌　故意伤害罪　。主要事实如下：

　　3月23日16时5分，该犯因劳动产品出现差错，被劳动小组长李×凡指责，遂迁怒于其所在流水线前道工位罪犯孙×力，并与其发生争执。现场执勤民警吴××将该犯和孙×力带至执勤台边进行批评教育。期间，孙×力朝该犯冷笑，该犯认为自己受到藐视，突然上前用左手卡住孙×力的脖子，用右手朝孙×力的嘴巴猛击一拳，在准备击第二拳时被民警吴××控制住，并被带入防控室隔离。经法医鉴定，被害人孙×力上颚一颗门牙及周边两颗牙齿脱落，人体损伤程度达到轻伤二级。

　　证明上述事实的证据有：①犯罪嫌疑人潘×峰认罪的口供；②被害人孙×力指认犯罪嫌疑人的陈述；③民警吴××、罪犯李×凡、罪犯赵×浩的证人证言；④被害人孙×力脱落的三颗牙齿；⑤《司法鉴定意见书》；⑥案发现场的监控视频。

　　讯问时，该犯能如实交代自己的犯罪行为，认罪态度较好。

　　综上所述，罪犯潘×峰在服刑期间不思悔改，无视监规纪律，暴力伤人，并致罪犯孙×力伤情达到轻伤二级，其行为已触犯《中华人民共和国刑法》第二百三十四条第一款之规定，涉嫌故意伤害罪。

　　依照《中华人民共和国刑事诉讼法》第　二百七十三　条第　一　款及《中华人民共和国监狱法》第　六十　条之规定，特请你院审查处理。

　　此致

　　××地区　人民检察院

浙江省第×　监狱（公章）

2021 年 4 月 14 日

附：1. 罪犯潘×峰档案共 3 卷 5 册

　　2. 罪犯潘×峰涉嫌又犯罪的案卷材料共 2 卷 3 册

第三节　顽（危）犯确立类文书

[情境十七] 2022 年 9 月 1 日，浙江省第×监狱二监区四分监区收工后，民警组织对罪犯进行搜身检查时，未发现任何违禁品、危险品及违规品的情况下，对分监区列入的顽

（危）罪犯和重点管控罪犯进行二次搜身，结果在重点管控罪犯蔡×松上衣口袋内搜出一根长约114厘米、宽约1厘米的布条。18时许，对该犯机位、床铺等进行清查，又在其储物箱内发现六根约1米长的布条。

顽（危）犯确立类文书中，重点是《顽（危）犯确立审批表》。

（一）概念

《顽（危）犯确立审批表》是监狱通过排摸，发现罪犯符合顽（危）犯确立的情形时，依法制作和使用的文书。特别需要注意的是：这里的顽（危）犯和"310"（即监狱、监区、分监区三级各确立10名）顽（危）犯是不同的两个概念，在内涵、法定条件、法定程序、教育管理等方面都是不一样的。

（二）法律（政策）依据

现行的规范性文件是《浙江省顽（危）犯教育管理实施办法》，其中：

1. 第四条规定了有下列情形之一的，确立为顽固犯：

（1）拒不认罪、无理纠缠的。

（2）打击先进、拉拢落后、经常散布反改造言论的。

（3）屡犯监规、经常打架斗殴、抗拒管教的。

（4）无正当理由经常逃避学习和劳动的。

（5）其他需要确立为顽固犯的。

2. 第五条规定了有下列情形之一的，确立为危险犯：

（1）有自伤、自残、自杀危险的。

（2）有逃跑、行凶、破坏等犯罪倾向的。

（3）有重大犯罪嫌疑的。

（4）隐瞒真实姓名、身份、地址的。

（5）其他需要确立为危险犯的。

3. 第六条规定："同时具有顽固犯和危险犯特征与要素的罪犯应确立为顽固危险犯。"

4. 第九条规定："顽（危）犯确立，由所在分监区、监区集体研究提出意见，填写《顽（危）犯确立审批表》，监狱狱内侦查部门在接到确立审批表之后，牵头组织教育改造、评估矫治部门相关人员进行审核，监狱分管领导审定。"

（三）制作要点

1. 从"出生年月"到"社会主要关系（姓名、住址）"等栏目可通过查阅罪犯档案中的法律文书进行规范填写。其中"改造期间奖惩"填写获得的年度奖励与单项处罚情况。

2. "顽危性质"应依照本文书的"填写说明"进行填写，根据性质分类，分为顽固犯、危险犯和顽危犯三种；危险犯中又分为脱逃危险分子、自伤危险分子、行凶危险分子、有重大犯罪嫌疑的危险分子等。

3. "列控理由"可以依照《浙江省顽（危）犯教育管理实施办法》第七条有关顽（危）犯排摸确立途径的规定进行填写，从量表测评、客观事实、影响心理稳定和情感变化的事件、信息员及包夹罪犯的日常情况汇报、现实改造表现等几个方面进行表述。

4. 各级审批意见应依照《浙江省顽（危）犯教育管理实施办法》第九条之规定签署：

（1）"分监区意见"可以表述为"经集体研究，建议确立为……"。

（2）"监区意见"可以表述为"经集体研究，同意报狱内侦查部门审核"。

（3）"狱内侦查部门意见"可以表述为"经牵头组织教育改造、评估矫治部门相关人员进行审核后，同意报监狱分管领导审定"。

（4）"监狱领导审批"可以表述为"同意确立为……"。

要注意的是，各审批层级若是变更上一个审批层级意见的，需要说明变更理由和结果。

（四）文书的实际制作

顽（危）犯确立审批表

姓名	蔡×松	出生年月	1999 年 6 月	民族	汉族	籍贯	浙江省长兴县
家庭住址	浙江省长兴县虹星桥镇里×村			原判案由			强奸罪
原判刑期	十一年		刑期起止	自 2021 年 9 月 7 日至 2032 年 9 月 6 日			
前科情况	/						
改造期间奖惩	/						
主要犯罪事实	2021 年 9 月 5 日晚，蔡×松伙同薛×非（另案处理），采用威胁手段强行将曹××带到薛×非家，并先后将曹××轮奸，事后，薛×非骑摩托车又将曹××送到港×村路口。2021 年 9 月 7 日，被害人曹××和其朋友将蔡×松扭送至公安机关。						
个人主要经历	2006 年 9 月—2012 年 6 月　　浙江省长兴县虹星桥镇××小学　　　　学生 2012 年 9 月—2015 年 7 月　　浙江省长兴县虹星桥镇××中学　　　　学生 2015 年 9 月—2018 年 6 月　　浙江省长兴县职业××中心学校　　　　学生 2018 年 6 月—2021 年 9 月　　浙江省长兴县虹星桥镇××汽修中心　临时工 2021 年 9 月—2022 年 6 月　　浙江省长兴县看守所　　　　　犯罪嫌疑人、罪犯 2022 年 6 月　　至今　　浙江省第×监狱　　　　　　　　　　罪犯						

家庭成员姓名、关系	父亲：蔡×同，51岁，浙江省长兴县虹星桥镇里×村农民 母亲：王×翠，46岁，浙江省长兴县虹星桥镇里×村农民
社会主要关系（姓名、住址）	女友：倪×宁，20岁，浙江省长兴县虹星花苑××幢×单元×××室无业 叔父：蔡×新，49岁，浙江省长兴县虹星桥镇里×村农民 叔父：蔡×国，46岁，浙江省长兴县虹星桥镇里×村农民 舅舅：王×建，50岁，浙江省长兴县虹星桥镇里×村农民

本次列控属第___一___次列控		顽危性质	脱逃危险分子

列控理由	1. 2022年9月1日，在收工后的搜身检查中，于该犯上衣口袋内搜出一根长约114厘米、宽约1厘米的布条；18时许，对该犯机位、床铺等进行清查，在其储物箱内发现6根约1米长的布条。 2. 该犯以前与女友关系较好，但在其服刑期间，女友从未来监狱会见。 3. 近3个月来，信息员及联号包夹罪犯汇报，该犯在小组内与他犯交流时透露出非常想女友的念头，日常在小组内经常一个人发呆，多次拨打亲情电话，均未接听，比较担心女友，带有一定的悲观情绪。 4. 该犯在改造过程中无违规行为，但在劳动过程中，经常心不在焉。 5. 2022年9月1日19时许，民警找其谈话，该犯交代了其担心女友、想去看看女友的想法。
分监区意见	经集体研究，建议确立为脱逃型危险犯。 <div align="right">签名：周×× 2022年9月1日</div>

包教民警	唐××	徐××	/
包夹犯人	黄×彦	叶×超	傅×平

监区意见	经集体研究，同意报狱内侦查部门审核。 <div align="right">签章：柯×× 2022年9月1日</div>

狱内侦查 部门意见	经牵头组织教育改造、评估矫治部门相关人员进行审核，同意报监狱分管领导审定。 签章：代×× 2022 年 9 月 2 日
监狱领导 审批	同意确立为脱逃型危险犯。 签名：卢× 2022 年 9 月 2 日

填写说明：

1. 此表一式三份，其中一份留档，狱侦部门、教育改造部门各存一份。

2. 顽危性质：根据性质分类，分为顽固犯、危险犯、顽危犯 3 种。危险犯中又分 4 种，脱逃危险分子、自伤危险分子、行凶危险分子、有重大犯罪嫌疑的危险分子。

（五）格式设计的不足之处

文书的格式是省局版，存在的不足之处有：

1. "家庭住址"应改为"捕前居住地址"。

2. "原判案由"应改为"罪名"。

3. 应增设"刑种"栏目。

4. "原判刑期"应改为"刑期"。

5. 应将"刑期起止"改为"刑期起止/起刑日/死刑缓期执行期间"。

6. 只有反映原判的栏目，没有反映刑罚变动的栏目，而减刑是一种刑事奖励，罪犯获得减刑的情况也能在一定程度上反映其现实的改造表现，而这也正是在确立顽（危）犯时审批人员需要掌握的信息。因此文书中应增设相应的栏目。

7. 为了保持系列文书栏目名称的一致性，应将"个人主要经历"改为"本人简历"。

8. "家庭成员姓名、关系"可以和"社会主要关系（姓名、住址）"合并为一栏，即"家庭成员及主要社会关系（姓名、住址）"。

9. "监狱领导审批"同前面的"分监区意见""监区意见"及"狱内侦查部门意见"在栏目名称上不一致，应改为"监狱意见"。

10. "填写说明"中，第 2 点应改为："顽危性质"根据性质分为顽固犯、危险犯及顽固危险犯 3 种，危险犯又有"脱逃型""自伤型""暴力型""再犯罪型"4 种。

（六）对格式进行修改并制作新的文书

顽（危）犯确立审批表

姓名	蔡×松	出生年月	1999 年 6 月	民 族	汉族	籍贯	浙江省长兴县
捕前居住地址	浙江省长兴县虹星桥镇里×村				罪名		强奸罪
刑种	有期徒刑				刑期		十一年
刑期起止/起刑日/死刑缓期执行期间	自 2021 年 9 月 7 日起至 2032 年 9 月 6 日止						
刑罚变动情况	/						
前科情况	/						
改造期间奖惩	/						
主要犯罪事实	2021 年 9 月 5 日晚，蔡×松伙同薛×非（另案处理），采用威胁手段强行将曹××带到薛×非家，先后将曹××轮奸，事后，薛×非骑摩托车又将曹××送到港×村路口。2021 年 9 月 7 日，被害人曹××和其朋友将蔡×松扭送至公安机关。						
本人简历	2006 年 9 月—2012 年 6 月　浙江省长兴县虹星桥镇××小学　　　学生 2012 年 9 月—2015 年 7 月　浙江省长兴县虹星桥镇××中学　　　学生 2015 年 9 月—2018 年 6 月　浙江省长兴县职业××中心学校　　　学生 2018 年 6 月—2021 年 9 月　浙江省长兴县虹星桥镇××汽修中心　临时工 2021 年 9 月—2022 年 6 月　浙江省长兴县看守所　　　犯罪嫌疑人、罪犯 2022 年 6 月　至今　　　浙江省第×监狱　　　罪犯						
家庭成员及主要社会关系（姓名、住址）	父亲：蔡×同，51 岁，浙江省长兴县虹星桥镇里×村农民 母亲：王×翠，46 岁，浙江省长兴县虹星桥镇里×村农民 女友：倪×宁，20 岁，浙江省长兴县虹星花苑××幢×单元×××室无业 叔父：蔡×新，49 岁，浙江省长兴县虹星桥镇里×村农民 叔父：蔡×国，46 岁，浙江省长兴县虹星桥镇里×村农民 舅舅：王×建，50 岁，浙江省长兴县虹星桥镇里×村农民						
本次列控属第＿一＿次列控		顽危性质			脱逃型危险犯		

列控理由	1. 2022 年 9 月 1 日，在收工后的搜身检查中，于该犯上衣口袋内搜出一根长约 114 厘米、宽约 1 厘米的布条；18 时许，对该犯机位、床铺等进行清查，在其储物箱内发现 6 根约 1 米长的布条。 2. 该犯以前与女友关系较好，但在其服刑期间，女友从未来监狱会见。 3. 近三个月来，信息员及联号包夹罪犯汇报，该犯在小组内与他犯交流时透露出非常想女友的念头，日常在小组内经常一个人发呆，多次拨打亲情电话，均未接听，比较担心女友，带有一定的悲观情绪。 4. 该犯在改造过程中无违规行为，但在劳动过程中，经常心不在焉。 5. 2022 年 9 月 1 日 19 时许，民警找其谈话，该犯交代了其担心女友、想去看看女友的想法。
分监区意见	经集体研究，建议确立为脱逃型危险犯。 签名：周×× 2022 年 9 月 1 日

包教民警	唐××	徐××	/
包夹犯人	黄×彦	叶×超	傅×平

监区意见	经集体研究，同意报狱内侦查部门审核。 签章：柯×× 2022 年 9 月 1 日
狱内侦查部门意见	经牵头组织教育改造、评估矫治部门相关人员进行审核，同意报监狱分管领导审定。 签章：代×× 2022 年 9 月 2 日
监狱意见	同意确立为脱逃型危险犯。 签名：卢× 2022 年 9 月 2 日

填写说明：

1. 此表一式三份，其中一份留档，狱内侦查部门、教育改造部门各存一份。

2. "顽危性质"根据性质分为顽固犯、危险犯及顽固危险犯 3 种，危险犯又分为"脱逃型""自伤型""暴力型""再犯罪型" 4 种。

第六章　教育改造类文书

第一节　年度"双评"类文书

[情境十八] 2022 年 1 月 1 日，年度"双评"（即评审评比）中的评审工作已经完成，在此基础上，浙江省第×监狱三监区一分监区召集罪犯集体评议，集体评议结果为推荐包括罪犯毛×贵在内的 34 名罪犯为 2021 年度改造积极分子。

年度"双评"类文书中，重点是《罪犯评审鉴定表》和《罪犯改造积极分子审批表》。

一、《罪犯评审鉴定表》

（一）概念

《罪犯评审鉴定表》是在年度"双评"中的评审工作阶段，监狱在罪犯自我总结全年改造情况的基础上，由分监区作出评审鉴定意见，经监区、教育改造部门和监狱逐级审批，反映罪犯全年改造表现的执法文书。

《罪犯评审鉴定表》是监狱对罪犯提请减刑、假释时，应当提交人民法院审核的材料之一。

（二）法律（政策）依据

浙江省监狱管理局每年都会发布指导评审评比工作开展的规范性文件，这些文件之间的差异，主要体现在改造积极分子评比条件、评比要求及"双评"开展时间等方面，其他内容则大同小异。

依照省局《关于在罪犯中开展 2021 年度评审评比工作的通知》的相关规定，评审阶段为 12 月 11 日至 12 月 31 日。要求罪犯全员参与，做到一个不漏。监狱评审要重点把握三个环节：一是罪犯个人总结。必须人人写出书面材料，对个人一年来的改造情况进行全面客观总结、自评。二是公布罪犯考核情况。公示每名罪犯考核分情况、劳动出勤率、到课率以及学习成绩，接受监督。三是审议鉴定。罪犯小组对照罪犯的个人总结和改造表现，进行逐个评议，作出评议意见。分监区民警集体对罪犯个人小结和小组评议材料进行审议，作出鉴定意见。

对于评审工作的审批程序，司法部和浙江省监狱管理局都没有规范性文件对此作出明确的规定，在实际工作中，往往是参照评比工作的审批程序：

《监狱教育改造工作规定》第五十二条第一款规定："监狱评选改造积极分子，应当在完成年终评审的基础上，由分监区召集罪犯集体评议推荐，全体警察集体研究，报监区长办公会审议，确定人选。直属分监区或者未设分监区的监区，其人选由分监区或者监区召集罪犯集体评议推荐，全体警察集体研究确定。"

《关于在罪犯中开展 2021 年度评审评比工作的通知》的相关条款规定："监区或者直属分监区确定人选，填写《改造积极分子审批表》，报监狱教育改造部门审核，在本监狱内履行 7 个工作日的公示程序后，提交监狱长办公会审定"。

（三）制作要点

1. 从"性别"到"本年度奖惩情况"这些栏目可通过查阅罪犯档案中的法律文书进行规范填写。

2. "个人鉴定"分为五个方面，其中认罪服法、遵守监规纪律、劳动表现及接受"三课"教育等四个方面，要求罪犯在总结材料中对一年来的实际改造表现进行自我总结，经分管民警审核后，由罪犯本人将总结材料中的主要事实、改造数据等重点内容摘录填写在栏目中。最后一个方面是今后努力方向，重点应当引导罪犯查找问题、制定改造目标和措施。要注意的是，依照 2021 年 10 月 1 日起施行的司法部《监狱计分考核罪犯工作规定》第二十条之规定，对老年、身体残疾、患严重疾病等经鉴定丧失劳动能力的罪犯，不考核劳动改造表现。故此类罪犯在劳动表现方面写明不参加劳动考核的具体情形，但需写明自己对劳动的认识。

3. "分监区意见"是文书的核心栏目，须严格依照《关于在罪犯中开展 2021 年度评审评比工作的通知》规定的"分监区民警集体对罪犯个人小结和小组评议材料进行审议，作出鉴定意见"进行填写。一般可表述为"经分监区民警集体审议，鉴定如下：该犯……"（对罪犯全年改造表现作出总体评价并列举。另外对全年改造表现作出定性评价，一般可以分为"好""较好""一般""差"四个等次）。

4. 其他各级审批意见参照《关于在罪犯中开展 2021 年度评审评比工作的通知》对于评比工作审批程序的规定签署。

（1）"监区意见"可以表述为"经监区长办公会审议，同意报教育改造部门审核"。

（2）"教育改造科意见"可以表述为"经审核，同意提交监狱长办公会审议"。

（3）"监狱意见"可以表述为"经监狱长办公会审议，同意分监区作出的鉴定"。

要注意的是，各审批层级若是变更上一个审批层级意见的，需要说明变更理由和结果。

(四) 文书的实际制作（封面略）

罪犯评审鉴定表

姓名	毛×贵	性别	男	民族	汉族	文化程度	初中
出生日期	1981 年 11 月 11 日		家庭住址		浙江省杭州市拱墅区大浒东苑×幢×单元×××室		
罪名	故意伤害罪	刑种	有期徒刑	刑期	十五年	刑期起止	自 2015 年 5 月 5 日起至 2030 年 5 月 4 日止
刑种刑期变动情况		2019 年 10 月，经法院裁定，减刑六个月。现刑期截止日期：2029 年 11 月 4 日					
主要犯罪事实		2015 年 5 月 5 日，因琐事与邻居黄×发生口角，继而相互发生厮打，毛×贵操起身边的一根木棍挥向黄×的头部，黄×的后脑勺被击中，因伤势过重抢救无效死亡。					
本年度奖惩情况		/					
个人鉴定		认罪服法情况： 　　能认罪悔罪，深挖走上犯罪道路的思想根源，真心接受法院判决，珍惜政府给我改过自新的机会。在改造中能时刻反省自己，自觉履行改造义务，牢记罪犯身份意识，明确改造目标，积极靠拢政府，相信政策，服从警官的管理，注重自身的思想本质改造，踏实走好改造的每一步。					
		遵守监规纪律情况： 　　一年来，能牢记罪犯身份，严格遵守各项监规纪律，以《监狱服刑人员行为规范》约束自己的言行，提高自我改造意识，克服不足。平时，能做到服从命令听指挥，熟记各项监规纪律，并自觉落实到实际行动中去。一年来，没有违规扣分的情况。在今年 8 月监狱开展的"百日安全竞赛"活动中，能端正态度，积极投入，同时督促其他罪犯遵守纪律。					
		劳动表现情况： 　　能明确劳动改造的重要性，劳动是服刑人员的基本改造义务，只有积极劳动才能清除好逸恶劳的思想，才能掌握社会生存的本领。一年来，能端正劳动态度，服从分配，积极劳动，遵守劳动纪律和安全操作规程。积极钻研生产技能，空余时间阅读与劳动有关的专业书籍，虚心向工人师傅请教，已较熟练地掌握岗位操作技能。全年劳动无缺勤，产品质量达到优质，节约原辅材料消耗 500 余元。					

	接受思想、文化、职业技术教育情况： 　　学习态度端正，积极参加思想、文化、职业技术教育，全年"三课"学习取得较好成绩，思想 86 分，文化 85 分，技术 87 分，平均成绩 86 分。平时能关心国家时事政治，坚持阅报，订阅相关的法律书刊，增强知法守法意识。参加成人中专学历教育，本学年报考的两门课程全部通过考试。踊跃参加监狱组织的文体活动，在监狱组织的"歌唱祖国"卡拉OK 比赛中获个人演唱二等奖。积极写稿投稿，全年被省新生报录用 1 篇，被监狱新生报录用 3 篇。
	今后努力方向： 　　全年改造中存在的不足有：服刑意识还不够牢固，改造中遇到不顺心的事有泄气现象；和其他罪犯之间互相监督批评不够。决心在今后的改造中更加注重思想本质的改造，进一步增强服刑意识，继续保持成绩，克服存在的不足。明年的改造目标是：继续争取全年无违规、无扣分；保质保量完成劳动任务；"三课"平均成绩争取达到 88 分以上；完成成人中专学历教育，取得毕业文凭；各类稿件录用数超过 5 篇。
分监区 意见	经分监区民警集体审议，鉴定如下：该犯身份意识较强，能认罪服法，服从管理教育，遵守监规纪律，认真参加"三课"学习，积极参加劳动，超额完成劳动任务，取得较好的改造成绩；全年无违规扣分，"三课"到课率 100%，平均成绩 86 分，稿件被录用数 4 篇，全年劳动无缺勤。改造表现评价等级为"好"。 签章：李×× 2021 年 12 月 16 日
监区意见	经监区长办公会审议，同意报教育改造部门审核。 签章：夏×× 2021 年 12 月 17 日
教育改造 科意见	经审核，同意提交监狱长办公会审议。 签章：洪×× 2021 年 12 月 21 日

监狱意见	经监狱长办公会审议，同意分监区作出的鉴定。 签章：陈×× 2021 年 12 月 31 日

《罪犯评审鉴定表》的格式在设计上仍存在一些旧问题，不再赘述。另外在实际工作中，该文书在制作上经常会出现两个不够规范的现象：

1. 各级签署的意见内容往往包含了改造积极分子的审批。一方面，对于改造积极分子，有专门的《罪犯改造积极分子审批表》，无须多此一举；另一方面，偏离了原本的行文目的，既然是《罪犯评审鉴定表》，那么文书中的所有内容都应围绕"鉴定"二字，签署意见时也应注意这一点。

2. 无论是哪个审批层级，只要是经过合议的，就让所有参与合议的民警在《罪犯评审鉴定表》中签名。依照《关于在罪犯中开展 2021 年度评审评比工作的通知》规定的"分监区评议、监区审议、监狱审定等环节的会议合议应当如实记录，记录要素齐全，内容全面客观。参会人员应当在会议记录上亲笔签名。"一方面，所有参与合议的人已经在会议记录上签过一次名了，没必要重复；另一方面，可以将会议记录作为《罪犯评审鉴定表》的附件，既能达到同样的效果，还可以使文书制作变得更加简洁、高效。

二、《罪犯改造积极分子审批表》

（一）概念

《罪犯改造积极分子审批表》是监狱在年度"双评"中的评比工作阶段，在评审的基础上，将改造表现突出的罪犯，经审批程序，给予改造积极分子年度奖励的执法文书。

（二）法律（政策）依据

《监狱教育改造工作规定》第五十一条第二款规定："改造积极分子的条件：认罪悔罪，积极改造；自觉遵守法律、法规、规章和监规纪律；讲究文明礼貌，乐于助人；认真学习文化知识和劳动技能，成绩突出；积极参加劳动，完成劳动任务；达到计分考核奖励条件。"

《监狱教育改造工作规定》第五十二条第一款规定："监狱评选改造积极分子，应当在完成年终评审的基础上，由分监区召集罪犯集体评议推荐，全体警察集体研究，报监区长办公会审议，确定人选。直属分监区或者未设分监区的监区，其人选由分监区或者监区召集罪犯集体评议推荐，全体警察集体研究确定。"

《监狱教育改造工作规定》第五十二条第二款规定："监区或者直属分监区确定人选后，填写《改造积极分子审批表》，报监狱教育改造部门审核，在本监狱内履行公示程序后，提交监狱长办公会审定。"

在实际工作中，依照的往往是浙江省监狱管理局每年发布的规范性文件，如《关于在罪犯中开展 2021 年度评审评比工作的通知》，规定得更加具体和更具可操作性：

1. 在完成年终评审基础上，召集分监区罪犯集体评议推荐，分监区民警集体研究，报监区长办公会审议，确定监狱改造积极分子推荐人选；直属分监区或者未设分监区的监区，其人选由分监区或者监区召集罪犯集体评议推荐，全体民警集体研究。

2. 评比条件。

（1）认罪悔罪，服从管教，积极改造。

（2）熟练掌握《监狱服刑人员行为规范》，自觉遵守监规纪律。

（3）"三课"学习认真，到课率在 98% 以上，各科考试及格，且平均分在 75 分以上。

（4）劳动态度端正，完成劳动任务，全年出勤率在 98% 以上。

（5）2021 年 1 月 1 日前入监，连续参加 2021 年 1 月至 12 月考核，且考核无扣分。

（6）没有完整参加监狱连续 12 个月考核、"三课"学习及劳动改造，暂予监外执行后收监执行，解回再审等罪犯不具有参加评比的资格。

3. 评比要求。

（1）对涉黑涉恶等重要案犯要严格标准，严格控制比例。在同等条件下，应向直接从事一线劳动的罪犯，从事技术难度大和劳动强度大的劳动工种罪犯，以及学技术、用技术积极的罪犯倾斜。

（2）职务犯罪、破坏金融管理秩序和金融诈骗犯罪、组织（参加、包庇、纵容）黑社会性质组织罪等"三类罪犯"以及其他在社会上有一定影响、备受社会关注罪犯的评比按照中央政法委《关于严格规范减刑、假释、暂予监外执行切实防止司法腐败的意见》（中政委〔2014〕5 号）精神，严格条件，控制比例。"三类罪犯"改造积极分子奖励人数所占全监改造积极分子奖励人数的比例，不能超过"三类罪犯"参评人数占全监押犯参评人数比例；"三类罪犯"中，每一单类罪犯的受奖人数不能超过其参评人数的 20%。对涉恶类、暴恐类罪犯的评比奖励应根据有关文件精神，从严控制。

（3）外省籍罪犯改造积极分子奖励人数所占全监改造积极分子奖励人数的比例，应与外省籍罪犯参评人数占全监押犯参评人数比例相当。

（4）改造积极分子的比例控制在 2021 年 12 月底狱政报表统计的在押犯数中实际服刑 12 个月以上的罪犯人数的 20% 以内。

4. 审批程序：监区或者直属分监区确定人选，填写《改造积极分子审批表》，报监狱教育改造部门审核，在本监狱内履行 7 个工作日的公示程序后，提交监狱长办公会审定。

（三）制作要点

1. "单位"填至罪犯所在的分监区。

2. 从"性别"到"刑期起止"这些栏目可通过查阅罪犯档案中的法律文书进行规范填写。

3. "改造表现"是文书的核心栏目，须既有定性的评价又有定量的数据。

4. 各级审批意见须依照《关于在罪犯中开展 2021 年度评审评比工作的通知》的规定签署。

（1）"分监区意见"可以表述为"经分监区民警集体研究，建议评为 2021 年度改造积极分子"。

（2）"监区意见"可以表述为"经监区长办公会审议，同意报教育改造部门审核"。

（3）"教育改造科意见"可以表述为"经审核，同意提交监狱长办公会审议"。教育改造部门作为监狱"双评"工作的业务主管部门，须把握和平衡各监区年度改造积极分子评比的条件和名额，为监区意见把关，并对监区上报的奖励名单要在全监范围内进行公示，接受监督。

（4）"监狱意见"可以表述为"经监狱长办公会审议，同意评为 2021 年度改造积极分子"。

要注意的是，各审批层级若是变更上一个审批层级意见的，需要说明变更理由和结果。

（四）文书的实际制作

罪犯改造积极分子审批表

单位：浙江省第×监狱三监区一分监区　　　　　　　　　　　罪犯编号：×××××××××

姓名	毛×贵		性别	男	出生日期	1981 年 11 月 11 日
罪名	故意伤害罪	刑期	十五年	刑期起止		自 2015 年 5 月 5 日起 至 2030 年 5 月 4 日止
改造表现	2021 年 1 月 1 日前入监，连续参加 2021 年 1 月至 12 月考核。全年改造表现概述如下： 　　1. 认罪服法，承认犯罪事实，服从法院判决，认罪悔罪态度端正，有悔过自新的愿望。服从监狱人民警察的管理教育，认识到自己犯罪行为的社会危害性，表示要以积极改造的行动来赎罪。 　　2. 熟练掌握《监狱服刑人员行为规范》，自觉遵守监规纪律，对其他罪犯劳动中弄虚作假的行为敢于大胆批评，全年未发生违规扣分。 　　3. 认真参加思想、文化、职业技术学习，到课率 100%，"三课"平均成绩 86 分。积极参加监狱组织的各项文体活动，在监狱组织的"歌唱祖国"卡拉 OK 比赛中获个人演唱二等奖。积极写稿投稿，全年被省新生报录用 1 篇，被监狱新生报录用 3 篇，25 篇稿件被分监区黑板报录用。 　　4. 劳动态度端正，积极参加生产劳动，吃苦精神较强，生产技能熟练，完成劳动任务表现突出，全年出勤率 100%，超劳动考核指标 15%，分监区排名第三。 　　改造表现评价等级为"好"。					

分监区意见	经分监区民警集体研究，建议评为 2021 年度改造积极分子。 签章：李×× 2022 年 1 月 5 日
监区意见	经监区长办公会审议，同意报教育改造部门审核。 签章：夏×× 2022 年 1 月 6 日
教育改造科意见	经审核，同意提交监狱长办公会审议。 签章：洪×× 2022 年 1 月 11 日
监狱意见	经监狱长办公会审议，同意评为 2021 年度改造积极分子。 签章：陈×× 2022 年 1 月 21 日
批准机关意见	/
备注	/

（五）格式设计的不足之处

文书的格式是部局版，存在的不足之处有：

1. 应增设"刑种"栏目。

2. 应将"刑期起止"改为"刑期起止/起刑日/死刑缓期执行期间"。

3. 只有反映原判的栏目，没有反映刑罚变动的栏目，而减刑是一种刑事奖励，罪犯获得减刑的情况也能在一定程度上反映其现实的改造表现，因此应增设相应的栏目。

4. 依照《关于在罪犯中开展 2021 年度评审评比工作的通知》规定的"没有完整参加监狱连续 12 个月考核、'三课'学习及劳动改造，暂予监外执行后收监执行，解回再审等罪犯不具有评比资格"，应增设"是否完整参加连续 12 个月考核、'三课'学习及劳动改造""是否暂予监外执行后收监执行"及"是否解回再审"三个栏目，一方面，可以使文书在设计上可以展现所有的法定条件；另一方面，不会导致审批人员误判。（如果次年文件规定有变动，文书格式也可以相应变动，绝不是一成不变的。）

5. 应增设"是否涉黑涉恶等重要案犯"及"是否职务犯罪、破坏金融管理秩序和金融诈骗犯罪、组织（参加、包庇、纵容）黑社会性质组织罪以及其他在社会上有一定影响、备受社会关注的罪犯"两栏。

6. 虽然《关于在罪犯中开展 2021 年度评审评比工作的通知》规定了在监狱长办公会审定后"监狱上报《2021 年度罪犯监狱改造积极分子情况统计表》，经局教育改造处审查后确定最终名额。"但是局教育改造处不会在具体的每一份《罪犯改造积极分子审批表》上签署意见，因此"批准机关意见"栏目应删去。

（六）对格式进行修改并制作新的文书

罪犯改造积极分子审批表

单位：浙江省第×监狱三监区一分监区 　　　　　　　　　　　　　罪犯编号：xxxxxxxxxx

姓名	毛×贵	性别	男	出生日期	1981 年 11 月 11 日
罪名	故意伤害罪	刑种	有期徒刑	刑期	十五年
刑期起止/起刑日/死刑缓期执行期间	自 2015 年 5 月 5 日起至 2030 年 5 月 4 日止				
刑罚变动情况	2019 年 10 月，经法院裁定，减刑六个月。 现刑期截止日期：2029 年 11 月 4 日				
是否完整参加连续 12 个月考核、"三课"学习及劳动改造	是				
是否暂予监外执行后收监执行	否				
是否解回再审	否				
是否涉黑涉恶等重要案犯	否				
是否职务犯罪、破坏金融管理秩序和金融诈骗犯罪、组织（参加、包庇、纵容）黑社会性质组织罪以及其他在社会上有一定影响、备受社会关注的罪犯	否				

改造表现	全年改造表现概述如下： 1. 认罪服法，承认犯罪事实，服从法院判决，认罪悔罪态度端正，有悔过自新的愿望。服从监狱人民警察的管理教育，认识到自己犯罪行为的社会危害性，表示要以积极改造的行动来赎罪。 2. 熟练掌握《监狱服刑人员行为规范》，自觉遵守监规纪律，对其他罪犯劳动中弄虚作假的行为敢于大胆批评，全年未发生违规扣分。 3. 认真参加思想、文化、职业技术学习，到课率100%，"三课"平均成绩86分。积极参加监狱组织的各项文体活动，在监狱组织的"歌唱祖国"卡拉OK比赛中获个人演唱二等奖。积极写稿投稿，全年被省新生报录用1篇，被监狱新生报录用3篇，25篇稿件被分监区黑板报录用。 4. 劳动态度端正，积极参加生产劳动，吃苦精神较强，生产技能熟练，完成劳动任务表现突出，全年出勤率100%，超劳动考核指标15%，分监区排名第三。 改造表现评价等级为"好"。
分监区意见	经分监区民警集体研究，建议评为2021年度改造积极分子。 签章：李×× 2022年1月5日
监区意见	经监区长办公会审议，同意报教育改造部门审核。 签章：夏×× 2022年1月6日
教育改造部门意见	经审核，同意提交监狱长办公会审议。 签章：洪×× 2022年1月11日
监狱意见	经监狱长办公会审议，同意评为2021年度改造积极分子。 签章：陈×× 2022年1月21日

备注	上报省局复核后确定最终名额。

第二节　顽（危）犯转化类文书

[**情境十九**] 2022 年 8 月 15 日，浙江省第×监狱四监区二分监区经过集体研究，拟对包括脱逃型危险犯江×忠在内的三名罪犯，提出撤销顽（危）犯的申请。

顽（危）犯转化类文书中，重点是《顽（危）犯转化（解脱）审批表》。

（一）概念

《顽（危）犯转化（解脱）审批表》是监狱对顽（危）犯经过教育转化成效认定、评估及审批程序予以转化（撤销）时制作和使用的执法文书。

（二）法律（政策）依据

现行的规范性文件是《浙江省顽（危）犯教育管理实施办法》。

1. 依照第三十三条之规定，顽固犯经教育后符合以下标准，并经 1—3 个月的考察证实已经稳定，由所在分监区提出转化申请：

（1）能认罪悔罪，遵守监规纪律。

（2）对自己的错误行为有比较深刻的认识，能写出悔过和保证书，或在公开场合表明悔过态度和做出保证。

（3）能参加"三课"学习，遵守正常教学秩序，到课率能达到平均水平以上。

（4）能参加生产劳动，服从管理，按时完成劳动任务。

（5）危险性评估结果有明显改善的。

（6）有其他积极改造思想和行为表现的。

2. 依照第三十四条之规定，危险犯经教育后符合以下标准，并经 1—3 个月的考察证实已经稳定，由所在分监区提出撤销申请：

（1）导致危险行为倾向的心理因素得到控制和解除，危险性评估结果有明显改善的。

（2）能主动向民警汇报思想，民警能够切实掌握其思想状况。

（3）"三假"罪犯主动供述，得到查证。

（4）放弃脱逃、自杀、行凶念头或导致脱逃、自杀、行凶行为倾向的潜在因素基本消除。

（5）有其他积极改造思想和行为表现的。

3. 如果是顽固危险犯，须同时满足第三十三条及第三十四条之规定。

4. 依照第三十五条之规定，有下列情形之一的，不得申请转化或呈报撤销：

（1）考察期内有一次性故意违规扣 20 分以上或累计扣 30 分以上的。

（2）有新的顽（危）倾向或者坚持原有顽（危）立场的。

（3）有其他不能转化或撤销情况的。

5. 依照第三十六条之规定，顽（危）犯申请转化或呈报撤销，应当经所在分监区、监区集体研究，并填写转化或撤销审批表，连同《顽（危）犯教育专档》报监狱教育改造（评估矫治）部门，监狱分管领导审定。

6. 依照第三十七条之规定，教育改造（评估矫治）部门在接到申请转化或撤销审批表后，牵头评估矫治（教育改造）、狱内侦查部门相关人员组成考评小组，通过采取查阅资料、向包教民警了解情况、考核顽（危）犯本人等形式，全面掌握罪犯日常改造表现和心理测试等情况后，经充分评估，并提出考评意见。

（三）制作要点

1. 从"出生年月"到"刑期起止"等栏目可通过查阅罪犯档案中的法律文书进行规范填写。

2. "顽（危）性质"的填写内容应和《顽（危）犯确立审批表》中的一致。

3. "确立时间"应和《顽（危）犯确立审批表》中监狱分管领导审批同意确立时签署的日期一致。

4. "转化（解脱）呈报依据"分为两段填写，第一段主要是表述罪犯已达到各项撤销的法定条件；第二段则是引用政策依据。

5. 各级审批意见应依照《浙江省顽（危）犯教育管理实施办法》第三十六条及第三十七条之规定签署：

（1）"分监区意见"可以表述为"经集体研究，建议撤销（转化）……"。

（2）"监区意见"可以表述为"经集体研究，同意报教育改造部门评估"。

（3）"教育改造科意见"可以表述为"经牵头组织评估矫治、狱内侦查部门相关人员进行评估后，同意报监狱分管领导审定"。

（4）"监狱领导审批"由监狱分管领导签署，可以表述为"同意撤销（转化）……"。

要注意的是，各审批层级若是变更上一个审批层级意见的，需要说明变更理由和结果。

（四）文书的实际制作

顽（危）犯转化（解脱）审批表

姓名	江×忠	出生年月	1985 年 9 月	民族	汉族	籍贯	浙江省淳安县
案由	故意杀人罪		刑期	无期徒刑	刑期起止		自 2021 年 1 月 19 日 至 / 年 / 月 / 日

顽（危）性质	脱逃型危险犯	确立时间	2021 年 11 月 25 日
转化 （解脱） 呈报依据	导致该犯产生脱逃倾向的因素是其妻子和其无任何形式的交流，家里有老人、孩子需要妻子照料，放心不下。经做其妻子工作，对方近期已探监两次，并答应积极参与亲情帮教，家里的老人、孩子情况尚好。经三个月的考察，该犯情绪稳定，能够主动找民警汇报思想，改造表现较为积极。 　　情形符合《浙江省顽（危）犯教育管理实施办法》第三十四条之规定，可以提出撤销申请。		
分监区 意见	经集体研究，建议撤销脱逃型危险犯。 签名：林×× 2022 年 8 月 15 日		
监区意见	经集体研究，同意报教育改造部门评估。 签名：蔡× 2022 年 8 月 15 日		
教育改造 科意见	经牵头组织评估矫治、狱内侦查部门相关人员进行评估后，同意报监狱分管领导审定。 签名：唐×× 2022 年 8 月 18 日		
监狱领导 审批	同意撤销脱逃型危险犯。 签名：耿×× 2022 年 8 月 18 日		

（五）格式设计的不足之处

文书的格式是省局版，存在的不足之处有：

1. 规范性文件中并无"解脱"一词，且"解脱"词义含糊不清，应改为"撤销"。相应地，"转化（解脱）呈报依据"应改为"转化（撤销）依据"。

2. "案由"应改为"罪名"。

3. 应增设"刑种"栏目。

4. 应将"刑期起止"改为"刑期起止/起刑日/死刑缓期执行期间"。

5. 只有反映原判的栏目，没有反映刑罚变动的栏目，而减刑是一种刑事奖励，罪犯获得减刑的情况也能在一定程度上反映其现实的改造表现，因此应增设相应的栏目。

6. 因为有的监狱是由评估矫治部门牵头进行评估，所以"教育改造科意见"应改为"教育改造（评估矫治）部门意见"。

7. "监狱领导审批"同前面的"分监区意见""监区意见"及"教育改造部门意见"不一致，应改为"监狱意见"。

（六）对格式进行修改并制作新的文书

顽（危）犯转化（撤销）审批表

姓名	江×忠	出生年月	1985 年 9 月	民 族	汉族	籍贯	浙江省淳安县
罪名	故意杀人罪	刑种	无期徒刑	刑期		/	
刑期起止/起刑日/死刑缓期执行期间	自 2021 年 1 月 19 日起		刑罚变动情况		/		
顽（危）性质	脱逃型危险犯		确立时间		2021 年 11 月 25 日		
转化（撤销）依据	导致该犯产生脱逃倾向的因素是其妻子和其无任何形式的交流，家里有老人、孩子需要妻子照料，放心不下。经做其妻子工作，对方近期已探监两次，并答应积极参与亲情帮教，家里的老人、孩子情况尚好。经三个月的考察，该犯情绪稳定，能够主动找民警汇报思想，改造表现较为积极。 　　情形符合《浙江省顽（危）犯教育管理实施办法》第三十四条之规定，可以提出撤销申请。						
分监区意见	经集体研究，建议撤销脱逃型危险犯。 　　　　　　　　　　　签名：林×× 　　　　　　　　　　　2022 年 8 月 15 日						
监区意见	经集体研究，同意报教育改造部门评估。 　　　　　　　　　　　签名：蔡× 　　　　　　　　　　　2022 年 8 月 15 日						

教育改造 （评估矫治） 部门意见	经牵头组织评估矫治、狱内侦查部门相关人员进行评估后，同意报监狱分管领导审定。 签名：唐×× 2022 年 8 月 18 日
监狱意见	同意撤销脱逃型危险犯。 签名：耿×× 2022 年 8 月 18 日

第七章　生活卫生类文书

[情境二十]　2022年11月14日，浙江省第×监狱有两名罪犯经监狱医院治疗后，监狱医院建议送浙江省监狱中心医院离监就医（住院治疗）。其中：

1. 五监区一分监区罪犯郑×东，经常胃疼，长期服药效果不佳，监狱医院建议去浙江省监狱中心医院进行胃镜检查。

2. 六监区三分监区罪犯赖×文，长期患有抑郁症，偶尔精神失常、大小便失禁。近期发病频繁，症状较为严重，监狱医院建议去浙江省监狱中心医院住院治疗。

2022年11月16日，两名罪犯被一起送至浙江省监狱中心医院。郑×东经检查，显示胃部局部糜烂，无需住院治疗，回监狱服药继续观察；赖×文经诊断，系小脑慢性萎缩，需住院治疗。

生活卫生类文书中，重点是《罪犯离监就医审批表》和《罪犯离监住院治疗审批表》

一、《罪犯离监就医审批表》

（一）概念

《罪犯离监就医审批表》是指罪犯因伤（病）情严重，确需到省（区、市）监狱中心医院或者社会医院诊断、治疗时，监狱制作和使用的执法文书。

（二）法律（政策）依据

现行的两份规范性文件是司法部监狱管理局《罪犯离监就医工作规定》和浙江省监狱管理局《关于进一步加强罪犯离监就医管理工作的通知》（以下分别简称《工作规定》《通知》）。其中《工作规定》有如下规定：

1. 第三条规定："罪犯因伤、病情复杂严重，确需到社会医院诊断、治疗或者住院监护治疗的，应从严审批。"

2. 第四条第一款规定："罪犯离监就医，无须住院监护治疗的，由监狱医院（医务室）提出书面建议，报监狱长审批。监狱批准罪犯离监就医的，应当在批准当日报省（区、市）监狱管理局备案。"

3. 第四条第三款规定："因故意杀人、强奸、抢劫、绑架、放火、爆炸、投放危险物质、有组织的暴力性犯罪被判处十五年以上有期徒刑、无期徒刑、死刑缓期二年执行的罪犯，危害国家安全的罪犯，累犯，判刑两次以上且刑期为十年以上的罪犯及有脱逃史等具有高度危险性的罪犯需离监就医的，罪犯服刑所在监狱应当从严申报，所在省（区、市）监狱管理局应当严格审批。"

浙江省警务通里对离监就医的审批程序有更加具体、严格的规定："分监区申请——监区审批——监狱医院审批——狱政支队审批——分管监狱领导——省监狱管理局狱政管理处审批备案"。另外对于紧急情况也有明确的规定"遇罪犯短时间有死亡危险等紧急情况，可立即向指挥中心汇报，开启离监就医绿色通道。监区在一个工作日内补办审批手续"。

《通知》第二条第一款规定："监狱应按照1名罪犯配置4名民警、2名罪犯配置5名民警、3名罪犯配置7名民警的标准配备押解警力，每一批次离监就医罪犯不得超过3名。押解民警由1名负责人、1名医务民警及监管民警组成。其中负责人应由责任心强、具有管教经验的副科级以上领导（含具有管教经验的高级警长）担任，全面负责罪犯离监就医期间监管安全及相关工作的指挥统筹；医务民警主要负责医疗相关工作；监管民警中应包含特警队员及罪犯所在分监区管理民警各1名，主要负责安全警戒、警械具检查和使用、车辆行前安全检查、通信设备检查及应急处置工作"。

《通知》第二条第二款规定："安保等级一级响应期间或监狱认为确有脱逃、自杀、行凶等现实危险的罪犯离监就医时，应在上述警力配备标准上再增加1名押解警力"。

（三）制作要点

1. "单位"填写"浙江省××监狱"。

2. 从"姓名"到"余刑"等栏目及"入监时间"可通过查阅罪犯档案中的法律文书进行规范填写。

3. "就诊医院"填写实际的就诊医院。

4. "押解民警"和"负责人"两栏，应严格依照《通知》的相关规定进行填写。

5. "是否危险"和"危险性质"两栏，分别填写经监狱危险性评估的结果和相应的危险类别。

6. "就医时间"填写实际前往就诊医院的日期。

7. "疾病情况"由分监区填写，应写明疾病的具体情况。

8. "监狱医院意见"由监狱医院签署，应写明疾病的初步诊断情况，并提出建议。

9. "监区意见"由监区提出申请。

10. "生活卫生科意见"可以表述为"病情符合离监就医条件"。

11. "狱政支队意见"可以表述为"经审查，同意报监狱领导审批"。

12. "监狱领导意见"可以表述为"同意报省局狱政管理处批准"。

13. "局狱政处意见"可以表述为"同意离监就医，至浙江省监狱中心医院进行诊治"。

要注意的是，各审批层级若是变更上一个审批层级意见的，需要说明变更理由和结果。

（四）文书的实际制作

罪犯离监就医审批表

单位：浙江省第×监狱

姓名	郑×东	罪名	诈骗罪	年龄	53	籍贯	浙江省杭州市
原判刑期	七年	余刑	三年五个月	就诊医院	浙江省监狱中心医院	所在监区	五监区
入监时间	2021 年 1 月 13 日	押解民警	张××、章××、赵××、吴××、陈××、蔡××			负责人	张××
是否危险	否	危险性质	/			就医时间	2022 年 11 月 16 日
疾病情况	该犯自诉长期胃疼，已服用 6 个月的铝碳酸镁咀嚼片，效果不佳，仍是胃疼。						
监狱医院意见	该犯患有严重胃部疾病，建议离监就医，至浙江省监狱中心医院进行胃镜检查。 　　　　　　签章：李×× 　　　　　　2022 年 11 月 14 日						
监区意见	申请离监就医，至浙江省监狱中心医院进行诊治。 　　　　　　签章：张×× 　　　　　　2022 年 11 月 14 日						
生活卫生科意见	病情符合离监就医条件。 　　　　　　签章：陈×× 　　　　　　2022 年 11 月 14 日						

狱政支队意见	经审查，同意报监狱领导审批。 签章：吴×× 2022 年 11 月 14 日
监狱领导意见	同意报省局狱政管理处批准。 签章：刘×× 2022 年 11 月 14 日
局狱政处意见	同意离监就医，至浙江省监狱中心医院进行诊治。 签章：赵×× 2022 年 11 月 15 日

（五）格式设计的不足之处

文书的格式是省局版，存在的不足之处有：

1. 缺少"罪犯编号"，这是表明罪犯身份的唯一性标识。

2. "原判刑期"应改为"刑期"，另外应增设"刑种"栏目。

3. "所在监区"栏目起到的作用可以被"监区意见"覆盖，因此应删去。

4. "入监时间"应改为"收监时间"。

5. "是否危险"应改为"危险性评估结果"，且应对于罪犯危险性质，结合《工作规定》第四条第三款进行严格的评估，评估分为"一般""危险""高危"三个级别进行填写。

6. 审批意见栏的设置没有准确展现离监就医的法定审批程序。依照警务通里规定的"分监区申请——监区审批——监狱医院审批——狱政支队审批——分管监狱领导——省监狱管理局狱政管理处审批备案"以及"可以由分监区、监区向医务室提出离监就医建议，经监狱医院审批同意后进入审批程序"，应将"生活卫生科意见"删去，一方面，两份规范性文件都没有规定要经过生活卫生科审批；另一方面，不是审批的层级越多越好。另外将"监区意见"调整至"监狱医院意见"的前面，并将各栏目的名称规范化。

（六）对格式进行修改并制作新的文书

罪犯离监就医审批表

单位：浙江省第×监狱　　　　　　　　　　　　　　　罪犯编号：×××××××××

姓名	郑×东	罪名	诈骗罪	年龄	53	籍贯	浙江省杭州市
刑种	有期徒刑	刑期	七年	余刑	三年五个月	就诊医院	浙江省监狱中心医院
收监时间	2021年1月13日	押解民警	张××、章××、赵××、吴××、陈××、蔡××			负责人	张××
危险性评估结果	一般	危险性质	/			就医时间	2022年11月16日
分监区意见	该犯自诉长期胃疼，已服用6个月的铝碳酸镁咀嚼片，效果不佳，仍是胃疼。申请离监就医，至浙江省监狱中心医院进行诊治。 签章：张×× 2022年11月14日						
监区意见	经审核，同意报监狱医院审批。 签章：张×× 2022年11月14日						
监狱医院意见	病情符合离监就医条件，建议至浙江省监狱中心医院进行胃镜检查。 签章：李×× 2022年11月14日						
狱政管理部门意见	经审查，同意报监狱领导审批。 签章：吴×× 2022年11月14日						

监狱意见	同意报省局狱政管理处批准。 签章：刘×× 2022 年 11 月 14 日
浙江省监狱管理局狱政管理处意见	同意离监就医，至浙江省监狱中心医院进行诊治。 签章：赵×× 2022 年 11 月 15 日

二、《罪犯离监住院治疗审批表》

（一）概念

《罪犯离监住院治疗审批表》是指罪犯因伤（病）情严重，确需到省（区、市）监狱中心医院或者社会医院住院治疗时，由监狱制作和使用的执法文书。

（二）法律（政策）依据

指导罪犯离监住院治疗工作的仍然是前述两份规范性文件。其中，《工作规定》有如下规定：

1. 第三条规定："罪犯因伤、病情复杂严重，确需到社会医院诊断、治疗或者住院监护治疗的，应从严审批。"

2. 第四条第二款规定："罪犯离监就医，需要住院治疗的，由监狱报省（区、市）监狱管理局审批。出现罪犯伤、病情危重，短时有死亡危险等紧急情况，监狱可先行妥善处置，同时电话请示省（区、市）监狱管理局，并在 24 小时内按照审批程序补办相关手续。

3. 第四条第三款规定："因故意杀人、强奸、抢劫、绑架、放火、爆炸、投放危险物质、有组织的暴力性犯罪被判处十五年以上有期徒刑、无期徒刑、死刑缓期二年执行的罪犯，危害国家安全的罪犯，累犯，判刑两次以上且刑期为十年以上的罪犯及有脱逃史等具有高度危险性的罪犯需离监就医的，罪犯服刑所在监狱应当从严申报，所在省（区、市）监狱管理局应当严格审批。"

另外，《工作标准》对离监住院治疗法定程序的规定和离监就医类同，不再赘述。

（三）制作要点和格式存在的不足

制作要点和格式存在的不足和《罪犯离监就医审批表》类同，不再赘述。

（四）对格式进行修改并制作

罪犯离监住院治疗审批表

单位：浙江省第×监狱　　　　　　　　　　　　　　　　罪犯编号：×××××××××

姓名	赖×文	罪名	故意杀人罪	年龄	73	籍贯	浙江省淳安县
刑种	无期徒刑	刑期	/	余刑	五年	就诊医院	浙江省监狱中心医院
收监时间	2008年6月4日	押解民警	张××、章××、赵××、吴××、陈××、蔡××			负责人	张××
危险性评估结果	危险	危险性质	行凶型			就医时间	2022年11月16日
分监区意见	该犯患有抑郁症，偶尔精神失常、大小便失禁，近期发病频繁。申请离监就医，至浙江省监狱中心医院住院治疗。 　　　　　　　　　　　　　　　签章：段×× 　　　　　　　　　　　　　　　2022年11月14日						
监区意见	经审核，同意报监狱医院审批。 　　　　　　　　　　　　　　　签章：楼×× 　　　　　　　　　　　　　　　2022年11月14日						
监狱医院意见	病情符合离监住院治疗条件，建议至浙江省监狱中心医院住院治疗。 　　　　　　　　　　　　　　　签章：李×× 　　　　　　　　　　　　　　　2022年11月14日						
狱政管理部门意见	经审查，同意报监狱领导审批。 　　　　　　　　　　　　　　　签章：吴×× 　　　　　　　　　　　　　　　2022年11月14日						

监狱意见	同意报省局狱政管理处批准。 签章：刘×× 2022 年 11 月 14 日
浙江省监狱 管理局狱政 管理处意见	同意离监就医，至浙江省监狱中心医院住院治疗。 签章：赵×× 2022 年 11 月 15 日